Patrick Rohr

Patrick Rohr

Reden wie ein Profi

Selbstsicher auftreten – im Beruf, privat
und in der Öffentlichkeit

Ein Ratgeber aus der Beobachter-Praxis

Der Autor

Patrick Rohr, geboren 1968 in Glarus, war von 1992 bis 2007 Moderator und Redaktor verschiedener Sendungen des Schweizer Fernsehens (u.a. «Schweiz aktuell», «Arena» und «Quer»). Heute leitet er eine eigene Kommunikationsberatungsfirma in Zürich (www.patrickrohr.ch). Patrick Rohr ist Autor des Beobachter-Ratgebers «So meistern Sie jedes Gespräch».

Dank

Danken möchte ich folgenden Personen, die mit ihrem Vertrauen, ihrer Unterstützung und mit ihren wertvollen Tipps und Inputs die Entstehung dieses Buches möglich gemacht haben: Verlagsleiterin Doris Graf, Lektorin Christine Klingler Lüthi, meinem Partner Simon Ming, meinen Freunden Roger Hess und Roger Bayard sowie den Textern Michael Rüegg und Claudio Knechtle für die Reden, die sie zur Verfügung gestellt haben.

Beobachter-Buchverlag
3., aktualisierte Auflage 2010
© 2008 Axel Springer Schweiz AG
Alle Rechte vorbehalten
www.beobachter.ch

Herausgeber:
Der Schweizerische Beobachter, Zürich

Lektorat: Christine Klingler Lüthi
Satz: Bruno Bolliger
Illustrationen: Karin Negele (www.illustration.li)
Cover: Krisztina Faller (Grafik),
Tres Camenzind (Bild)

ISBN 978 3 85569 426 6

Dieses Buch wurde auf chlor- und säurefreiem Papier gedruckt.

Inhaltsverzeichnis

Vorwort — 13

1. Reden halten – eine Übersicht — 14

1.1 Die nächste Rede kommt bestimmt — 18
Zum Begriff der Rhetorik — 18

1.2 Die zehn häufigsten Fragen — 20
Was kann ich gegen die Angst tun? — 20
Was ziehe ich an? — 21
Wohin mit den Händen? — 22
Brauche ich ein ausführliches Manuskript? — 22
Sind gesprochene und geschriebene Sprache identisch? — 22
Soll ich meine Rede ablesen? — 23
Soll ich meine Rede mit Stichwortkarten halten? — 23
Soll ich meine Rede frei halten? — 24
Soll ich eine Powerpoint-Präsentation verwenden? — 24
Was tun, wenn mir niemand zuhört? — 25

1.3 Darum gehts in diesem Buch — 26
Die Rahmenbedingungen klären — 26
Das Zielpublikum kennen — 27
Ein Thema wählen — 27
Sich für Hochdeutsch oder Dialekt entscheiden — 27
Die Rede klug aufbauen — 28
Mit Manuskript oder Stichwortkarte reden? — 28
Beamer & Co.: Hilfsmittel einsetzen — 29
Frei reden — 29

Rhetorische Kniffe anwenden 30
Nicht vom Inhalt ablenken 30
Selber moderieren 30
Mit den Medien reden 31

Diese Fallen sollten Sie umgehen 32

2. Die optimale Vorbereitung 34

2.1 Die Rahmenbedingungen klären 38
Den Zeitrahmen abstecken 38
Wenn noch andere Redner auftreten 41
Die Örtlichkeiten kennen 41
Stehen Beamer und andere Hilfsmittel zur Verfügung? 44

2.2 Das Zielpublikum kennen 48
Korrekt begrüssen 48
Verständlich reden 49
Der Ton macht die Musik 51
Die richtige Kleidung 52

2.3 Das Thema festlegen 54
Das Thema ist vorgegeben 54
Sie wählen das Thema selbst 55

2.4 Zusage – und jetzt? 56
Nur ruhig Blut 56
Gedankenblitze sammeln 56

Der misslungene Auftritt – ein Erfahrungsbericht 58

3. Die Rede zusammenstellen   **60**

3.1 Öffentlich, im Beruf, privat: Reden für jeden Anlass   64
Die Begrüssungsrede   64
Die Grussbotschaft   66
Die Festansprache   67
Die Überraschungsrede   67
Die Laudatio   68
Die Rede zum Dienstjubiläum oder zur Beförderung   69
Die Verabschiedungsrede   70
Die Abdankungsrede   71
Das Fachreferat   71
Das Referat in der Ausbildung   73

3.2 Informationen sammeln   74
Surfen im Internet   74
Stöbern in Zeitungsarchiven   78
Jahresberichte, Firmenporträts, Firmenarchive   78
Vorgespräche mit Verantwortlichen   78
Versammeltes Wissen: Bücher   79

3.3 Die Rede spannend machen   80
Die zentrale Botschaft   80
Der packende Einstieg   81
Die Spannung aufrechterhalten   81
Die Dinge beim Namen nennen   83

Wie gewinne und behalte ich mein Publikum?   **88**

4. Die Rede nimmt Form an — 90

4.1 Schriftdeutsch oder Dialekt — 94
Die Besonderheiten des Schweizerdeutschen — 95
Geschriebene oder gesprochene Sprache: die Unterschiede — 98

4.2 Das Manuskript verfassen — 102
Zum Beispiel: 1.-August-Ansprache — 102
Themenkreise festlegen — 103
Ein Grobkonzept erstellen — 104
Das Feinkonzept ausarbeiten — 106
Die Rede zu Papier bringen — 106

4.3 Manuskript oder freie Rede? — 112
Mit Hilfe des Manuskripts reden — 112
Eine Stichwortkarte verfassen — 114
Mit Hilfe der Stichwortkarte reden — 114
Frei reden — 116

4.4 Im Anschluss: Frage- und Diskussionsrunde — 118
Die Runde in Gang bringen — 118

Die Stegreifrede — 120

5. Rhetorische Kniffe — 122

5.1 Kleines Brevier der Stilmittel — 126
Originelle Anrede — 126
Ein Zitat als Einstieg — 127
Die rhetorische Frage — 128
Eine Frage stellen — 129
Witz und Ironie — 130
Die abgesetzte Pointe — 131
Vom Speziellen zum Allgemeinen — 131
Die Klammer — 131

Die Wiederholung	132
Die Kunstpause	132
Märchen und Fabeln: die andere Form	133
Das Ceterum censeo	135
Humor wirkungsvoll eingesetzt	**136**

6. Der letzte Schliff — 138

6.1 Üben, üben, üben — 142

- Auftritt vor dem Spiegel — 142
- Unplanmässiges zulassen — 143

6.2 Lampenfieber und Nervosität — 144

- Aufgeregt am Abend davor — 144
- Lampenfieber im grossen Moment — 144
- Das hilft gegen allzu heftigen Stress — 145
- Angst abbauen — 145

6.3 Vorsicht Ablenkung — 148

- Dezente Kleidung — 148
- Die passende Frisur — 149
- Die Hände natürlich bewegen — 149
- Powerpoint-Präsentationen richtig einsetzen — 150
- Das Mikrofon im Griff — 151

6.4 Richtig beginnen — 156

- Die ersten 30 Sekunden — 156
- Sicher auftreten — 156
- Mut zur Spontaneität — 157
- Wir-Gefühl schaffen — 159

6.5 Die Aufmerksamkeit behalten ... 160
    Selbstbewusste Körperhaltung ... 160
    Häufiger Blickkontakt ... 160
    Ruhiger Atem ... 161
    Angemessenes Sprechtempo ... 162

6.6 Was, wenns schiefgeht? ... 164
    Black-out ... 164
    Versprecher ... 164
    Technische Pannen ... 165
    Störenfriede bändigen ... 165
    Unruhe im Publikum ... 166

Teilnehmen an einer Podiumsdiskussion ... **168**

7. Selber moderieren ... 170

7.1 In eine neue Rolle schlüpfen ... 174
    Vor und hinter den Kulissen wirken ... 174
    Das Programm verstehen ... 175
    Informationen besorgen ... 175
    Den Anlass gestalten ... 176
    Das Publikum einbinden ... 178
    Auf der Bühne ein Interview führen ... 178
    Die besten Fragetechniken ... 179

Den Auftritt richtig abschliessen ... **184**

8. Mit den Medien reden — 186

8.1 Vielfältige Medienlandschaft — 190
Wachsendes Angebot — 190
Die Aufgabe der Journalistinnen und Journalisten — 193
Ihre Rechte im Umgang mit den Medien — 194

8.2 So arbeiten Journalisten — 196
Klassisch: der Bericht — 196
Beobachtend: die Reportage — 197
Vielfältig: das Interview — 197
Kurz und knapp: das Statement — 199
Hintergründig: das Recherche-Gespräch — 201

8.3 Die Botschaft anbringen — 202
Sind Sie die richtige Person? — 202
Zeit ausbedingen — 202
Fragestellung klären — 202
Zusammenhängend antworten — 203
Mit Überraschungen zurechtkommen — 203
Dos and Don'ts im Umgang mit Journalisten — 205

8.4 Die Sprache wirksam einsetzen — 206
Keine Fachausdrücke oder Fremdwörter — 206
Gesprochene statt geschriebene Sprache — 207
Dialekt – aber richtig — 207
Konkret, einfach, bildhaft — 207

8.5 Wenn das Radio kommt — 210
Bilder im Kopf erzeugen — 210

8.6 Wenn das Fernsehen kommt	212
Kleidung, Frisur, Schmuck	212
Ruhiger Blick	213
Vertrauen erweckende Haltung	213
Idealer Hintergrund	213
Vorteilhafte Kameraposition	214
Streitgespräch und Diskussionssendung	216

Anhang 219

Checklisten: 9-Punkte-Programm zur optimalen Vorbereitung	220
Abklärungen vor der Zusage	220
Informationen sammeln	221
Abklärungen nach der Zusage	222
Die Rede schreiben	224
Kurz vor dem Auftritt	226
Powerpoint-Präsentation: Dos and Don'ts	227
Fragerunde nach dem Referat	228
Auftritt in den Medien	229
Anlässe und Gesprächsrunden moderieren	230
Musterreden	232

Vorwort

Liebe Leserin, lieber Leser

Sie halten ein Exemplar der 3. Auflage von «Reden wie ein Profi» in den Händen. Es erfüllt mich mit grosser Freude, dass dieses Buch in kurzer Zeit zu einem Bestseller wurde – und der Erfolg zeigt, dass das Bedürfnis nach einem praktischen Rhetorikratgeber offensichtlich vorhanden ist.
Viele Leute fürchten sich davor, vor einem Publikum zu stehen und eine Rede oder eine Präsentation zu halten. Doch das lässt sich trainieren. Ob Sie nun gebeten werden, bei einem kleineren privaten Anlass eine Ansprache zu halten, oder ob Sie vor vielen Leuten auftreten: Dieses Buch zeigt Ihnen, wie Sie sich am besten vorbereiten und worauf es im entscheidenden Moment ankommt.
Als Journalist und Moderator verschiedener Fernsehsendungen habe ich in den letzten Jahren über 2000 Interviews geführt, als Kommunikationstrainer zahlreiche Rhetorikkurse geleitet. Bei diesen Begegnungen habe ich gelernt, wann ein Auftritt beim Publikum ankommt. Und als Moderator, Gesprächsleiter und Referent auf grösseren und kleineren Bühnen erlebe ich selber immer wieder, was es heisst, Lampenfieber zu haben. Meine Erfahrungen möchte ich Ihnen gerne weitergeben.
Dieser Ratgeber hat schon vielen Leserinnen und Lesern Mut gemacht. Er soll auch bei Ihnen die Lust am Reden wecken. Schmökern Sie darin, entdecken Sie die Tipps, die für Sie persönlich am nützlichsten sind. Dann können Sie in Zukunft mit Freude zusagen, wenn Sie für eine Rede, ein Referat oder eine Präsentation angefragt werden. Mit diesem Buch sind Sie bestens gerüstet.

Ich wünsche Ihnen dabei viel Freude und Erfolg.

Patrick Rohr
Zürich, im Mai 2010

1 Reden halten – eine Übersicht

Vorbereitet oder aus dem Stegreif? Manuskript oder Stichwortkarte? Mundart oder Schriftsprache? In diesem Kapitel erhalten Sie einen Überblick über die wichtigsten Themen, die in diesem Ratgeber behandelt werden.

1.1	Die nächste Rede kommt bestimmt	18
	Zum Begriff der Rhetorik	18
1.2	Die zehn häufigsten Fragen	20
	Was kann ich gegen die Angst tun?	20
	Was ziehe ich an?	21
	Wohin mit den Händen?	22
	Brauche ich ein ausführliches Manuskript?	22
	Sind gesprochene und geschriebene Sprache identisch?	22
	Soll ich meine Rede ablesen?	23
	Soll ich meine Rede mit Stichwortkarten halten?	23
	Soll ich meine Rede frei halten?	24
	Soll ich eine Powerpoint-Präsentation verwenden?	24
	Was tun, wenn mir niemand zuhört?	25
1.3	Darum gehts in diesem Buch	26
	Die Rahmenbedingungen klären	26
	Das Zielpublikum kennen	27
	Ein Thema wählen	27
	Sich für Hochdeutsch oder Dialekt entscheiden	27
	Die Rede klug aufbauen	28
	Mit Manuskript oder Stichwortkarte reden?	28
	Beamer & Co.: Hilfsmittel einsetzen	29
	Frei reden	29
	Rhetorische Kniffe anwenden	30
	Nicht vom Inhalt ablenken	30
	Selber moderieren	30
	Mit den Medien reden	31

Diese Fallen sollten Sie umgehen   32

1. Reden halten – eine Übersicht

1.1 Die nächste Rede kommt bestimmt

Gehören Sie zu den Menschen, die denken: «Das Reden überlasse ich lieber anderen, ich kann das nicht!»? Oder sind Sie überzeugt, dass Sie sowieso nie eine Rede halten müssen, weil gar niemand auf die Idee kommen könnte, Sie anzufragen?

Ihr Respekt für die eigenen Grenzen in Ehren. Aber kann es nicht sein, dass Sie vielleicht schon bald zur Präsidentin Ihres Vereins gewählt werden und deshalb fortan durch die jährliche Generalversammlung und andere Anlässe führen müssen? Oder stellen Sie sich vor, ein naher Verwandter stirbt, und die Familie wählt Sie aus, um an der Abdankungsfeier das Leben des Verstorbenen zu würdigen. Vielleicht treten Sie aber auch demnächst ein Gemeinderatsamt an und müssen künftig die Dorfbewohner an der Gemeindeversammlung von Ihren Vorlagen überzeugen.

Ich könnte noch viele solche Beispiele aufzählen. Sie alle zeigen: Auch Sie können jederzeit in die Situation kommen, vor eine Gruppe Menschen stehen und eine Rede halten zu müssen.

Dieses Buch will Ihnen helfen, sich auf solche Situationen optimal vorzubereiten. Auf den folgenden Seiten erhalten Sie einen ersten Überblick über die Themen, die in diesem Buch behandelt werden.

Zum Begriff der Rhetorik

Um den Inhalt dieses Buches besser nachvollziehen zu können, ist es wichtig, zunächst den Begriff der Rhetorik zu klären. Rhetorik ist die «Kunst des Redens». Reden bedeutet in diesem Zusammenhang allerdings viel mehr, als durch reines Sprechen einen Inhalt zu vermitteln. Reden bedeutet hier, durch den geschickten Einsatz von Sprache, Körperhaltung, Mimik, Stimme, Atmung und Blickkontakt sein Publikum von einer Botschaft zu überzeugen.

Das schaffen Sie nur, wenn alle diese Faktoren miteinander im Einklang sind. Stimmt nur einer davon mit den anderen nicht zusammen, nimmt das Publikum dies bewusst oder unbewusst als Störung wahr, und Sie erreichen das Ziel, mit Ihrer Botschaft beim Publikum anzukommen, nicht. Passt zum Beispiel die Mimik nicht zu dem, was Sie sagen, wirken Sie unglaubwürdig oder selber nicht überzeugt von Ihrem Inhalt.

Dieses Buch will Ihnen helfen, bei einem Auftritt Inhalt, Sprache, Körperhaltung, Mimik, Stimme, Atmung und Blickkontakt in Einklang zu bringen, so dass Sie Ihr Publikum mit dem, was Sie sagen, überzeugen können.

Optimal vorbereitet mit dem 9-Punkte-Programm

Im Anhang finden Sie neun Checklisten, die Sie auf dem Weg zu einer erfolgreichen Rede unterstützen. Sie bieten einen schnellen Überblick zu jedem Thema und helfen Ihnen, sich sorgfältig vorzubereiten und an alles zu denken.

Das bedeuten die Pictos

Hier finden Sie einen Tipp, Hinweis oder eine Hintergrundinformation.

Hier werden Sie auf Sachverhalte aufmerksam gemacht, auf die es ankommt; auf Dinge, die Sie nicht verpassen sollten.

1.2 Die zehn häufigsten Fragen

In meinen Kursen für Rhetorik und Auftrittskompetenz werde ich immer wieder mit ähnlichen Fragen konfrontiert: «Was kann ich gegen meine Angst tun? Was ziehe ich für meinen Auftritt an? Rede ich am besten mit einem Manuskript, mit einer Stichwortliste oder frei?»

Diese Fragen zeigen, dass die meisten Menschen ähnliche Unsicherheiten und Ängste haben, wenn sie vor ein Publikum treten und vor diesem reden müssen. Nachstehend habe ich, im Sinne einer ersten Übersicht, jene zehn Fragen aufgelistet, die mir von Kursteilnehmerinnen und Kursteilnehmern am häufigsten gestellt werden. Die Antworten sind bewusst kurz gehalten, denn alle besprochenen Themen werden in diesem Buch – verteilt auf die verschiedenen Kapitel – ausführlich behandelt.

Was kann ich gegen die Angst tun?

Vor einem Auftritt ein bisschen aufgeregt zu sein ist völlig normal, schliesslich wollen Sie mit Ihrer Rede beim Publikum «ankommen». Da man eine Rede selten vor Publikum üben kann, ausser man hält sie an mehreren Orten, wissen Sie auch nicht, ob sie so verstanden wird, wie Sie das gerne möchten.

Eine gewisse Nervosität ist kein Grund zur Beunruhigung, sie hat sogar einen positiven Nebeneffekt: Wenn Sie aufgeregt sind, schüttet Ihr Körper das Hormon Adrenalin aus, das – in gesundem Mass – dafür sorgt, dass Sie wach und aufmerksam und folglich zu Höchstleistungen bereit sind.

Vielleicht beschäftigen Sie vor einem Auftritt auch Gedanken wie: Versagt meine Stimme im entscheidenden Moment? Hört mir überhaupt jemand zu? Lachen die Leute über meine vorbereiteten Pointen?

Während ein bisschen Anspannung nicht schadet, ist es ungünstig, wenn die Nervosität sich zur Angst auswächst, denn diese blockiert. Wer vor einem Auftritt nicht nur nervös oder aufgeregt ist, sondern Angst hat, fürchtet sich in ausserordentlich hohem Mass davor, sich zu blamieren und ausgelacht zu werden – etwas, das fast jeder Mensch schon als Kind einmal erlebt hat. Diese Angst, sich eine Blösse zu geben und sich zu blamieren, führt dazu, dass man sich vor allem darauf konzentriert, wie man wirkt, also wie man beim Publikum ankommen könnte.

Durch diese Fixierung auf die äussere Wirkung aber rückt das, was man sagen will, in den Hintergrund. Man achtet nur noch darauf, wie man steht, wo die Hände sind, ob man im richtigen Moment lächelt. Das alles wirkt unnatürlich und verkrampft, was die Zuhörerinnen und Zuhörer wahrnehmen. Im gleichen Mass nämlich, wie der Redende sich auf seine Wirkung konzentriert, achtet auch das Publikum auf diese Äusserlichkeiten. Es sieht einen verkrampften, sich unnatürlich bewegenden und angstvollen Redner, und das macht ihn zur dankbaren «Beute». Erst jetzt läuft er tatsächlich Gefahr, ausgelacht zu werden.

Damit es nicht so weit kommt, muss es gelingen, diesen Teufelskreis der Angst – Angst vor Blamage, Fixierung auf die äussere Wirkung, Verkrampfung, Blamage – zu durchbrechen. Das schaffen Sie, indem Sie sich ganz auf sich, Ihre Eigenheiten und Ihre Stärken besinnen. Die richtige Einstellung bei einem Auftritt ist: «Sollen die Leute von meiner Art doch denken, was sie wollen! Ich bin gut so, wie ich bin.» Wenn Ihnen dieser Schritt gelingt, verfliegt auch die Angst, und Sie werden sich bei Ihrem Auftritt keine Blösse geben.

→ Weitere Informationen zu diesem Thema finden Sie im Kapitel «Lampenfieber und Nervosität» auf Seite 144.

Was ziehe ich an?

Ganz einfach: etwas, das zu Ihnen und zum Anlass passt. «Verkleiden» Sie sich für Ihren Auftritt nicht, probieren Sie nicht auf der Bühne einen neuen Stil aus: Sie werden sich unsicher und folglich vor dem Publikum nicht wohl fühlen.

Achten Sie darauf, dass Ihre Kleidung nicht von Ihrem Inhalt ablenkt. Verzichten Sie also auf allzu wild gemusterte und sehr eigenwillig geschnittene Kleider, wählen Sie besser ruhige und unifarbene Kleidungsstücke.

1. Reden halten – eine Übersicht

Überlegen Sie, welche Art der Kleidung dem Anlass angepasst ist, erkundigen Sie sich allenfalls, welche Kleidervorgaben das Publikum hat, und wählen Sie dann das Passende aus Ihrem Kleiderschrank aus.

→ **Weitere Informationen zu diesem Thema finden Sie im Kapitel «Dezente Kleidung» auf Seite 148.**

Wohin mit den Händen?

Hier eine Gegenfrage: Überlegen Sie sich das auch, wenn Sie einem Bekannten auf der Strasse begegnen? Vermutlich nicht. Warum sich also diese Gedanken machen, wenn Sie vor mehreren Leuten stehen? Versuchen Sie bei Ihrem Auftritt vor Publikum nicht an Ihre Hände zu denken, dann tun Sie automatisch das Richtige, nämlich das, was Sie sonst auch tun: Sie bewegen Ihre Hände völlig natürlich, uninszeniert und unaufgeregt. Und schon haben Sie dieses Problem gelöst.

→ **Weitere Informationen zu diesem Thema finden Sie im Kapitel «Die Hände natürlich bewegen» auf Seite 149.**

Brauche ich ein ausführliches Manuskript?

Es lohnt sich auf jeden Fall, die Rede ausformuliert aufzuschreiben. Das hilft Ihnen, sich ausführlich mit ihr zu beschäftigen. Ein Manuskript können Sie getrost auch immer wieder ein paar Tage liegen lassen und es später noch einmal durchlesen. Mit etwas Abstand entdecken Sie vielleicht Stolpersteine im Aufbau, unschöne Formulierungen und unlogische Schlüsse, die Sie dann noch einmal überarbeiten können.

Ein Manuskript hilft Ihnen auch, die Länge Ihres Referates in den Griff zu bekommen: Lesen Sie es sich selber ein paarmal in Ruhe und laut vor – Sie werden schnell sehen, welche Stellen zu lang oder langfädig sind und wo Sie Ihre Rede allenfalls noch kürzen könnten.

→ **Weitere Informationen zu diesem Thema finden Sie im Kapitel «Das Manuskript verfassen» auf Seite 102.**

Sind gesprochene und geschriebene Sprache identisch?

Nein! Dessen müssen Sie sich vor dem Verfassen einer Rede unbedingt bewusst sein. Schriftsprache und gesprochene Sprache sind zwei völlig verschiedene Ausdrucksformen. In der gesprochenen Sprache sind beispielsweise die Sätze und Gedankeneinheiten sehr kurz. Es gibt auch praktisch keine Nebensätze, und es kommen nur sehr selten Substantive (Hauptwörter) vor.

Anders in der Schriftsprache: Da reiht sich oft Substantiv an Substantiv und Nebensatz an Nebensatz. Versuchen Sie einmal, den Brief einer Amtsstelle oder eine wissenschaftliche Arbeit laut zu lesen – Sie werden Mühe haben, den Text fliessend und verständlich vorzutragen. Genau gleich wird es jemandem ergehen, der Ihnen beim Vorlesen eines solchen Textes zuhört: Er wird Ihnen nur schwer folgen können.

Verfassen Sie deshalb Ihre Rede unbedingt in gesprochener Sprache, also mit kurzen Sätzen und möglichst wenig Einschüben und Nebensätzen. Andernfalls werden Sie es nicht schaffen, Ihr Publikum für sich zu gewinnen.

→ Weitere Informationen zu diesem Thema finden Sie im Kapitel «Schriftdeutsch oder Dialekt» auf Seite 94.

Soll ich meine Rede ablesen?

Das hängt von der Länge Ihrer Rede und von Ihren rhetorischen Fähigkeiten ab. Wenn Sie sich fürs Ablesen entscheiden, achten Sie darauf, dass Ihr Text im Manuskript optimal dargestellt ist: klar gegliedert, in grosser Schrift und mit kurzen Abschnitten. Sie können auch Hauptaussagen, Schlüsselwörter und Zwischentitel fett markieren.

Aber Vorsicht: Auch wenn Sie sich entscheiden sollten, Ihre Rede vor dem Publikum abzulesen, müssen Sie sie gut beherrschen. Vielleicht fallen Sie plötzlich aus dem Text, haben spontan einen Einfall, den Sie gerne einfliessen lassen möchten, oder Sie finden einen Abschnitt auf einmal unpassend, weil er nicht zum Anlass passt. In diesen Fällen sollten Sie Ihr Manuskript so gut beherrschen, dass Sie jederzeit und ohne sich lange orientieren zu müssen von einer Textstelle oder Gedankeneinheit zur nächsten gehen können.

Sie dürfen Ihr Publikum – im wahrsten Sinne des Wortes – nie aus den Augen verlieren. Auch wenn Sie Ihren Text ablesen, orientieren Sie sich nur zwischendurch kurz am Text und schauen Sie dann sofort wieder das Publikum an, sonst «verlieren» Sie es.

→ Weitere Informationen zu diesem Thema finden Sie im Kapitel «Mit Hilfe des Manuskripts reden» auf Seite 112.

Soll ich meine Rede mit Stichwortkarten halten?

Im Idealfall ja. Wenn Sie Ihre Rede mit Stichwortkarten halten, sind Sie freier in der Formulierung und laufen weniger Gefahr, holprige Wendungen aus der Schriftsprache zu verwenden. Ideal sind Stichwortlisten auf kleinen Zetteln (z. B. Format A5) oder festen Kärtchen (Format A6).

Um eine Rede nur mit Hilfe von Stichwortkarten zu halten, müssen Sie sie sehr gut vorbereiten. Gehen Sie am besten gleich vor, wie wenn Sie ein Manuskript schreiben: Erstellen Sie zuerst ein Grob- und dann ein Feinkonzept und schreiben Sie anschliessend den Redentext. Wenn dieser sitzt und Sie ihn ein paarmal laut für sich vorgelesen haben, können Sie Ihr Feinkonzept auf die Stichwortkarten übertragen.

→ Weitere Informationen zu diesem Thema finden Sie in den Kapiteln «Eine Stichwortkarte verfassen» und «Mit Hilfe einer Stichwortkarte reden» (beide auf Seite 114).

Soll ich meine Rede frei halten?

Eine Rede völlig frei zu halten empfehle ich vor allem geübten Rednerinnen und Rednern. Wenn Sie sich gut vorbereitet haben, ist auch die freie Rede durchaus eine Variante. Zu einer sorgfältigen Vorbereitung gehören ein klares Ziel, ein klarer Aufbau und eine gute Struktur, die Sie jederzeit im Kopf abrufen können.

Ideal für die Strukturierung Ihrer Rede sind Dreierschritte, sowohl in der ganzen Rede wie auch in den einzelnen Unterteilen. Teilen Sie Ihre Rede also zunächst zum Beispiel in eine Einleitung, einen Hauptteil und einen Schluss ein. Diese drei Teile können Sie nun wiederum in jeweils drei Schritte unterteilen.

Die Zahl Drei ist ideal, um eine Rede zu strukturieren: Drei Punkte können Sie als Redner sich leicht merken, und das Publikum kann einer Drei-Schritte-Struktur gut folgen.

→ Weitere Informationen zu diesem Thema finden Sie im Kapitel «Frei reden» auf Seite 116.

Soll ich eine Powerpoint-Präsentation verwenden?

Persönlich rate ich zu einem sparsamen Einsatz von Powerpoint-Präsentationen. Meiner Meinung nach werden Powerpoint-Präsentationen mittlerweile allzu inflationär und leider oft auch unüberlegt und schlecht aufbereitet eingesetzt.

Weniger ist mehr: Eine gute Powerpoint-Präsentation bildet die Struktur Ihrer Rede

Verzichten Sie auf originelle Animationen, ins Bild fliegende Titel und trickreiche Seitenwechsel. Sie lenken nur von dem ab, was Sie sagen, und dienen weder der Struktur noch der besseren Verständlichkeit Ihres Referats.

ab, enthält entsprechend nur sehr wenig Text (zum Beispiel Titel, wichtige Schlag- und Schlüsselwörter) und kommt ohne unübersichtliche Grafiken und Tabellen aus. Wenn Sie Grafiken und Tabellen einsetzen möchten, tun Sie das durchdacht und achten Sie auf Übersichtlichkeit und Lesbarkeit.

→ Weitere Informationen zu diesem Thema finden Sie im Kapitel «Powerpoint-Präsentationen richtig einsetzen» auf Seite 150.

Was tun, wenn mir niemand zuhört?

Wenn Ihnen niemand zuhört und sich im Publikum Unruhe breitmacht, kann das verschiedene Ursachen haben: Möglicherweise haben Sie das Pech, als letzte Rednerin einer langen Vortragsreihe aufzutreten, und die Leute mögen nicht mehr zuhören. Vielleicht wartet hinter den Kulissen aber auch bereits der Cateringservice mit dem Apéro riche, es riecht lecker und das Klappern des Geschirrs ist deutlich zu hören; es ist verständlich, dass die Leute im Saal nach einer langen Vortragsreihe nun langsam Appetit bekommen.

Es kann aber auch an Ihnen liegen. Vielleicht haben Sie sich ungenügend vorbereitet, die Rede ist schlecht strukturiert oder Sie haben keine klare Botschaft. Vielleicht haben Sie aber auch ganz einfach einen schlechten Tag und tragen Ihre Rede monoton und unmotiviert vor.

In solchen Situationen gibt es zwei Möglichkeiten: Entweder Sie kürzen Ihre Rede radikal, oder Sie versuchen, Ihr Publikum auf andere Art wieder zu packen, etwa indem Sie Überraschungen schaffen.

Für eine Überraschung sorgen Sie beispielsweise, indem Sie eine klare Pause setzen und einen Moment lang einfach nichts sagen. Das Publikum wird verblüfft sein und sich wieder auf Sie konzentrieren. Oder werfen Sie eine Frage in den Saal, beziehen Sie das Publikum aktiv mit ein, dann fühlt es sich (wieder) angesprochen. Manchmal ist es nur schon hilfreich, mit der Stimme etwas mehr zu arbeiten, indem Sie einmal leiser und dann wieder lauter werden.

→ Weitere Informationen zu diesem Thema finden Sie im Kapitel «Unruhe im Publikum» auf Seite 166.

1. Reden halten – eine Übersicht

1.3 Darum gehts in diesem Buch

Ob Sie eine erfahrene Rednerin sind, die an ihrer Technik oder Sprachfertigkeit arbeiten möchte, oder ob Sie noch nie vor Leuten aufgetreten sind und sich optimal für den Fall der Fälle vorbereiten wollen: In diesem Buch können Sie gezielt das herauspicken, was Ihnen wichtig ist.

Um sich auf Ihren nächsten Auftritt vorzubereiten, brauchen Sie diesen Ratgeber nicht von der ersten bis zur letzten Seite zu lesen. Vielleicht möchten Sie zunächst einmal nur wissen, wie man ein Manuskript verfasst. Oder es interessiert Sie, was Sie tun können, wenn ein Störenfried im Publikum sitzt.

Sie finden in diesem Buch für jede Situation wichtige Angaben und Hilfestellungen. Die Tipps und Übungen, die in die verschiedenen Kapitel eingestreut sind, helfen Ihnen, sich dem Thema auf spielerische Art zu nähern. Daneben finden Sie in fast allen Kapiteln praktische Beispiele, die Ihnen zeigen, wie Sie es machen könnten – oder auch besser nicht. Sie dürfen diese gerne als Gedankenanstoss für Ihren eigenen Auftritt verwenden. Am Schluss der einzelnen Kapitel werden spezielle Themen wie die Stegreifrede, die Teilnahme an einer Gesprächsrunde oder der Humor in einer Rede behandelt.

Stöbern Sie also in diesem Ratgeber ganz nach Ihren eigenen Bedürfnissen und picken Sie das heraus, was für Sie wichtig, interessant oder neu ist. Ich würde mich freuen, wenn es mit diesem Buch gelänge, in Ihnen die Lust und Freude am Reden und Auftreten vor Leuten zu wecken oder zu fördern.

Nachstehend finden Sie die wichtigsten Themen dieses Buches in einer Übersicht. Ausführliche Informationen finden Sie in den verschiedenen Kapiteln dieses Buches.

Die Rahmenbedingungen klären

Klären Sie vor Ihrem Auftritt ab, wo er stattfinden soll. Der Ort des Auftritts und die entsprechenden Rahmenbedingungen haben einen grossen Einfluss auf die Art Ihrer

Rede. Es macht einen Unterschied, ob Sie in einer Turnhalle, in einem Festsaal oder im Freien auftreten. Und es ist wichtig zu wissen, ob Sie auf Hilfsmittel wie Hellraumprojektor, Flipchart oder Beamer zurückgreifen können.

Finden Sie auch heraus, ob Sie mit oder ohne Mikrofon sprechen werden und ob Ihnen ein Rednerpult zur Verfügung steht.

Müssen Sie vor ein mehrsprachiges Publikum treten, bringen Sie in Erfahrung, ob eine Simultanübersetzung geplant ist.

Das Zielpublikum kennen

Fragen Sie sich vor dem Verfassen Ihrer Rede oder Ihrer Ansprache, wer Ihr Zielpublikum ist.

Überlegen Sie sich, was für eine Sprache Sie verwenden: Können Sie es sich erlauben, Ihr Referat in einer Fachsprache zu halten, oder sprechen Sie besser in einer allgemein verständlichen Sprache ohne Fachausdrücke? Vom Zielpublikum hängt auch ab, ob Sie Ihr Referat in Hochdeutsch, Dialekt oder einer anderen Sprache halten werden.

Als Grundregel gilt: Jeder einzelne Zuhörer Ihrer Rede muss Ihnen folgen können, niemand darf ausgeschlossen werden.

Die Zusammensetzung des Publikums entscheidet schliesslich darüber, ob Sie eher in einem formellen oder in einem informellen Ton reden und wie Sie die Leute ansprechen und begrüssen.

Ein Thema wählen

Wenn Sie frei wählen können, müssen Sie als Erstes zahlreiche Entscheidungen treffen: Soll Ihr Thema eher mit dem Anlass oder mit Ihnen und Ihrem persönlichen Erfahrungsbereich zu tun haben? Soll die Rede eher sachlich-informativ oder launig-unterhaltend sein?

Ist das Thema vorgegeben, müssen Sie als Erstes festlegen, worauf Sie Ihren Fokus richten möchten, und dann, welches Ziel Sie mit Ihrer Rede erreichen wollen. Es lohnt sich, wenn Sie sich diese Fragen vorgängig gut überlegen.

Sich für Hochdeutsch oder Dialekt entscheiden

Sprechen Sie bei Ihrem Auftritt Hochdeutsch oder Dialekt? Diese Frage hat einen grossen Einfluss auf die Vorbereitung Ihrer Rede: Das Manuskript für eine Rede in Mundart sieht nämlich völlig anders aus als das Manuskript für eine Rede auf Hochdeutsch. Am besten verfassen Sie es in einem «Dialekthochdeutsch», denn einen in Schriftsprache abgefassten Text spontan im Dialekt abzulesen ist sehr schwierig.

Zwei Beispiele zur Erläuterung: Im Schweizerdeutschen gibt es nur ein Relativpronomen («wo»), während es in der Schriftsprache deren drei gibt («der», «die», «das»). Die schriftdeutschen Relativpronomen «der», «die», «das» spontan in «wo» anzupassen ist äusserst anspruchsvoll.

Gleich verhält es sich mit den schriftdeutschen Vergangenheitsformen: «War» und «waren» beim Ablesen in die einzige schweizerdeutsche Vergangenheitsform «isch gsi» bzw. «sind gsi» zu übersetzen, gelingt nur geübten Rednern.

Ein Manuskript für eine Rede im Dialekt muss also zwingend anders aussehen als das Manuskript für eine Rede auf Hochdeutsch.

Die Rede klug aufbauen

«Ich könnte zu diesem Thema so viel sagen – ich weiss gar nicht, womit ich beginnen und womit ich aufhören soll.» Wer so an sein Referat, an seine Rede herangeht, der hat ein Problem: Er will alles, was er zum Thema weiss, erzählen – und sieht bald den sprichwörtlichen Wald vor lauter Bäumen nicht mehr. Wer alles, was er weiss, in ein Referat packen will, der schafft mehr Verwirrung als Übersicht.

Deshalb sind für Ihre Rede eine klare Kernbotschaft und ein gut strukturierter Aufbau entscheidend. Fragen Sie sich: Was will ich sagen? Wie steige ich ein? Wo setze ich Schwerpunkte? Wie komme ich zum Schluss? Auch hier gilt: Weniger ist mehr.

Mit Manuskript oder Stichwortkarte reden?

Wenn Sie eine lange Rede halten müssen oder wenn Sie in der schriftlichen Formulierung brillant, in der mündlichen hingegen eher schwerfällig sind, dann verwenden Sie mit Vorteil ein Manuskript. Ein Manuskript ist allerdings nur eine Hilfe, wenn es in einer einfachen – das heisst gesprochenen – Sprache verfasst und in grosser Schrift geschrieben ist. Wichtig ist zudem eine klare, übersichtliche Gliederung des Textes.

Ist das Manuskript in geschriebener – und nicht gesprochener – Sprache verfasst, ist die Schrift zu klein und die Strukturierung unübersichtlich, dann hindert es Sie daran, Ihre Rede fliessend vorzutragen. Persönlich finde ich es deshalb besser, eine Rede oder ein Referat anhand einer Stichwortliste zu halten. Auf dieser sehen Sie mit einem Blick die Struktur Ihrer Rede. In der Formulierung sind Sie frei, weshalb Sie automatisch in gesprochener und nicht in geschriebener Sprache reden, was Ihre Rede echter und damit attraktiver macht.

Ein wörtlich ausgeführtes Manuskript verleitet dazu, den Text abzulesen. Das verhindert, dass Sie mit Ihrem Blick bei den Zuhörenden sind, die sich in der Folge nicht angesprochen fühlen.

Beamer & Co.: Hilfsmittel einsetzen

Wenn Sie es schaffen, Ihr Publikum mit Ihren Worten und einer klar strukturierten, rhetorisch geschickt aufgebauten Rede in den Bann zu ziehen, dürfen Sie getrost auf Hellraumprojektor-Folien und Powerpoint-Präsentationen verzichten. Möchten Sie trotzdem solche Hilfsmittel einsetzen, achten Sie darauf, dass diese so wenig Text wie möglich enthalten. Idealerweise geben sie eine Inhaltsübersicht und heben Schlüsselwörter oder -sätze hervor. Wilde Grafiken und Animationen sowie allzu viele Detailinformationen verwirren nur und lenken von Ihrem Inhalt ab. Wenn es dumm läuft, spielt Ihnen auch noch die Technik einen Streich, oder Sie bringen die Reihenfolge der Folien durcheinander. In einer solchen Situation gilt die Aufmerksamkeit des Publikums nur noch diesen kleinen Pannen – was Sie sagen, interessiert niemanden mehr.

Frei reden

Geübten Rednerinnen und Rednern empfehle ich auf jeden Fall, frei und ohne Hilfsmittel zu reden. Das bedingt allerdings eine sorgfältige Vorbereitung.

Üben Sie Ihre Rede, und lesen Sie sie beim Üben laut, so bekommen Sie einen Anhaltspunkt für die Länge. Gerade bei frei gehaltenen Reden laufen Rednerinnen und Redner nämlich Gefahr, in Fahrt zu kommen und die Zeit zu vergessen. Das kommt sowohl beim Publikum wie auch beim Veranstalter, der seinen Zeitplan einhalten will, schlecht an.

Auch bei der freien Rede sind eine klare Kernbotschaft und ein klar strukturierter Aufbau unabdingbar. Deshalb sollten Sie auch in diesem Fall vorgängig ein Manuskript oder zumindest ein detailliertes Feinkonzept anfertigen. So können Sie überprüfen, ob Aufbau und Argumentationsketten funktionieren, und Sie können Ihre Rede vor dem Auftritt üben.

Rhetorische Kniffe anwenden

Rhetorische Kniffe helfen Ihnen, Ihr Publikum für die Inhalte zu interessieren, die Ihnen wichtig sind. Steigen Sie mit einer Überraschung in Ihr Referat ein, indem Sie zum Beispiel eine provokative These in den Raum stellen. Oder platzieren Sie gleich zu Beginn eine Pointe, die Ihr Publikum zum Lachen veranlasst.
Es gibt verschiedene Möglichkeiten, wie Sie Ihr Publikum von allem Anfang an in den Bann ziehen können: Stellen Sie eine Frage, die Sie erst am Schluss beantworten, erzählen Sie eine Anekdote, machen Sie eine (selbst)ironische Bemerkung.
Auch um die Zuhörerinnen und Zuhörer im weiteren Verlauf der Rede bei der Stange zu halten, gibt es einige rhetorische Kniffe: Machen Sie zum Beispiel nach einer Frage oder einem humoristischen Einschub bewusst eine längere Pause, führen Sie Ihr Publikum auf eine falsche Fährte oder streuen Sie immer wieder mal eine witzige Bemerkung ein.

Nicht vom Inhalt ablenken

Ein verwirrendes Bild im Hintergrund, eine schlecht gebundene Krawatte, ein unpassendes Kleid, unbeholfene Handbewegungen, die falsche Folie: Es gibt vieles, was vom Inhalt Ihrer Rede ablenken kann. Überprüfen Sie deshalb vor Ihrem Auftritt Ihre Kleidung, versuchen Sie sich zu entspannen, achten Sie auf den Hintergrund und probieren Sie die technischen Hilfsmittel aus, bevor die Gäste im Saal sind.

Selber moderieren

Vielleicht werden Sie von Ihrem Turnverein angefragt, dieses Jahr den traditionellen Unterhaltungsabend zu moderieren. Oder Ihre Vorgesetzten bitten Sie, durch den Firmenanlass oder einen Jubiläumsabend zu führen. Möglicherweise kommt auch Ihre beste Freundin mit dem Wunsch auf Sie zu, dass Sie als Brautführerin die Hochzeitsfeier gestalten.
Als Moderatorin sind Sie in vielerlei Hinsicht gefordert: Sie müssen der Veranstaltung eine Struktur geben, Sie müssen das Publikum bei der Stange halten und sein Interesse für die verschiedenen Darbietungen wecken, und vielleicht müssen Sie zwischendurch auch noch das eine oder andere Interview führen.

Es gibt für Sie als Moderatorin und für die anderen Auftretenden nichts Schlimmeres als ein gelangweiltes und unaufmerksames Publikum. Auch wer rhetorisches Geschick hat, sollte sich deshalb auf eine Moderation sorgfältig vorbereiten. Machen Sie sich die nötigen Gedanken, und Sie werden souverän und mit der nötigen Gelassenheit durch die Veranstaltung führen.

Mit den Medien reden

Der Stellenwert der Medien in unserer Gesellschaft wird immer grösser. Deshalb ist dem Umgang mit Presse, Fernsehen und Radio in diesem Buch ein eigenes Kapitel gewidmet.
Vielleicht ruft der Reporter der Lokalzeitung Sie eines Tages an, weil er ein Porträt über Ihren Verein schreiben will. Oder die Radioreporterin möchte nach der Gemeindeversammlung ein kurzes Interview mit Ihnen führen. Möglicherweise will das Lokalfernsehen, dass Sie als Schulpräsidentin zu den schwerwiegenden Vorfällen auf dem Pausenplatz für die Abendnachrichten kurz Red' und Antwort stehen.
Reden mit den Medien ist für jemanden, der das nicht routinemässig tut, sehr anspruchsvoll. Deshalb lohnt es sich, die wichtigsten journalistischen Formen und die Bedürfnisse der verschiedenen Medien zu kennen. Wenn Sie zudem wissen, dass für ein Statement eine maximal 25-sekündige Antwort verlangt wird oder dass ein Interview für eine Zeitung nachträglich stark bearbeitet wird, sind Sie für Ihren ersten Medienkontakt bereits gut gerüstet.

Diese Fallen sollten Sie umgehen

So, wie es in der Rhetorik Grundregeln gibt, die aus Ihrem Auftritt einen Erfolg machen, gibt es auch einige Todsünden, die Ihre Rede garantiert zum Flop werden lassen. Das sollten Sie nicht tun:

Insideranspielungen machen
«So war das ja schon immer, gäll, Kari!» Mit einem Satz wie diesem mögen Sie vielleicht bei Ihrem Bekannten Kari, der im Publikum sitzt, einen Lacher provozieren, und möglicherweise fühlt sich Kari sogar geschmeichelt, weil Sie ihn persönlich angesprochen haben. Den Rest Ihres Publikums verlieren Sie mit einer solchen Bemerkung allerdings: Es fühlt sich ausgeschlossen, denn ausser Kari wird die Anspielung kaum jemand verstehen oder lustig finden.
Dass Redner zum Mittel der Insideranspielung greifen, lässt sich oft beobachten. Vielleicht hat es mit dem Stress der Situation zu tun: Da steht man ganz allein und ausgestellt vor einer Masse fremder Menschen und sollte diese mit einer Rede gewinnen. Verständlich, dass man sich in einer solchen Situation gerne auf diejenigen Menschen bezieht, die man kennt.
Trotzdem: Tun Sie es nicht! Verzichten Sie auf Anspielungen, die nur von einem oder ein paar wenigen Zuhörenden verstanden werden.

Erwähnen, dass Sie leider nicht mehr Zeit bekommen haben
Es ist ein Jammer: Da hätten Sie so viel zu sagen und haben alles, was Sie wissen, in einer wunderschönen Powerpoint-Präsentation aufbereitet – und jetzt erst realisieren Sie, dass Sie vom Veranstalter nicht mehr als fünfzehn Minuten für Ihr Referat zugesprochen erhalten!

Ganz abgesehen davon, dass sich das mit einem vorgängigen Gespräch hätte klären lassen, interessiert diese Tatsache ausser Ihnen niemand. Das Publikum geht davon aus, dass das, was Sie sagen, auch das ist, was Sie zu sagen haben – und will von Ihnen nicht hören, was Sie auch noch zu sagen gehabt hätten, wenn man Ihnen nur mehr Zeit gegeben hätte.

Verzichten Sie also auf einleitende Sätze wie: «Leider habe ich für mein Referat nur fünfzehn Minuten Zeit bekommen. Das ist sehr schade. Aber nun gut, dann versuche ich eben das, was ich zu diesem Thema zu sagen habe, in dieser kurzen Zeit zu sagen.» Und sagen Sie während des Referats auch nicht: «Über diese Folie kann ich leider nun nichts sagen, weil ich ja schon bald zum Schluss kommen muss, aber das Thema wäre sehr interessant gewesen.»

Wenn Sie solche Bemerkungen äussern, wirken Sie «betupft» und verärgern ausserdem den Veranstalter. Und das Publikum enttäuschen Sie, es muss nämlich davon ausgehen, dass es ganz viel Interessantes verpasst.

Das Manuskript vorlesen

Manche Leute haben schon in einem persönlichen Gespräch Mühe, dem Gegenüber in die Augen zu schauen. Verständlich, dass es für diese Menschen unglaublich schwierig sein muss, einer ganzen Gruppe von Zuhörern in die Augen zu sehen. Deshalb lesen sie, wenn sie vor Publikum auftreten müssen, einfach ihr Manuskript vor, ohne auch nur einmal zu den Zuhörenden aufzuschauen.

Wenn auch Sie zu diesen Menschen gehören sollten, versuchen Sie trotzdem, nicht einfach Ihr Manuskript vorzulesen. Ohne dass Sie Ihr Publikum anschauen, können Sie keinen Kontakt zu ihm herstellen. Das hat zur Folge, dass Ihnen niemand zuhört.

Sie können Ihren Blick auch zum Publikum richten, ohne jemandem direkt in die Augen zu schauen. So haben die Zuhörerinnen und Zuhörer immerhin das Gefühl, angesprochen zu sein.

Die optimale Vorbereitung

2

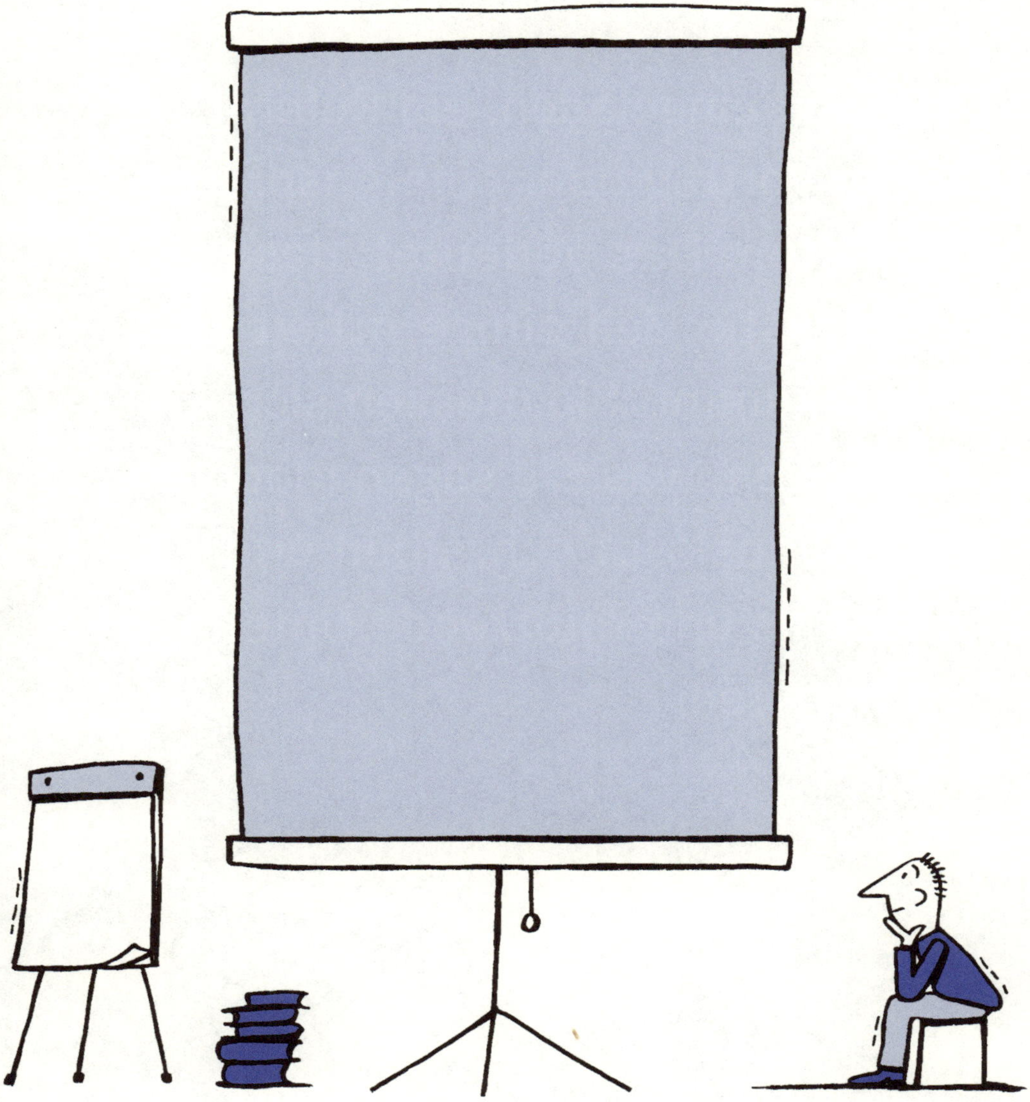

Sie sind eingeladen, ein Referat, einen Vortrag oder eine Ansprache zu halten. Das bedeutet, dass in nächster Zeit einige Arbeit auf Sie zukommt: Sie müssen sich überlegen, was Sie sagen möchten, ein Manuskript schreiben und allenfalls unterstützende Unterlagen vorbereiten.

2.1 Die Rahmenbedingungen klären	**38**
Den Zeitrahmen abstecken	38
Wenn noch andere Redner auftreten	41
Die Örtlichkeiten kennen	41
Stehen Beamer und andere Hilfsmittel zur Verfügung?	44
2.2 Das Zielpublikum kennen	**48**
Korrekt begrüssen	48
Verständlich reden	49
Der Ton macht die Musik	51
Die richtige Kleidung	52
2.3 Das Thema festlegen	**54**
Das Thema ist vorgegeben	54
Sie wählen das Thema selbst	55
2.4 Zusage – und jetzt?	**56**
Nur ruhig Blut	56
Gedankenblitze sammeln	56
Der misslungene Auftritt – ein Erfahrungsbericht	**58**

2. Die optimale Vorbereitung

2.1 Die Rahmenbedingungen klären

Bevor Sie sich ans Verfassen Ihrer Rede machen, gibt es einige wichtige Abklärungen zu treffen: Wo findet die Veranstaltung statt, wer ist das Zielpublikum? Wie viel Zeit haben Sie für Ihre Rede, zu welchem Thema sollen Sie reden?

Klären Sie als Erstes die Rahmenbedingungen. Sollen Sie zehn, zwanzig oder dreissig Minuten reden? Treten neben Ihnen noch andere Redner auf? Findet Ihre Rede in einem Saal mit modernsten technischen Hilfsmitteln oder im Sääli eines Restaurants statt? Reden Sie mit oder ohne Mikrofon, hinter einem Rednerpult oder frei?

Eine ausführliche Checkliste zu allen Fragen, die sich in der Vorbereitungsphase stellen, finden Sie im Anhang.

Den Zeitrahmen abstecken

Fragen Sie den Veranstalter, wie viel Zeit Sie für Ihren Vortrag, Ihr Referat oder Ihre Ansprache haben. Im Normalfall hat der Veranstalter eine Vorstellung von der geplanten Länge Ihrer Rede, da Ihr Auftritt Teil eines Programms mit fixen Zeiten ist. Sollte Ihnen der Veranstalter keine Längenvorgabe machen, gibt Ihnen die Übersicht nebenan einen Anhaltspunkt für die ideale Länge Ihrer Rede.

Publikum nicht überstrapazieren

Länger als 60 Minuten sollte ein Referat nicht sein. Die Aufmerksamkeitsspanne des Menschen nimmt nach 45 bis 50 Minuten drastisch ab, weshalb zum Beispiel auch Schul- und Universitätslektionen nie länger als 45 Minuten dauern.

Falls ein Veranstalter Sie einlädt, länger als eine Stunde zu reden, schlagen Sie ihm vor, eine Pause einzubauen. Oder gestalten Sie Ihre Rede interaktiv: Wenn Sie Ihr Publikum miteinbeziehen, ist es aufmerksamer und damit gewillter, Ihnen zuzuhören. Hier zwei Tipps:

> **Dem Publikum Entscheidungsfragen stellen.** Wenn Sie in Ihrem Referat erzählen, wie Sie eine bestimmte Aufgabe bewältigt haben, können Sie, bevor Sie den jeweils nächsten Schritt erläutern, innehalten und das Publikum fragen, wie es entschieden hätte. Geben Sie zwei oder mehrere Möglichkeiten zur Auswahl und machen Sie eine Abstimmung. Führen Sie anschliessend aus, warum Sie gleich wie die Mehrheit oder genau anders entschieden haben. Abgesehen davon, dass das Publikum so aufmerksam bleibt, kann es auch Ihren Gedankengängen besser folgen.

> **Das Publikum zum Mitdenken einladen.** Ähnlich können Sie verfahren, wenn Sie zum Beispiel ein Fachreferat halten. Statt einfach die korrekten Schritte aufzuzählen, die zu einer Lösung führen, können Sie auch hier dem Publikum einige Möglichkeiten zur Auswahl geben, bevor Sie ihm sagen, weshalb die eine Antwort richtig und die andere falsch ist. So werden die Zuhörenden Ihnen aufmerksam folgen. Ausserdem können sie sich den vermittelten Inhalt mit dieser Methode besser merken, weil sie aktiv mitdenken und ihre eigenen Überlegungen anstellen können.

Sich an die Redezeit halten

Es ist wichtig, dass Sie sich an die vorgegebene Redezeit halten. Viel zu kurze und viel zu lange Reden bringen das Programm durcheinander, was sowohl die Geduld des Veranstalters wie jene der Zuhörenden und

IDEALE LÄNGE FÜR EINE REDE	
Begrüssungsrede / Grusswort	5 Minuten
Referat zu einem frei gewählten oder vorgegebenen Thema; eher kürzer, wenn zum gleichen Thema noch andere Referenten auftreten	10 – 20 Minuten
Festansprache	20 – 30 Minuten
Hauptrede (einziger Redner)	30 – 60 Minuten
Fachreferat (vor Fachpublikum)	max. 60 Minuten

2. Die optimale Vorbereitung

der nachfolgenden Redner strapaziert. Oft gibt es auch zwingende Gründe, weshalb der Programmablauf eingehalten werden muss: der Cateringservice soll um eine bestimmte Zeit mit dem Essen bereitstehen, die letzten Züge fahren bald.

Beim Üben laut lesen

Üben Sie Ihre Rede vor Ihrem Auftritt. Neben der Sicherheit, die Sie dadurch bekommen, können Sie gleichzeitig auch die Länge Ihres Vortrags überprüfen. Lesen Sie Ihren Text beim Üben laut und deutlich vor. Wenn Sie nur leise sprechen oder ihn gar stumm lesen, benötigen Sie für den gleichen Text viel weniger Zeit.

Einen Anhaltspunkt für die Länge Ihrer Rede gibt Ihnen die folgende Regel: Drei bis vier A4-Seiten Manuskripttext, gross geschrieben (18 bis 20 Punkt) und mit grosszügigen Abständen, entsprechen ungefähr einer Redezeit von zehn Minuten.

FIDEL REDET

Was die Länge seiner Reden betrifft, ist ein Mann unübertroffen: der 1926 geborene ehemalige kubanische Staatschef und Revolutionsführer Fidel Castro. Seine legendären Reden zum Volk, in denen er mit dem kapitalistischen Wirtschaftssystem abrechnet und gleichzeitig die kubanische Revolution und den Kommunismus rühmt, dauern gerne auch mal zehn Stunden und länger. Wie erlösend für sein Publikum muss da ein Satz wirken wie der folgende, den Castro 1999 in seiner Rede zum 40. Jahrestag des «Sieges der Revolution» nach einer langen Ausführung zum US-amerikanischen Kapitalismus sagte: «Ich möchte hier bei dieser Gelegenheit keine weiteren Argumente anführen.»
Vergleichsweise bescheiden nehmen sich da die Reden von Schweizer Politikern aus: Die Mitglieder des eidgenössischen Parlaments beispielsweise haben sich vor einigen Jahren selber eine Redezeitbeschränkung von fünf Minuten auferlegt. Spricht ein Parlamentsmitglied länger als fünf Minuten, bricht der Nationalratspräsident die Rede mit deutlichem Glockengeläut ab.

Für Überraschungen sorgen

Bitte beachten Sie noch etwas: Eine Rede von mehr als 10 bis 20 Minuten Länge stellt bereits hohe Ansprüche an Ihre rhetorischen Fähigkeiten. Schaffen Sie es nicht, das Publikum immer wieder zu überraschen, herauszufordern und zu begeistern, werden Sie es schon nach ein paar Minuten verloren haben.

Wenn noch andere Redner auftreten

Fragen Sie den Veranstalter, ob neben Ihnen noch andere Rednerinnen und Redner auftreten. Falls ja, hat das einerseits einen Einfluss auf die Länge Ihres Referats, Ihrer Ansprache oder Ihrer Rede und beeinflusst andererseits auch den Inhalt Ihres Vortrags.

Wenn mehrere Redner zum gleichen Thema auftreten, sollte nach Möglichkeit jeder zu einem anderen Aspekt reden. Andernfalls ist das Publikum bereits ab der dritten Rede nicht mehr gewillt zuzuhören. Es lohnt sich deshalb, die Inhalte rechtzeitig mit dem Veranstalter bzw. mit den anderen Rednern abzusprechen.

Die Örtlichkeiten kennen

Halten Sie Ihre Rede im Freien, zum Beispiel auf einem Dorfplatz oder einer Festwiese? Treten Sie im grossen Festsaal des

---

DUMM GELAUFEN

Ich war einmal Gast bei einem Firmenjubiläum, bei dem insgesamt acht Redner auf dem Programm standen. Offensichtlich hatten diese vom Veranstalter weder bezüglich der Länge ihrer Referate noch bezüglich des Inhalts eine Vorgabe bekommen. So kam es, dass alle acht Redner – wahrscheinlich sogar aufgrund der gleichen Quellen – in viel zu langen Reden mehr oder minder das Gleiche sagten: Sie erzählten etwas über die Firmengeschichte, strichen die wirtschaftliche Bedeutung der Firma für die Region heraus, lobten das soziale Engagement der Firmenleitung und dankten den Mitarbeiterinnen und Mitarbeitern für ihren Einsatz.

Während der dritten Ansprache machte sich im Saal nach ein paar Minuten Unruhe breit, und bereits der vierte Redner musste das Publikum mehrmals dazu auffordern, ihm doch bitte kurz zuzuhören. Sie können sich vorstellen, wie viel Aufmerksamkeit das Publikum den Rednern fünf bis acht noch schenkte. Der letzte Redner, der kurz vor Mitternacht auf die Bühne trat, durfte übrigens wieder zu einem einigermassen stillen Publikum sprechen. Dies war allerdings eher der Erschöpfung der Zuhörerinnen und Zuhörer als tatsächlichem Interesse zuzuschreiben.

2. Die optimale Vorbereitung

Schützenhauses oder im kleinen Sääli des Dorfrestaurants auf? Reden Sie auf einer Bühne hinter einem Rednerpult oder auf der grossen Bühne in einer Aula, in der das Publikum vor Ihnen in aufsteigenden Stuhlreihen sitzt?

> **Erkundigen Sie sich beim Veranstalter nach dem Veranstaltungsort: Je nachdem, wo Sie auftreten, ist von Ihnen nämlich eine andere Art von Rede, aber auch eine andere Stimmkraft und Raumpräsenz gefragt.**

Rede im Freien

Treten Sie im Freien auf, zum Beispiel auf einem Dorfplatz oder einer Festwiese, darf Ihre Ansprache ruhig etwas holzschnittartiger sein. Reden im Freien finden meist während eines Festanlasses statt, und da ist das Interesse an einer Ansprache normalerweise nicht sehr gross.

Das Publikum sitzt auf langen Festbänken, man unterhält sich mit Bekannten, trinkt ein Bier oder isst eine Bratwurst, und auf dem Platz vor der Bühne spielen Kinder «Fangis». Wenn dann, was an Veranstaltungen im Freien leider oft vorkommt, die Laut-

> **Stellen Sie sich bei einer Rede im Freien auf einen hohen Geräuschpegel und ein eher geringes Interesse an Ihrer Ansprache ein. Bleiben Sie deshalb kurz und in der Wortwahl und Satzgestaltung einfach.**

sprecher auch noch vorne am Bühnenrand installiert und von schlechter Qualität sind, wird man Sie in den hinteren Reihen ausserdem kaum mehr hören.

Rede in einem kleinen Saal

Im Sääli des Dorfrestaurants werden Sie vermutlich ohne Mikrofon und Verstärker reden. Bereiten Sie sich deshalb darauf vor, laut und deutlich sprechen zu müssen. Das Publikum wird mit grosser Wahrscheinlichkeit an Tischen sitzen, die in Hufeisen- oder Kreisform aufgestellt sind. Das bedeutet für Sie, dass Sie nach allen Seiten reden müssen, um alle Zuhörenden zu erreichen.
Überlegen Sie, ob in diesem Fall ein Manuskript angebracht ist oder ob ein Stichwortzettel nicht vollauf genügt.

Auftritt im Konferenzsaal

So angenehm es ist, in einem geräumigen, hellen Konferenzsaal aufzutreten, der mit allen technischen Hilfsmitteln, einer grossen Bühne und einer riesigen Leinwand ausgestattet ist, so schwierig ist es, diesen Raum als Redner auszufüllen.

Akustisch werden Sie kein Problem haben, Ihr Publikum zu erreichen, denn diese Säle sind meist mit hervorragenden Tonanlagen ausgestattet, die von professionellen Tontechnikern bedient werden.

Eher schwierig wird es sein, die Zuhörenden auch optisch zu packen. Dazu müssen Sie eine Raumpräsenz entwickeln, also den Raum mit Ihrer Persönlichkeit ausfüllen. Das schaffen Sie, indem Sie noch stärker als sonst auf Ihre Körperhaltung achten, den Blickkontakt mit dem Publikum stets aufrechterhalten und die Bühne in ihrer vollen Grösse ausnützen. Wechseln Sie zum Beispiel immer wieder Ihre Position, gehen Sie einmal an den linken, dann wieder an den rechten Bühnenrand, und bleiben Sie zwischendurch in der Bühnenmitte stehen.

Rednerpult

Klären Sie ab, ob es am Ort, wo Sie auftreten, ein Rednerpult hat. An immer mehr Veranstaltungsorten können Sie das Rednerpult wählen. Entscheiden Sie sich für ein schlankes, feines Modell aus Holz oder Plexiglas. Hinter einem solchen Pult nimmt das Publikum Sie als ganze Person wahr, was das Zuhören erleichtert.

Hinter den schweren und klobigen Holzpulten, wie man sie leider immer noch auf vielen Bühnen sieht, verschwindet ein Redner förmlich. Das Publikum kann ihn nicht als ganze Person wahrnehmen, sondern nur als *talking head* («sprechenden Kopf»). Dadurch entsteht der Eindruck, der Redner verstecke sich. Zudem wirkt er klein und unbedeutend.

Hat es kein Rednerpult, wird Ihnen ein Manuskript in der Grösse A4 eher hinderlich vorkommen. Schreiben Sie in diesem Fall besser auf A5-Blätter oder auf Kärtchen im Format A6. Wenn Sie an einem Rednerpult auftreten, dürfen Sie Ihr Manuskript natürlich auch auf grösseres Papier schreiben.

Tonanlage

Erkundigen Sie sich beim Veranstalter, ob es an Ihrem Auftrittsort eine Tonanlage gibt.

Vorsicht im Umgang mit dem Mikrofon: Ohne Tonanlage werden Sie gezwungen sein, mit grosser Stimmkraft zu sprechen. Mit Tonanlage können Sie mit weniger Druck reden, müssen aber auf den richtigen Umgang mit dem Mikrofon achten: Ein Hand- oder Ständermikrofon muss direkt auf Ihren Mund gerichtet und darf maximal

2. Die optimale Vorbereitung

zwei Daumenbreit von Ihrem Mund entfernt sein. Diese Mikrofone, sogenannte Richtmikrofone, erzeugen einen schönen, satten Ton. Sie haben allerdings den Nachteil, dass man Sie kaum mehr hört, sobald Sie den Kopf senken oder wegdrehen, zum Beispiel wenn Sie auf Ihr Manuskript schauen oder auch das Publikum links und rechts von Ihnen mit Ihrem Blick erfassen möchten.

Sie haben nur zwei Hände: Wenn Sie ein Handmikrofon erhalten, denken Sie daran, dass Sie dann nicht auch noch Ihr Manuskript oder Ihre Stichwortkarte und dazu zum Beispiel noch ein Kästchen für die Fernbedienung Ihrer Powerpoint-Präsentation oder einen Laserpointer in den Händen halten können.

> **Es geschieht immer wieder, dass Redner mit der Hand, mit der sie ihr Mikrofon und den Laserpointer halten, auf ihre Präsentation zeigen und zugleich von ihrem Manuskript ablesen, das sie in der anderen Hand halten. Vermeiden Sie dies, denn in diesen Momenten sind Sie nicht mehr zu hören.**

Mehr Freiheit mit dem Ansteckmikrofon: Mehr Bewegungsfreiheit haben Sie mit einem sogenannten Ansteckmikrofon, das zum Beispiel am Kragen Ihrer Jacke befestigt wird, oder mit einem Headset (auch Bügelmikrofon genannt), das an Ihrem Kopf festgemacht wird. Zur richtigen Handhabung des Mikrofons lesen Sie auch «Das Mikrofon im Griff», Seite 151.

Stehen Beamer und andere Hilfsmittel zur Verfügung?

Fragen Sie den Veranstalter, ob Ihnen an Ihrem Auftrittsort technische Hilfsmittel zur Verfügung stehen. Hilfsmittel wie ein Hellraum- oder Overheadprojektor, ein Beamer für Ihre Powerpoint- bzw. Visualizer-Projektion oder eine Flipchart (ein Gestell mit Notizzetteln im Format A1) können sehr nützlich sein, um dem Publikum die Struktur Ihrer Rede zu verdeutlichen oder um wichtige Punkte herauszustreichen.

Dazu müssen diese Geräte allerdings richtig eingesetzt und bedient werden, sonst konzentriert sich das Publikum nur noch auf die nächste mögliche Panne und nicht mehr auf Ihre Inhalte.

Hellraumprojektor

Der Hellraumprojektor, den Sie vielleicht noch aus Ihrer Schulzeit kennen, hat bald ausgedient. Er taucht trotzdem gelegentlich noch in kleinen Vortragssälen und Seminarräumen auf. Richtig bedient – Klappe offen, Folie nicht auf dem Kopf oder spiegelverkehrt aufgelegt –, ist er ein einfaches und praktisches Hilfsmittel.

> **Achten Sie darauf, dass die Folien einfach und übersichtlich gestaltet und nicht von früheren Auftritten her verschmiert sind. Viel mehr als die Struktur Ihrer Rede und einige Schlüsselsätze sollte auf den Folien nicht stehen.**

Visualizer

In neuerer Zeit wird der Hellraum- oder Overheadprojektor, wie er auch genannt wird, immer mehr durch den sogenannten Visualizer ersetzt. Visualizer sind Projektoren, in die normale Papiervorlagen oder auch kleine Gegenstände eingelegt werden können. Mittels einer kleinen Kamera und einem sogenannten Touchpanel auf dem Laptop werden diese über einen Beamer auf die Leinwand projiziert.

Beamer und Powerpoint-Präsentation

In allen grösseren Vortragssälen, aber auch in den meisten Seminar- und Schulungsräumen steht heute ein Beamer. Damit lassen sich via Laptop oder PC Präsentationen auf eine Leinwand projizieren.

Beamer richtig bedienen: Leider scheitert die Projektion der Präsentation oft bereits an den wenigen Handgriffen, die zur richtigen Bedienung von Laptop und Beamer nötig sind. Immer wieder schaffen es Redner nicht, die Präsentation von ihrem Memorystick auf die Leinwand zu bringen, weil sie am Computer die falschen Tasten drücken oder weil sie am Beamer den falschen Eingang («Input») wählen. Dann entsteht auf der Bühne meist grosse Hektik: Während Veranstalter, Bühnentechniker und Redner nervös an Computer und Beamer herumfingern, macht sich im Publikum allmählich Unruhe breit. Ist auf der Leinwand endlich ein Bild zu sehen, ist es häufig das falsche, weil jemand in der allgemeinen Hektik die Präsentation bereits halb durchgeblättert

> **Der Visualizer hat den Vorteil, dass Sie keine Folien drucken müssen, sondern Ihre Unterlagen ganz normal auf Papier ausdrucken können. Der Nachteil, ähnlich wie beim Hellraumprojektor: Man muss sich bei jedem Seitenwechsel darauf konzentrieren, dass das Blatt richtig aufgelegt und gut lesbar ist.**

2. Die optimale Vorbereitung

hat und der Redner nun zuerst zurückblättern muss.

In solchen Situationen ist es schwierig, das Publikum wieder für die Inhalte des Vortrages zu interessieren. Viel zu ablenkend und amüsant war die unfreiwillig komische Darbietung auf der Bühne!

> **Sollten Sie sich für den Einsatz einer Beamerprojektion entscheiden, installieren Sie Ihre Präsentation, bevor das Publikum im Saal ist, und überprüfen Sie vor Beginn der Veranstaltung, ob alles wie geplant funktioniert.**

Powerpoint-Präsentation schlicht gestalten: Einer gewissen unfreiwilligen Komik entbehren oft auch die gezeigten Präsentationen nicht. Häufig wird alles, was das ausgeklügelte Powerpoint-Programm zu bieten hat, in eine Präsentation hineingepackt. Da wechseln sich Schriftbilder und Farben ab, es fliegen Titel ins Bild, aus kleinen Klötzchen wachsen Buchstaben und beim Seitenwechsel wirbeln die Folien nur so über die Leinwand. Zusätzlich verwirren unverständliche Grafiken, wilde Animationen

> **Wenn Sie in Ihrer Präsentation längere Sätze einfügen, wie zum Beispiel Definitionen oder Zitate, lesen Sie diese während Ihres Vortrags laut vor. Es gibt für die Zuhörenden fast nichts Verwirrenderes als die Aufforderung des Redners: «Das können Sie selber lesen», während er mit einem anderen Thema weiterfährt.**

und unübersichtliche Tabellen in kleinster Schrift die Zuhörer derart, dass sie sich auf das, was gesagt wird, überhaupt nicht mehr konzentrieren können.

Sie merken: Ich halte vom grassierenden Powerpoint-Fieber nicht sehr viel. Wenn Sie sich für eine Powerpoint-Präsentation entscheiden, dann empfehle ich Ihnen, diese so übersichtlich und unaufgeregt wie möglich zu gestalten. Eine Inhaltsangabe beziehungsweise eine Strukturübersicht Ihrer Rede oder Ihres Vortrages, ein paar Schlüsselwörter und -sätze sowie allenfalls ein gut lesbares Bild zur Illustration reichen vollauf.

Wenn Sie diese einfache Übersichtsstruktur mit Grafiken, Illustrationen und Tabellen

> **PROF. DR. POWER POINT**
>
> Ich habe mir einen Sport daraus gemacht, bei Vorträgen und Referaten speziell auf den Einsatz von Powerpoint-Präsentationen zu achten. So bekam ich zum Beispiel den Vortrag eines bekannten Hirnforschers wegen seiner Powerpoint-Präsentation kaum mit. Der Professor deckte uns Zuhörende mit einer wahren Flut von Folien ein: Sie waren gespickt mit Grafiken, Pfeilen, Diagrammen und ellenlangen Aufzählungen von Fachbegriffen. Diese, betonte der Referent immer wieder, müssten wir nicht beachten, und er überblätterte sie mit den Worten, dass es zu weit führen würde, uns das alles zu erklären.
> Warum, fragte ich mich, hatte der Professor nicht gleich eine Powerpoint-Präsentation mitgenommen, auf der zu sehen gewesen wäre, was wir auch hätten sehen sollen?
> Ich vermute, dass er uns einfach den Foliensatz präsentierte, den er jeweils auch seinen Studenten zeigt – nur dann mit den entsprechend ausführlichen Erläuterungen.

ergänzen möchten, sollten diese einfach zu lesen und schnell zu begreifen sein.

Flipchart

Vor allem in kleineren Vortragssälen, aber auch in den meisten Schulungs- und Seminarräumen stehen sogenannte Flipcharts. Das sind Gestelle auf Rädern, auf denen grossformatige Zettel (im Format A1) befestigt sind. Flipcharts sind ideal bei Vorträgen vor kleinem Kreis und bei Schulungen und Diskussionsrunden in kleineren Gruppen. Auf Flipcharts können Sie komplexe Zusammenhänge grafisch darstellen, aber auch spontane Einwürfe aus dem Publikum, Schlüsselwörter und gemeinsame Erkenntnisse festhalten.
Der Vorteil dabei ist, dass Ihr Publikum die Entstehung eines Gedankenganges mitverfolgen und dadurch besser nachvollziehen kann. Achten Sie darauf, dass Sie auf einer Flipchart trotz aller Spontaneität einigermassen leserlich schreiben.

Damit die Zuhörenden nicht alles abschreiben müssen, was sie nur von Ihren Ausführungen ablenken würde, können Sie nach Ihrem Auftritt die Notizen auf der Flipchart mit einer Digicam oder Ihrem Handy abfotografieren. Tippen Sie diese Notizen zuhause sauber und übersichtlich in den Computer und verschicken Sie sie anschliessend per Mail an die Teilnehmenden.

2.2 Das Zielpublikum kennen

Wer wird Ihnen bei Ihrer Rede zuhören? Die Zusammensetzung des Publikums ist für die Gestaltung Ihres Auftritts entscheidend. Das Publikum hat einen Einfluss auf die Sprache, in der Sie reden werden, auf die Tonalität Ihrer Rede und auf die Kleidung, die Sie tragen werden.

Es macht einen Unterschied, ob Sie als Expertin zu einem Fachpublikum reden oder ob Sie vor Laien auftreten. Entsprechend werden Sie auf Fachausdrücke verzichten müssen. Auch wird Ihre Kleidung eine andere sein, wenn Sie vor Bankdirektoren reden, als wenn Sie vor den Kollegen Ihres Fussballclubs auftreten.

Korrekt begrüssen

Von der Zusammensetzung des Publikums hängt bereits die Art Ihrer Begrüssung ab.

Informelle Begrüssung

Sprechen Sie zu einem Kollegenkreis oder einer Gruppe von Menschen mit dem gleichen Beruf, dann genügt eine informelle Begrüssung, die zum Beispiel so lauten kann: «Liebe Kolleginnen und Kollegen, geschätzte Gäste».

Formelle Begrüssung

Sind Sie Geschäftsführer einer Firma und sitzen in Ihrem Publikum – zum Beispiel aus Anlass Ihres Firmenjubiläums – Regierungs- und Parlamentsvertreter, die Mitglieder des Verwaltungsrats und Vertreter der Firmenleitung, dann müssen Sie in Ihrer Begrüssung auf die korrekte Reihenfolge achten.

Regierungs- und Parlamentsvertreter werden zuerst erwähnt, dann folgen Mitglieder des Verwaltungsrats und der Geschäftsleitung, und am Schluss die Kollegen und Mitarbeiter. Eine formelle Begrüssung könnte also ungefähr so lauten:
«Sehr geehrter Herr Regierungsrat, sehr geehrte Vertreterinnen und Vertreter unseres Kantonsparlaments, geschätzte Mitglieder unseres Verwaltungsrats, liebe Kolleginnen und Kollegen der Firmenleitung, werte Mitarbeiterinnen und Mitarbeiter!»

> **REGELN BEI DER BEGRÜSSUNG**
>
> So sieht die Reihenfolge in einer formellen Begrüssung aus:
>
> 1. Gastgeber
> 2. Regierungsvertreter
> 3. Parlamentsvertreter
> 4. Mitglieder des Verwaltungsrats
> 5. Kolleginnen und Kollegen
> 6. Erweiterter Publikumskreis

Halten Sie aber ein Referat zum gleichen Thema vor einem anderen Publikum, zum Beispiel vor Mitgliedern von kantonalen und kommunalen Behörden oder als Gastreferent am Kundenanlass einer Versicherung, dann müssen Sie Ihre Sprache anpassen. Sie dürfen in diesem Fall keine Fachsprache reden, sonst verstehen die Brückenbau-Laien im Publikum Sie nicht. Das bedeutet, dass Sie auf sämtliche Fachbegriffe entweder verzichten oder sie laufend übersetzen bzw. erläutern müssen.

Sind Sie als Gastreferent eingeladen, dann begrüssen Sie zuerst den Gastgeber und danach, entsprechend dem obigen Beispiel, die anderen Zuhörer: «Sehr geehrter Herr Geschäftsführer, sehr geehrte Frau Regierungsrätin, sehr geehrte Vertreterinnen und Vertreter des Kantonsparlaments, geschätzte Mitglieder des Verwaltungsrats, verehrte Damen und Herren».

Verständlich reden

Wenn Sie als Ingenieur vor anderen Ingenieuren ein Fachreferat zum Thema «Brückenbau in Schweizer Bergtälern» halten, dann dürfen Sie selbstverständlich die Sprache sprechen, die man unter Ingenieuren spricht, nämlich eine Fachsprache. Sie dürfen alle gebräuchlichen Fachausdrücke in Ihrem Referat verwenden, Ihr Publikum wird Sie verstehen.

> **Denken Sie daran: Wenn Sie zusätzlich mit einer visuellen Präsentation (Powerpoint, Projektor) arbeiten, muss auch diese in der Wortwahl dem Publikum angepasst werden. Die Präsentation, die ein Professor für seine Vorlesungen verwendet, ist für ein nicht fachkundiges Publikum ungeeignet.**

Mut zur Einfachheit

Vielen Fachleuten bereitet die Umstellung auf eine allgemein verständliche Sprache Mühe, nicht nur aus einer gewissen Betriebsblindheit heraus, sondern auch, weil sie fürchten, sie könnten inkompetent wir-

2. Die optimale Vorbereitung

> **KEINE ANGST VOR BLÖSSEN**
>
> Die Angst, sich bei einem öffentlichen Auftritt mit einer allgemein verständlichen Sprache eine Blösse zu geben, ist weit verbreitet: «Es könnten ja Kollegen zuhören – was sollen die denken, wenn sie mich so einfach reden hören!»
> Niemand wird gerne von seinen Kollegen belächelt. Trotzdem sollten Sie als Redner keine solche Schere im Kopf haben: Sie reden bei einem Vortrag vor einem breiten Publikum nicht für Ihre Fachkollegen, sondern eben für das breite Publikum. Also müssen Sie auch eine Sprache sprechen, die dieses versteht. Genau dieses Bewusstsein ist übrigens das Erfolgsrezept beliebter und erfolgreicher Rednerinnen und Redner. Dazu gehören etwa die Alt-Bundesräte Adolf Ogi und Christoph Blocher, die Aargauer Ständerätin Christine Egerszegi, der Vizepräsident des Beratenden Ausschusses des UN-Menschenrechtsrates Jean Ziegler sowie die Professoren Franz Jaeger (Wirtschaft), Kurt Imhof (Soziologie) und Daniel Jositsch (Strafrecht). Sie sind gern gesehene Gäste in Radio- und Fernsehsendungen und auf Podien – nicht zuletzt wegen ihrer Fähigkeit, komplexe Zusammenhänge einfach und verständlich darzustellen.

ken, wenn sie ihre Sprache vereinfachen. Eine Furcht, die noch verstärkt wird, wenn Kollegen der gleichen Berufsgattung im Publikum sitzen.

Das ist falsch. Ihr Ziel muss sein, mit Ihrer Rede von allen Zuhörenden verstanden zu werden. Man wird Sie, wenn Sie Ihre Sprache anpassen, im Gegenteil sogar als sehr kompetent anschauen, weil sich die Zuhörerinnen und Zuhörer von Ihnen ernst genommen fühlen. Sprechen Sie hingegen eine Sprache, die das Publikum – oder auch nur ein Teil davon – nicht versteht, kommt es sich dumm und ungebildet vor, was für Ihre Akzeptanz als Gastredner nicht förderlich ist.

Tipp: Reden wie im privaten Umfeld

Achten Sie einmal darauf: Im privaten Umfeld, im Gespräch mit Lebenspartnern, Freundinnen oder Vereinskollegen verzichten Sie ganz selbstverständlich darauf, branchenspezifische Wörter oder Fachbegriffe zu verwenden, wenn Sie von Ihrer Arbeit reden. Tun Sie es ausnahmsweise trotzdem, werden Sie von Ihren Gesprächspartnern bestimmt sehr schnell darauf aufmerksam gemacht, dass man Sie nicht versteht.

Diese Möglichkeit hat Ihr Publikum nicht. Eher klinkt es sich aus Ihrer Rede aus und schweift mit seinen Gedanken ab. Sprechen Sie also vor einem breiten Publikum, wie

KENNEN SIE IHRE FACHSPRACHE?

Jede Berufsgattung hat ihre eigene Sprache, die für Aussenstehende nicht oder nur schwer verständlich ist. Beim Fernsehen, wo ich 15 Jahre lang gearbeitet habe, spricht man zum Beispiel von «Bauchbinden» (gemeint sind die Namenseinblender unter einer sprechenden Person), einer «MAZ» (ursprünglich «Magnetaufzeichnung», heute eine Einspielung ab Band oder Harddisk) und der «Steady» (eine Kamera, die durch eine raffinierte Aufhängevorrichtung Schwankungen ausgleicht). Ich konnte oft beobachten, wie Fernsehschaffende auch im Gespräch mit Aussenstehenden, zum Beispiel mit Interviewpartnern, diese Wörter verwendeten. Es liegt auf der Hand, dass diese vor allem «Bahnhof» verstanden. Überprüfen Sie einmal den Fachwortschatz Ihrer eigenen Branche oder Ihres eigenen Betriebes. Sie werden auf viele Wörter stossen, die ein Aussenstehender nicht verstehen kann.

Sie in Ihrem privaten Umfeld, im Gespräch mit Ihrem Lebenspartner, Ihren Kindern, Freunden und Vereinskollegen auch sprechen. Überprüfen Sie Ihren Wortschatz, wenn Sie eine Rede vorbereiten, und überlegen Sie sich gut, welche Wörter nicht zum allgemeinen Sprachgebrauch gehören.

Der Ton macht die Musik

Bevor Sie sich ans Verfassen Ihrer Rede machen: Überlegen Sie sich, welche Tonalität dem Anlass und dem Publikum, vor dem Sie auftreten, angepasst ist. Sie werden eine andere Farbe, eine andere Tonalität in Ihre Rede bringen, wenn Sie an einer Abdankungsfeier sprechen, als wenn Sie eingeladen sind, in einem Bierzelt eine launige Festrede zu halten.

Wichtig ist, dass Sie – was für eine Tonalität Sie auch wählen – sich selber treu bleiben. Eine aufgesetzte, überangepasste oder inszenierte Tonalität, die nicht zu Ihnen passt, wird schnell als unecht entlarvt und macht Sie zu einem unglaubwürdigen Redner.

Wenn Sie ein Meister des doppelbödigen Humors sind, können Sie von dieser Begabung problemlos auch etwas in eine ernsthafte Rede einfliessen lassen, denn es passt zu Ihnen. Es ist, je nach Anlass, einfach eine Frage des Masses.

2. Die optimale Vorbereitung

Sind Humor oder scharfzüngige Formulierungen hingegen nicht Ihre Stärke, versuchen Sie nicht, um jeden Preis witzig zu sein. Sie werden sich unwohl fühlen, und das Publikum wird das merken.

Die richtige Kleidung

Auch bei der Wahl der richtigen Kleidung ist entscheidend, dass Sie bei Ihrem Stil bleiben. Sie müssen sich auf einer Bühne wohl fühlen in Ihrer Haut.

Wagen Sie also besser keine Experimente bei Ihrem Auftritt: Sie werden sich möglicherweise unwohl fühlen und entsprechend verkrampft auftreten. Nehmen Sie am besten ein bewährtes Kleidungsstück aus Ihrem Schrank, das zu Ihnen, zum Anlass und zum Publikum passt.

Dresscode einhalten

Damit Sie in Ihrer Kleiderwahl auch sicher richtig liegen, fragen Sie den Veranstalter, was er sich für seinen Anlass wünscht bzw. ob es einen Dresscode gibt: Erscheinen die Männer im Anzug mit Krawatte und die Frauen im schicken Deux-Pièces, oder steht «Kleidung: casual» auf der Einladung, also Jeans und Hemd oder Bluse?

Passen Sie sich diesem Dresscode an. Gibt es keinen, kann Ihnen der Veranstalter bestimmt sagen, wie das Publikum ungefähr gekleidet sein wird. Kleiden Sie sich entsprechend, denn das Gefühl, an einem Anlass *over-* oder *underdressed*, also entweder zu schick oder zu nachlässig gekleidet zu sein, kann bei Ihnen als Redner zu einer grossen Verunsicherung führen.

Keine Ablenkungen

Als Grundregel gilt ausserdem: Ihre Kleidung sollte nicht von Ihrer Person und Ihren Inhalten ablenken. Am idealsten für einen Auftritt sind ruhige, ausgeglichene Farben.

Verzichten Sie auf schrille Farbtöne und unruhige Kombinationen, und achten Sie darauf, dass Sie keine allzu auffallenden Ohrringe und originellen Krawatten (zum Beispiel mit Micky-Maus- oder Kamel-Motiven) tragen. Ihr Ziel sollte sein, dass man nach Ihrem Auftritt von Ihrer Rede spricht und nicht von Ihrem gewagten Outfit.

2. Die optimale Vorbereitung

2.3 Das Thema festlegen

Sollen Sie frei zu einem von Ihnen gewählten Thema reden? Gibt der Veranstalter Ihnen zwar das Thema, aber nicht den Rahmen vor? Oder hat er eine ganz konkrete Vorstellung, worüber Sie sprechen sollen? Diese Fragen zu klären ist oberstes Gebot.

Setzen Sie sich mit den Wünschen des Veranstalters eingehend auseinander und machen Sie sich erst an die Vorbereitung der Rede, wenn Sie genau wissen, worüber Sie reden wollen oder müssen. Alles andere ist verlorene Zeit.

Und noch aus einem zweiten Grund lohnt sich eine intensive vorgängige Abklärung: Missverständnisse und die damit einhergehenden Enttäuschungen lassen sich nach einer gründlichen Absprache mit dem Veranstalter vermeiden.

Das Thema ist vorgegeben

Wenn Sie eingeladen werden, zu einem vorgegebenen Thema zu sprechen, stellen Sie sich zunächst die Kompetenzfrage:

> Bin ich kompetent genug, um zu diesem Thema zu sprechen?

> Kann ich mir fehlendes Wissen in nützlicher Zeit beschaffen bzw. aneignen?

Wenn Sie beide Fragen mit Nein beantworten müssen, besprechen Sie sich mit dem Veranstalter: Vielleicht lädt er in diesem Fall besser einen anderen Redner ein, oder er passt – in Absprache mit Ihnen – das Thema an.

Können Sie die beiden Fragen mit Ja beantworten, müssen Sie als Nächstes Ihre eigene Haltung zum Thema klären:

> Wie stehe ich zu diesem Thema?
> Habe ich eine neutrale, eine negative oder eine positive Haltung dazu?

Wenn Sie die Haltung geklärt haben, bringen Sie in Erfahrung, ob Sie Ihre Meinung frei darlegen dürfen oder ob Ihnen der Veranstalter gewisse Einschränkungen auferlegt. Falls Sie sich nicht frei äussern dürfen, überlegen Sie sich, ob Sie der richtige Redner zu diesem Thema bzw. an diesem Anlass sind.

Sie wählen das Thema selbst

Vielleicht bietet Ihnen der Veranstalter an, Ihr Thema frei zu wählen. Das scheint zunächst einfach, weil Sie völlige Freiheit haben. Doch gerade diese völlige Freiheit macht die Aufgabe schwer: Welches Thema passt zu Ihnen und zum Anlass? Und was ist für Sie und das Publikum interessant?

Erst entscheiden, dann zusagen

Überlegen Sie sich vor einer definitiven Zusage gut, worüber Sie sprechen möchten. Klären Sie beim Veranstalter ab, in welchem Rahmen Ihr Auftritt stattfinden und wie sich das Publikum zusammensetzen wird. Das gibt Ihnen bereits einige Anhaltspunkte für Ihre Rede.

Haben Sie sich einmal für ein Thema entschieden, stellen Sie sich die gleichen Fragen wie bei einem vorgegebenen Thema:

> Bin ich für dieses Thema kompetent genug?
> Kann ich mir das fehlende Wissen in nützlicher Frist aneignen?
> Habe ich bei meinen Ausführungen freie Hand?

Erst wenn Sie diese Fragen positiv beantwortet haben, können Sie sich an die weitere Vorbereitung Ihrer Rede machen.

2. Die optimale Vorbereitung

2.4 Zusage – und jetzt?

Es ist ein übliches Phänomen, dass man nach der Zusage für einen öffentlichen Auftritt zuerst einmal über den eigenen Mut erschrickt – vor allem dann, wenn eine solche Aufgabe nicht häufig an einen herangetragen wird. Nur nicht verzagen: Mit den richtigen Massnahmen schaffen Sie Abhilfe.

«Mir wird schon etwas einfallen.» Spontan sagten Sie zu, als Sie die Anfrage erhielten, eine Rede zu halten. Jetzt plötzlich bereuen Sie Ihren Entscheid – Sie fragen sich, ob Ihnen wohl tatsächlich etwas einfallen wird. Keine Angst: Wenn Sie Ihre Ideen ab jetzt immer festhalten, wird es auf jeden Fall klappen.

Nur ruhig Blut

Vielleicht ärgern Sie sich schon am Abend nach der Zusage über sich selber und fragen sich, warum Sie sich das antun. Vielleicht kommen Sie – wenn Sie die Motive für Ihre Zusage ehrlich überprüfen – zum Schluss, dass Sie vor allem zugesagt haben, weil Ihnen die Anfrage geschmeichelt hat oder Sie die Person oder die Vereins- oder Firmenleitung, die Sie angefragt hat, nicht enttäuschen wollten. Diese Motive sind völlig in Ordnung und nachvollziehbar. Und sie sollten kein Anlass dafür sein, plötzlich über den eigenen Mut zu erschrecken.

Stehen Sie zu Ihrem Mut. Hätten Sie sich die Aufgabe tief in Ihrem Inneren nicht zugetraut, hätten Sie wohl auch nicht zugesagt. Stellen Sie sich also der Herausforderung, auch wenn sie Sie in nächster Zeit intensiv beschäftigen wird.

Gedankenblitze sammeln

Auch wenn es vom Moment der Zusage bis zum Auftritt noch Wochen oder gar Monate dauert, kann es sein, dass Sie sich nun immer wieder, auch in unerwarteten Situationen, mit Ihrem Referat beschäftigen. Ich höre immer wieder von Leuten, die eine Rede halten müssen, dass sie manchmal nachts mit einem Gedankenblitz erwachen, von ihrem Auftritt träumen oder während einer Sitzung plötzlich eine Idee für ihr Referat haben. Wenn Ihnen das passiert, ist es ein gutes Zeichen, denn offensichtlich nehmen Sie die Aufgabe nicht auf die leichte Schulter und setzen sich – vielleicht auch nur unbewusst – intensiv mit ihr auseinander.

Ideen festhalten

Auch wenn diese Gedankenblitze von Panikgefühlen oder Unruhephasen begleitet sein sollten: Lassen Sie sich nicht aus der Ruhe bringen. Das beste Mittel, um mit diesen Angst- und Nervositätsgefühlen umzugehen, ist, sich alle Ideen und Gedanken aufzuschreiben.

Lassen Sie vom Moment der Zusage an ein kleines Notizbüchlein Ihr steter Begleiter sein. Notieren Sie sich jede auch noch so abwegige Idee für Ihre Rede in diesem Büchlein.

Die Sammlung Ihrer Gedankenblitze wird in dem Moment, in dem Sie sich ans Verfassen Ihrer Rede machen, eine wertvolle Stütze sein. Und indem Sie Ihre Eingebungen immerzu aufschreiben, müssen Sie auch keine Angst haben, etwas wieder zu vergessen. Wichtig ist, dass Sie sich früh genug an diesen entscheidenden Schritt der Vorbereitung machen. Idealerweise setzen Sie sich schon eine gute Weile vor dem Auftritt mit dem konkreten Inhalt Ihrer Rede, Ihres Referats oder Ihres Vortrags auseinander, nicht erst am Vorabend. Ihre Rede muss zu diesem Zeitpunkt natürlich noch nicht perfekt sein, aber ein genügend grosser Vorlauf gibt Ihnen Sicherheit und die nötige Ruhe.

Der misslungene Auftritt – ein Erfahrungsbericht

Vor einigen Jahren wurde ich von der Radio- und Fernsehgesellschaft Oberwallis (RFO), einem der Trägervereine der Schweizerischen Radio- und Fernsehgesellschaft «SRG idée suisse», eingeladen, an meiner alten Mittelschule Kollegium Spiritus Sanctus in Brig ein Referat zu halten. Ich war damals Redaktionsleiter und Moderator der Politdiskussionssendung «Arena» im Schweizer Fernsehen, und das vorgegebene Thema lautete: «Vom Kollegiumsschüler zum Arena-Moderator».

Zurück in der alten Schule
Der Vortrag sollte in der Aula des Kollegiums Spiritus Sanctus stattfinden, an jenem Ort also, wo ich als Mittelschüler in Brig im Rahmen des Deutschunterrichtes meine ersten Referate hielt. Eingeladen waren, neben den Mitgliedern der RFO, auch Schüler und Lehrer des Kollegiums sowie die breite Öffentlichkeit.
Ich freute mich sehr über diese Einladung: Eine Rede zu halten an dem Ort, an dem ich vor Jahren meine Matura gemacht hatte, und vor den Leuten, die mich damals ausgebildet hatten, war für mich Ehre und Anerkennung zugleich. Leider machte ich danach so ziemlich alles falsch.

Nicht für die Schule, sondern fürs Leben
Zunächst schien mir das vorgegebene Thema «Vom Kollegiumsschüler zum Arena-Moderator» etwas zu dünn: Zu erzählen, wie ich als ehemaliger Gymnasiast mit abgebrochenem Studium zuerst zum Radio, dann zum Fernsehen und dort nach einigen Stationen zur «Arena» kam, schien mir zu wenig interessant. Dabei – so realisierte ich erst viel später – wäre genau das die Idee der Veranstalter gewesen: zu zeigen, dass es verschiedene Wege gibt, um zu spannenden Berufen zu kommen. Ich aber entschied

mich eigenmächtig, den vorgegebenen Referatstitel mit dem Untertitel *Non scholae, sed vitae* zu ergänzen – auf Deutsch: «Nicht für die Schule, sondern für das Leben (lernen wir).»

Rein ins Fettnäpfchen

Ich wollte in meinem Referat aufzeigen, was ich in der Schule tatsächlich für das Leben – also für mein Leben als Journalist und Moderator – gelernt hatte. Und was mich umgekehrt das Leben gelehrt hatte. Die Bilanz, Sie erahnen es, war vernichtend: Ich lamentierte über Algorithmen und Sinuskurven, denen ich seit dem Mathematikunterricht nie mehr begegnet war, jammerte über die Unzahl Insekten, deren Namen ich einst auswendig lernen musste, und bemängelte, dass wir es im Geschichtsunterricht gerade mal bis zum Sturm der Normandie im Zweiten Weltkrieg gebracht hatten. «Alles Wissen», schlussfolgerte ich, «das ich für meinen Job heute brauche – wie die Schweiz politisch aufgebaut ist, was die Aufgaben von Legislative und Exekutive sind, wie das föderalistische System funktioniert –, all dieses Wissen wurde mir an dieser Schule nicht vermittelt. All dieses Wissen musste ich mir selber, im Laufe der Jahre, aneignen.» Und dann stellte ich noch die rhetorische Frage, was ein Schulsystem wert sei, das seinen Schülern nicht einmal in Grundzügen einen Staatskundeunterricht anbietet.

Enttäuschtes Publikum

Im Saal herrschte erst einmal Schweigen. Dann folgte ein sehr verhaltener Applaus. Offenbar war meine Systemkritik schlecht angekommen. Meine ehemaligen Lehrer, die eigens für mein Referat an diesen Anlass gekommen waren, schauten mich enttäuscht an, und der Veranstalter bedankte sich mit den Worten: «Es war nicht uninteressant.»
Hätte ich mich mit dem Veranstalter vorgängig über Zielpublikum und Zielsetzung des Themas unterhalten, hätte ich mich wohl für eine andere Rede entschieden. Eine, die besser zu Ort und Publikum gepasst hätte. Für eine Systemkritik habe ich nämlich zu den Falschen gesprochen. Da hätten Schul- und Bildungspolitiker im Publikum sitzen müssen.

3 Die Rede zusammenstellen

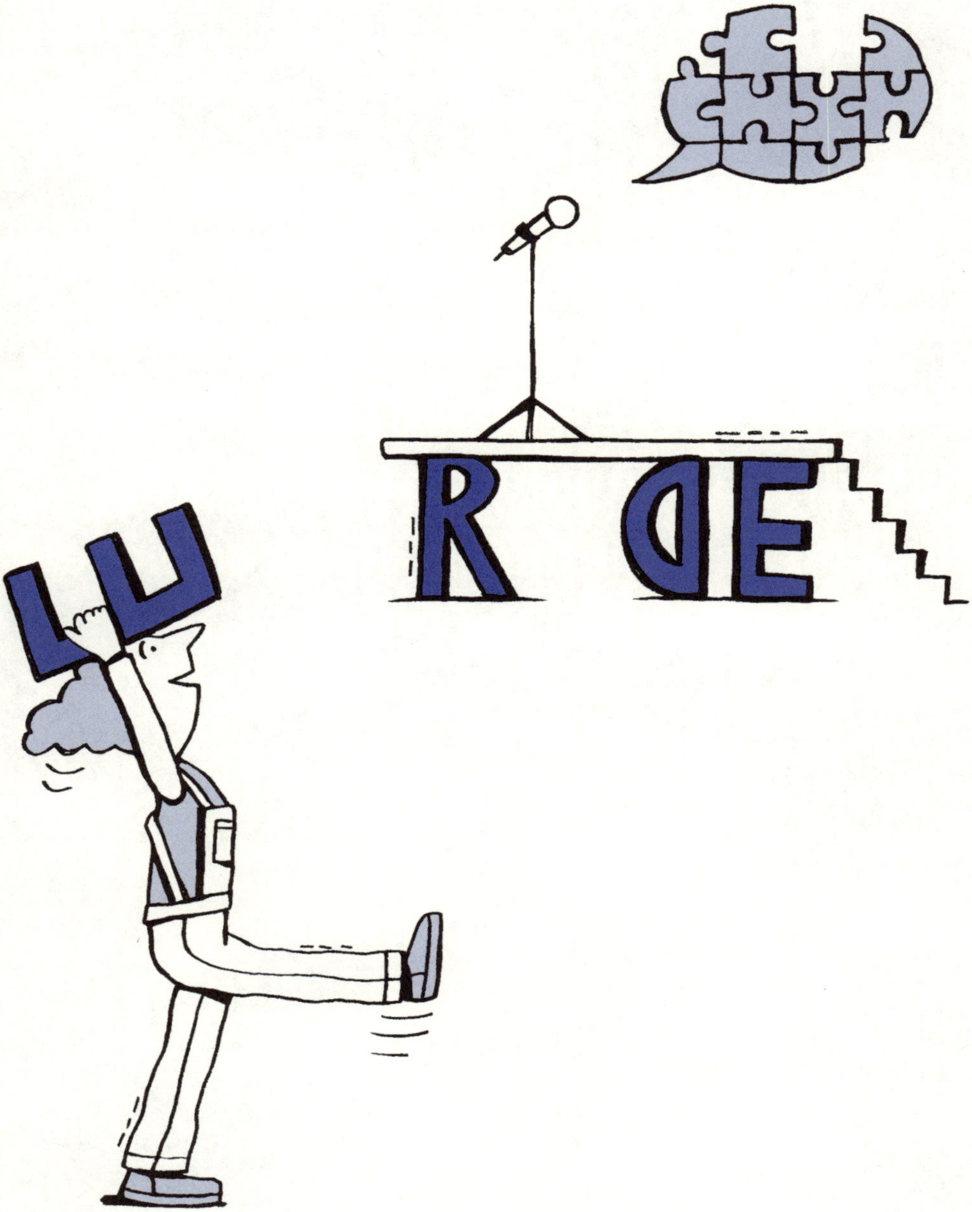

Wenn Sie die Rahmenbedingungen wie Ort, Zeit und Umfeld geklärt haben, stellen sich die nächsten Fragen: Was für eine Rede halte ich? Wie komme ich zu meinen Informationen? Was möchte ich mit meiner Rede erreichen? Wie gewinne ich das Publikum?

3.1 Öffentlich, im Beruf, privat: Reden für jeden Anlass	**64**
Die Begrüssungsrede	64
Die Grussbotschaft	66
Die Festansprache	67
Die Überraschungsrede	67
Die Laudatio	68
Die Rede zum Dienstjubiläum oder zur Beförderung	69
Die Verabschiedungsrede	70
Die Abdankungsrede	71
Das Fachreferat	71
Das Referat in der Ausbildung	73
3.2 Informationen sammeln	**74**
Surfen im Internet	74
Stöbern in Zeitungsarchiven	78
Jahresberichte, Firmenporträts, Firmenarchive	78
Vorgespräche mit Verantwortlichen	78
Versammeltes Wissen: Bücher	79
3.3 Die Rede spannend machen	**80**
Die zentrale Botschaft	80
Der packende Einstieg	81
Die Spannung aufrechterhalten	81
Die Dinge beim Namen nennen	83
Wie gewinne und behalte ich mein Publikum?	**88**

3. Die Rede zusammenstellen

3.1 Öffentlich, im Beruf, privat: Reden für jeden Anlass

Je nachdem, was für eine Rede Sie halten, unterscheidet sie sich in der Länge, im Inhalt und in der Tonalität. In diesem Kapitel finden Sie eine Auflistung der häufigsten Arten von Reden und Ansprachen und deren wichtigste Merkmale.

Rede ist nicht gleich Rede – ob Sie mit einer dreiminütigen Begrüssung eine Kulturveranstaltung einleiten oder in einem Fachreferat über die Schadensregulierung im Rückversicherungsgeschäft sprechen, macht einen Unterschied. Passen Sie Ihren Auftritt an, je nachdem, ob er im privaten Kreis, vor Berufskollegen oder in der Öffentlichkeit stattfindet.

Lachen tut gut, lockert auf und erhöht die Aufmerksamkeit des Publikums. Versuchen Sie – in welcher Art von Rede auch immer – witzige, humoristische und ironische Bemerkungen einzuflechten.

Die Begrüssungsrede

Sie sind Veranstalter eines Anlasses und begrüssen als Gastgeber die geladenen Gäste und das Publikum als Ganzes und geben einen Überblick über den Programmablauf.

ECKDATEN DER BEGRÜSSUNGSREDE	
Zeit	3 bis 5 Minuten
Inhalt	Begrüssung; Ziel und Zweck des Anlasses; Programmübersicht
Tonalität	freundlich-verbindlich, launig

Eine Begrüssungsrede sollte die Länge von drei bis maximal fünf Minuten nicht überschreiten. Ein kompakter Anfang bringt Zug in die Veranstaltung.

Inhalt

Begrüssen Sie als Gastgeber in Ihrer Begrüssungsrede die wichtigsten geladenen Gäste (zum Beispiel Behördenvertreter, Verwaltungsrats- und Geschäftsleitungsmitglieder) namentlich und das Publikum als Ganzes. Sagen Sie kurz, warum Sie diesen Anlass veranstalten und dass Sie sich freuen, dass so viele Leute Ihrer Einladung gefolgt sind. Umreissen Sie Ziel und Zweck des Anlasses und geben Sie eine knapp gefasste Programmübersicht. Orientierung und Fixpunkte helfen Ihren Gästen, sich auf das, was folgt, einzustimmen. Sie können in Ihrer Begrüssungsrede auch ein paar Worte zu den einzelnen Rednern sagen und ihnen Ihren Dank aussprechen. Übergeben Sie dann das Wort Ihrem ersten Gast.

Orientierung schaffen

Ihrem Publikum eine Orientierung über den Programmablauf zu geben, ist wichtig. Ein Beispiel zum Vergleich: Wenn Sie ohne Karte und ohne Zeitangaben auf einen Berg steigen, wird Ihnen die Tour grosse Mühe bereiten, weil Sie nie wissen, welche Steigung Sie bis zum Ziel noch erwartet und wie Sie Ihre Kräfte einteilen sollen.

Mit einer Karte in der Hand und verbindlichen Zeitangaben (zum Beispiel auf einem Wegweiser) erreichen Sie Ihr Ziel viel leichter: Sie bekommen immer wieder neue Anhaltspunkte über den Weg, der noch vor Ihnen liegt, können an geeigneten Stellen eine Pause einlegen und so mit Ihren Kräften besser haushalten. Einem Publikum geht es ähnlich: Wenn es weiss, wann es eine Pause gibt und nach welchem Programmpunkt das Essen serviert wird, ist die Bereitschaft, einem oder mehreren Rednern zuzuhören, grösser.

Sie können, als Ergänzung zur Programmorientierung in Ihrer Begrüssungsrede, zu Beginn der Veranstaltung auch Flyer mit dem Programmablauf verteilen lassen oder auf den Stühlen bzw. Tischen der Gäste auflegen.

Tonalität

Die Tonalität Ihrer Begrüssungsrede sollte freundlich-verbindlich sein und darf gerne auch einen launigen Unterton haben. Immerhin sind Sie Gastgeber und freuen sich

3. Die Rede zusammenstellen

auf Ihr Programm und darüber, dass so viele Gäste gekommen sind. Es verträgt durchaus auch die eine oder andere (selbst)ironische Bemerkung.

> **Als Gastgeber sind Sie auch Verkäufer Ihres Programms. Machen Sie Ihrem Publikum mit einer geschickten Wortwahl Lust auf das, was kommt.**

Die Grussbotschaft

Sie sind, zum Beispiel als Behördenvertreter oder als Vertreter eines befreundeten Vereins, eingeladen, ein paar Worte an den Veranstalter und die Gäste zu richten.

Inhalt
Sagen Sie, warum es für Sie eine Freude und Ehre ist, hier zu sein. Erläutern Sie – allenfalls mit einer Anekdote – Ihren persönlichen Bezug zum Anlass oder zum Gastgeber, zum Beispiel dem einladenden Verein, und streichen Sie die Bedeutung des Anlasses bzw. des Gastgebers für die Gemeinde, den Kanton, den sozialen Zusammenhalt usw. heraus.

> **Länger als fünf Minuten braucht eine Grussbotschaft nicht zu sein. Meist folgt eine Reihe weiterer Redner, die den Gastgeber würdigen.**

ECKDATEN DER GRUSSBOTSCHAFT

Zeit	höchstens 5 Minuten
Inhalt	Freude, hier zu sein; eigener Bezug zum Anlass bzw. Gastgeber; Bedeutung des Anlasses bzw. des Gastgebers
Tonalität	positiv-fröhlich, wohlwollend

Tonalität
Der Tonfall in einer Grussbotschaft sollte positiv-fröhlich und wohlwollend sein. Seien Sie in Ihrer Wortwahl persönlich, reden Sie von sich und Ihrer Beziehung – bzw. der Beziehung der Institution, die Sie vertreten – zum Gastgeber. Drücken Sie Ihre Wertschätzung aus.

Die Festansprache

Wenn ein Verein oder eine Firma ein Jubiläum feiert oder sich die Dorfbevölkerung auf dem Dorfplatz zur 1.-August-Feier trifft, wird meist ein Festredner engagiert.

Inhalt
Richten Sie Ihren Inhalt ganz auf den Anlass bzw. den feiernden Verein oder die Firma aus. Versuchen Sie, so persönlich wie möglich zu sein: Was bedeutet Ihnen dieser Anlass? Was für einen Bezug haben Sie zum Verein oder zur Firma? Was sind Ihre Überlegungen zur Zukunft des Vereins, der Firma, des Landes? Sorgen Sie dafür, dass Ihre Rede Gehalt hat. Sie darf zwar unterhalten, sollte aber auch zum Nachdenken und Diskutieren anregen.

ECKDATEN DER FESTANSPRACHE	
Zeit	höchstens 20 Minuten
Inhalt	Bedeutung des Anlasses, des Gastgebers; persönlicher Bezug; Ausblick in die Zukunft
Tonalität	launig-fröhlich, verbindlich-ernsthaft

> **Wenn Sie als Festredner an eine Feier eingeladen sind, sollte Ihre Rede die Zeit von 20 Minuten nicht überschreiten. Genauso wichtig wie Ihre Ansprache sind bei einem solchen Anlass nämlich ein gutes Essen und der Schwatz mit den Tischnachbarn.**

Tonalität
In der Tonalität dürfen Sie zu Beginn gerne launig-fröhlich sein, sollten aber versuchen, im Erörterungsteil, in dem Sie Ihre Gedanken darlegen, verbindlich-ernsthaft zu sein. Der Abschluss darf wieder launig-fröhlich sein und zum gemeinsamen Feiern einladen. Halten Sie Ihre Rede im Freien, darf sie ruhig etwas holzschnittartiger sein als in einem geschlossenen Raum.

Die Überraschungsrede

Sie sind Gast an einer Geburtstagsfeier, einer Hochzeit oder einem Fest für einen Jubilaren und beschliessen, zur Überraschung der Festgemeinde und vor allem der Gastgeber ein paar Worte zu sagen.

Inhalt
In der Überraschungsrede geht es einzig und allein um das Geburtstagskind, das

3. Die Rede zusammenstellen

Hochzeitspaar oder den Jubilaren. Erklären Sie Ihren Bezug zu den gefeierten Personen, charakterisieren Sie sie und erzählen Sie Anekdotisches aus deren Leben.

tet an einem solchen Anlass Tiefschürfendes oder Ergreifendes aus dem Leben der gefeierten Personen. Anekdoten sind eine gute Möglichkeit, um das Publikum zum Lachen zu bringen.

ECKDATEN DER ÜBERRASCHUNGSREDE	
Zeit	höchstens 5 Minuten
Inhalt	Anekdotisches zur gefeierten Person/zu den gefeierten Personen; persönlicher Bezug
Tonalität	launig-witzig

Eine Überraschungsrede sollte so kurz und knapp wie möglich sein, im Idealfall nicht länger als fünf Minuten, damit die Feier ihren vorgesehenen Gang nehmen kann.

Tonalität
Bei einer Überraschungsrede sollte die Tonalität launig-witzig sein. Niemand erwar-

Die Laudatio

Ihnen fällt die Aufgabe zu, bei der Verleihung eines Preises die Laudatio auf die geehrte Person zu halten.

Inhalt
Wenn dem Publikum zu Beginn Ihrer Laudatio noch nicht klar ist, wer den Preis erhält (weil es zum Beispiel mehrere Nominierte gibt), achten Sie darauf, dass Ihre Rede einen guten Spannungsbogen hat und erst gegen Schluss klar wird, wer der oder die Glückliche ist. In der Laudatio geht es ausschliesslich um die Person, die geehrt wird, und um die Arbeit bzw. Verdienste, für die sie ausgezeichnet wird. Je nach Auszeichnung gehören dazu auch die wichtigsten Lebensdaten der geehrten Person.
Wenn der Name der ausgezeichneten Person eine Überraschung sein soll, bauen Sie die Lebensdaten erst gegen Schluss Ihrer Laudatio ein. Wird der Preis für eine bestimmte Arbeit oder Forschung verliehen, ist es an Ihnen als Laudator, deren Bedeutung verständlich zu erläutern.

ECKDATEN DER LAUDATIO	
Zeit	10 bis 15 Minuten
Inhalt	Verdienste des oder der Geehrten hervorstreichen; bei einem Preis für eine bestimmte Arbeit oder Leistung deren Bedeutung erläutern
Tonalität	feierlich-persönlich; je nachdem auch Spannung erzeugend

Die Rede zum Dienstjubiläum oder zur Beförderung

Eine Mitarbeiterin, ein Mitarbeiter feiert ein Dienstjubiläum oder wird befördert. An Ihnen als Vorgesetztem oder Vorgesetzter ist es nun, die Verdienste der gefeierten Person im Rahmen einer kleinen Feier zu würdigen.

ECKDATEN DER REDE ZUM DIENSTJUBILÄUM ODER ZUR BEFÖRDERUNG	
Zeit	höchstens 10 Minuten
Inhalt	Freude und Stolz, dass Sie mit einem Menschen zusammenarbeiten dürfen, der Ihrer Firma schon so lange die Treue hält bzw. der seine Beförderung mehr als verdient hat
Tonalität	feierlich-freudig, vertraut-persönlich

Tonalität
Eine Laudatio sollte in einem feierlichen Ton vorgetragen werden. Ist zu Beginn der Rede noch nicht klar, wer den Preis erhält, erzeugen Sie auch mit Ihrer Stimme bzw. mit der Tonalität eine gewisse Spannung.

> 10 bis 15 Minuten sind für eine Laudatio eine angemessene Länge. In dieser Zeit lassen sich die Verdienste der geehrten Person gut würdigen.

Inhalt
Drücken Sie in Ihrer Ansprache die Freude, ja vielleicht sogar den Stolz darüber aus, dass die geehrte Person so loyal in Ihrem Betrieb mitarbeitet. Betonen Sie, dass der Mitarbeiter, die Mitarbeiterin die Auszeich-

3. Die Rede zusammenstellen

nung zum Dienstjubiläum bzw. die Beförderung mehr als verdient hat. Streichen Sie die menschlichen und beruflichen Qualitäten der oder des Geehrten heraus und erwähnen Sie in diesem Zusammenhang auch, für welche Werte Ihre Firma steht. Zeigen Sie die Parallelen auf zu den Werten, für die die geehrte Person steht.

> **Die Rede zu einem Dienstjubiläum oder zu einer Beförderung sollte nicht länger als zehn Minuten sein – so bleibt genug Zeit für den gemütlichen Teil.**

Tonalität

Die Tonalität bei der Feier zu einem Dienstjubiläum oder einer Beförderung darf feierlich sein, soll aber auch eine persönliche Note haben.

Die Verabschiedungsrede

Ein Mitarbeiter aus Ihrem Team verlässt die Firma, und als Vorgesetzte oder als langjährige Kollegin sind Sie diejenige, die ihn in einer kurzen Rede im Namen des Teams verabschiedet.

ECKDATEN DER VERABSCHIEDUNGSREDE	
Zeit	10 Minuten
Inhalt	menschliche und berufliche Qualitäten des Kollegen, der verabschiedet wird; persönlicher Bezug; Anekdotisches
Tonalität	vertraut-persönlich, fröhlich-launig

> **Eine Verabschiedungsrede sollte nicht länger als zehn Minuten dauern, damit sich die Kolleginnen und Kollegen auch im persönlichen Gespräch verabschieden können.**

Inhalt

In der Verabschiedungsrede gibt es nur ein Thema: den Kollegen, der Sie verlässt. Würdigen Sie seine menschlichen, aber auch seine beruflichen Qualitäten und Verdienste. Sagen Sie, warum es eine Freude war, mit ihm zusammenzuarbeiten, und flechten

Sie in Ihre Rede Anekdotisches ein, das die Zuhörenden schmunzeln oder lachen lässt.

Tonalität

Die Tonalität in der Verabschiedungsrede sollte vertraut-persönlich, fröhlich und launig sein.

Die Abdankungsrede

Sie sind als Vertreter der Familie, als guter Freund oder ehemaliger Arbeitskollege eingeladen, die Abdankungsrede für einen Verstorbenen zu halten.

Inhalt

In der Abdankungsrede soll das Leben und Wirken des Verstorbenen gewürdigt werden. Streichen Sie vor allem seine menschlichen Qualitäten heraus. Erwähnen Sie die wichtigsten Stationen seines Lebens, schaffen Sie einen Bezug zu den Menschen, die ihm in seinem Leben wichtig waren. Flechten Sie zwischendurch auch Anrührendes, Komisches und Anekdotisches aus dem Leben des Verstorbenen ein.

Eine Abdankungsrede kann bis zu zwanzig Minuten lang sein. So gelingt ein würdiger Rückblick auf ein ganzes Leben.

Tonalität

Die Tonalität einer Abdankungsrede sollte ernsthaft-trauernd sein, zwischendurch aber auch fröhlich-anrührend.

Das Fachreferat

Sie sind als Fachmann oder Fachfrau eingeladen, vor einem Publikum – entweder mit oder ohne Sachkenntnis – ein Referat über ein Sachthema zu halten.

Inhalt

Der Inhalt ist bei einem Fachreferat durch das Thema, zu dem Sie reden, gegeben. Versuchen Sie die Inhalte mit einem klaren Aufbau, logischen Folgerungen und einem nachvollziehbaren Schluss zu vermitteln. Zählen Sie also nicht einfach Ihr Wissen

ECKDATEN DER ABDANKUNGSREDE	
Zeit	bis zu 20 Minuten
Inhalt	Leben und Wirken des Verstorbenen; menschliche Qualitäten; persönlicher Bezug; Anekdotisches
Tonalität	ernsthaft-trauernd; fröhlich-anrührend

3. Die Rede zusammenstellen

auf, sondern strukturieren Sie es sorgfältig (mehr dazu im Kapitel «Das Manuskript verfassen», Seite 102).

Tonalität

Bei einem Fachreferat erwartet das Publikum von Ihnen keine Kalauer oder andere humoristischen Einlagen. Die Tonalität ist im Normalfall eher sachlich-nüchtern. Natürlich schadet es nicht, wenn Sie es schaffen, Ihr Referat da und dort mit einer humoristischen Bemerkung oder einem Wortspiel aufzulockern. Versuchen Sie aber nicht, originell zu sein, wo es nicht angebracht ist – das Publikum hat keine entsprechende Erwartung.

Das Fachreferat sollte eine Länge von 30 bis höchstens 45 Minuten nicht überschreiten. Andernfalls überfordern bzw. überbeanspruchen Sie Ihr Publikum. In Ausnahmefällen, zum Beispiel bei einem Gastreferat an einer Schule oder Universität, darf ein Fachreferat auch bis zu einer Stunde dauern.

Das Publikum bei Laune halten

Nehmen Sie als Massstab sich selber: Wie lange können und möchten Sie einem Redner ohne Pause (aufmerksam) zuhören? Was hilft Ihnen dabei? Um Ihr Publikum bei Laune zu halten, müssen Sie es bei einem Referat in dieser Länge mit einer klaren Strukturierung führen, es immer wieder mit Wiederholungen und Zusammenfassungen auf die wesentlichen Punkte hinweisen und es möglicherweise aktiv miteinbeziehen – zum Beispiel mit Entscheidungsfragen oder einer Fragerunde (mehr zu den Entscheidungsfragen siehe Seite 39, zur Fragerunde Seite 118).

ECKDATEN DES FACHREFERATS	
Zeit	30 bis 45 Minuten, in Ausnahmefällen bis maximal 1 Stunde. Falls länger: Pause machen, Publikum mit einbeziehen
Inhalt	Fachthema
Tonalität	sachlich-nüchtern, zwischendurch aufheiternd

Das Referat in der Ausbildung

Sie sind Studentin oder machen eine Weiterbildung an einer Bildungsinstitution (Hochschule, Fachhochschule, Abendschule etc.) und müssen vor Ihren Kollegen ein Referat halten.

Inhalt

Wenn nichts vorgegeben ist, wählen Sie ein Thema, in dem Sie sich zuhause fühlen. Erzählen Sie von Ihrem Hobby, Ihrem Verein, Ihrem Beruf oder einem anderen Gebiet, mit dem Sie vertraut sind. Auch wenn Sie sich im Thema auskennen: Bereiten Sie sich inhaltlich trotzdem gut vor. Über eine beliebte Schauspielerin oder eine bekannte Musikgruppe wissen möglicherweise auch Ihre Kollegen einiges. Es ist darum gut, wenn Sie diese mit nicht allgemein bekannten Informationen überraschen und so für Ihr Thema interessieren können.

Ein Referat im Rahmen einer Ausbildung sollte im Normalfall nicht länger als zehn Minuten dauern. Es kann aber auch sein, dass Ihnen die Dozentin zu Übungszwecken die Aufgabe gibt, einen Vortrag von zwanzig bis dreissig Minuten zu halten.

ECKDATEN DES REFERATS IN DER AUSBILDUNG

Zeit	10 Minuten, wenn nichts anderes vorgegeben
Inhalt	Thema ist meist vorgegeben. Wenn nicht: Thema mit eigenem Bezug (Hobby, Beruf, anderes Fachgebiet)
Tonalität	persönlich-verbindlich, freundlich; sachlich, ernsthaft

Tonalität

Sie reden vor Ihren Mitstudenten. Versuchen Sie also möglichst, nicht gekünstelt zu reden. Passen Sie Ihre Sprache aber auch der Aufgabe an: Ein Referat ist nicht das gleiche wie ein Pausengespräch. Die Tonalität sollte persönlich-verbindlich und freundlich sein. Da Ihr Referat vermutlich benotet wird, achten Sie auch auf die nötige Ernsthaftigkeit.

3.2 Informationen sammeln

Zu einem gelungenen Referat, einer erfolgreichen Rede oder Ansprache gehört, dass Sie sich inhaltlich optimal vorbereiten. Dazu müssen Sie sich über Ihr Thema möglichst breit informieren. Zur Informationsbeschaffung stehen Ihnen verschiedene Mittel zur Verfügung.

Früher waren Recherchen häufig mit Bergen von Papier verbunden, dem Eintauchen in Archive – heute gibt es das Internet. Ohne auch nur einen Fuss vor die Tür zu setzen, finden Sie hier mit ein paar Klicks eine Fülle von Informationen. Die Kunst besteht darin, die richtige Auswahl zu treffen. Und vielleicht doch ins eine oder andere Buch, die eine oder andere alte Zeitungsausgabe zu schauen.

Im Anhang finden Sie eine Checkliste «Informationen sammeln». In dieser sind alle in diesem Kapitel erwähnten Punkte vereint.

Surfen im Internet

Das Internet gehört zu den besten Informationsquellen. Im *World Wide Web* können Sie in kürzester Zeit grosse Datenmengen sichten. Dieser Vorteil ist gleichzeitig aber auch einer der Nachteile: Die riesige Datenmenge führt dazu, dass die Online-Suche oft sehr aufwändig und langwierig ist und man zudem entscheiden muss, welche Informationen überhaupt brauchbar sind. Am besten beschränken Sie sich nach einer ersten

Jeder Mensch kann Daten ins Internet stellen. Prüfen Sie deshalb immer mehrere Quellen, wenn Sie sich im Internet kundig machen.

TIPPS FÜR DIE RAFFINIERTE INTERNET-SUCHE

Ein Wort eingetippt und auf «Google-Suche» geklickt: So wird die erfolgreichste Suchmaschine der Welt in Bewegung gesetzt. Doch Google kann mehr – und liefert auf Kommando präzisere Ergebnisse.

define:wasserstoff Dieser Befehl listet die genaue Erklärung eines Begriffs auf, im Beispiel diejenige von Wasserstoff. Google lässt sich so wunderbar als Lexikon verwenden.

related:www.admin.ch Mit diesem Kommando lassen sich themenverwandte Seiten finden, hier diejenigen von www.admin.ch.

link:www.sbb.ch Mit Hilfe dieser Anweisung kann man herausfinden, welche Webseiten auf eine andere – hier auf www.sbb.ch – verlinken.

site:www.beobachter.ch Ehe So schränken User die Ergebnisse für einen Suchbegriff auf nur eine Internetseite ein; im Beispiel wird nach dem Wort «Ehe» auf www.beobachter.ch gesucht.

cache:www.news.ch Diese Suche zeigt die letzte Version einer Website, die von Google gespeichert wurde, hier von www.news.ch.

filetype:pdf kind schule Mit diesem Befehl kann in Verbindung mit Begriffen nach einem gewünschten Dokumententyp gesucht werden. Eine Word-Datei wird zum Beispiel mit «doc» gesucht oder eine Excel-Datei mit «xls». Im Beispiel wird nach PDF-Dateien mit den Begriffen «Kind» und/oder «Schule» gesucht.

Aus: Beobachter Nr. 15, 2007

Durchsicht auf die zwei, drei Quellen, denen Sie am meisten vertrauen.

Suchmaschinen

Am einfachsten und schnellsten können Sie sich im Internet über die sogenannten Suchmaschinen Informationen beschaffen. Die bekannteste ist Google (www.google.ch; siehe auch Kasten).

Die Google-Suche beansprucht allerdings etwas Zeit, denn nicht immer ist die für Sie relevante Information auch diejenige, die

3. Die Rede zusammenstellen

Google an erster Stelle nennt. Das kann zum Beispiel dazu führen, dass die Website des Vereins oder der Firma, für die Sie eine Rede halten, erst an zehnter Stelle platziert ist. Sie können aber mehrere Anfragen nacheinander ausführen und nach jedem Schritt beurteilen, ob Sie noch mehr Informationen benötigen.

Suche verfeinern

Starten Sie Ihre Suche, indem Sie ein Stichwort oder einen Begriff eingeben, zum Beispiel den Namen der gesuchten Person oder einen Firmennamen. Besteht der gesuchte Begriff aus mehreren Wörtern, setzen Sie ihn zwischen Anführungszeichen, denn sonst werden auch sämtliche Seiten aufgelistet, auf denen nur das eine oder das andere Wort vorkommt. Wenn Sie also zum Beispiel nach Peter Müller suchen, geben Sie in das Suchfeld «Peter Müller» ein.

Trotz dieser bereits eingeschränkten Suche können immer noch zahlose Einträge mit diesem Namen erscheinen, entweder, weil es sehr viele Peter Müllers gibt oder weil Peter Müller auch auf etlichen Seiten, zu denen er keinen direkten Bezug hat, aufgeführt ist.

Haben Sie nach dem ersten Versuch noch kein befriedigendes Resultat erreicht, geben Sie erneut den ersten Suchbegriff, also «Peter Müller», ein und ergänzen diesen mit einem Stichwort, zum Beispiel Metallverarbeitung. Ihr Eintrag im Suchfeld sieht dann so aus: *«Peter Müller» Metallverarbeitung*. Fahren Sie immer so weiter, bis Sie zu den gewünschten Informationen gelangen.

Suche nach Schweizer Inhalten

Ideal für die Informationsbeschaffung zu Schweizer Themen, Firmen, Vereinen usw. ist die Suchmaschine www.search.ch. Hier sind Schweizer Websites nach den gesuchten Begriffen optimal platziert. Sie können sogar gezielt nach Informationen aus bestimmten Kantonen suchen.

Weitere Schweizer Suchmaschinen sind www.altavista.ch und www.yahoo.ch.

Wenn Sie eine Suchmaschine benutzen, probieren Sie am besten verschiedene Möglichkeiten aus. So können Sie Ihre individuelle Suchstrategie entwickeln und finden, mit ein bisschen Übung, immer schneller die gewünschten Inhalte.

Wikipedia

Wikipedia ist – nach eigenen Angaben – die grösste Online-Enzyklopädie der Welt und eignet sich vor allem, wenn Sie nach Sachthemen oder Personenangaben forschen (www.wikipedia.org, www.wikipedia.ch).
An Wikipedia kann jedermann mitschreiben. Das führt dazu, dass die Enzyklopädie über fast unglaublich viele Informationen und zum Teil auch grosses Detailwissen verfügt, birgt aber gleichzeitig die Gefahr, dass Informationen zum Teil nur halb oder gar nicht stimmen oder – je nachdem, wer sie verfasst hat – deutlich gefärbt sind.

Lassen Sie bei kontroversen Themen, Begriffen und Personen besondere Vorsicht walten. Auch bei aktuellen Inhalten: Diese ändern sich beinahe täglich, und die Ausgewogenheit ist nicht unbedingt gewährleistet.

Persönlich betrachte ich Wikipedia als wertvolle Informationsergänzung, die vor allem in Sachthemen stark und grösstenteils zuverlässig ist. Die Online-Enzyklopädie gibt einen guten Überblick über ein Thema und verweist auf weitere Websites, die dasselbe Thema behandeln. Oft sind diese Websites auch die Quellen, auf die sich die Autoren eines Wikipedia-Artikels beziehen.

Websites

Eine gute Quelle für Zahlen, Daten, Fakten und Lebensläufe sind die Homepages der Firmen, Vereine und Personen, mit denen Sie es für Ihren Auftritt zu tun haben. Natürlich sind diese Websites immer eine Selbstdarstellung und darum nur begrenzt ideal, um auch kritische Betrachtungen oder Bemerkungen über ihre Betreiber zu erhalten. Dessen sollten Sie sich bewusst sein, wenn Sie eine Homepage als Quelle für Ihre Informationsbeschaffung benutzen.

Das Internet ist ein äusserst vielfältiges Instrument zur Informationssuche. Benutzen Sie es unbedingt. Da alle Inhalte jederzeit und schnell verfügbar sind, können Sie grosse Informationsmengen sichten und bewerten. Bewahren Sie sich jedoch bei kontroversen Themen ein gesundes Misstrauen und untersuchen Sie stets, wer einen bestimmten Artikel verfasst hat und welchen Hintergrund diese Person hat.

3. Die Rede zusammenstellen

Stöbern in Zeitungsarchiven

Ein hervorragendes Instrument zur Informationsbeschaffung sind Zeitungsarchive. So gehen Sie vor, um diese zu nutzen:

> Sie können sich über ein elektronisches Abonnement, ein sogenanntes E-Paper, Zugang zum Archiv Ihrer Zeitung verschaffen. Viele Zeitungen und Zeitschriften bieten ihren Abonnenten diesen Zugang gratis an.
> In Papierform werden die wichtigsten Schweizer Zeitungen auch in grossen Bibliotheken wie der Zürcher Zentralbibliothek (ZB) archiviert.
> Vor allem bei Regionalzeitungen können Sie auch direkt bei der Redaktion anfragen, ob Sie einzelne Artikel bekommen können. Unter Umständen müssen Sie für diese Dienstleistung ein kleines Entgelt zahlen.
> Für mehrere Artikel oder längere Beobachtungen zum gleichen Thema können Sie sich an die «Argus der Presse AG» (www.argus.ch) wenden, dort werden täglich 3000 Presseerzeugnisse aus der ganzen Schweiz ausgewertet. Der Dienst ist kostenpflichtig.

Jahresberichte, Firmenporträts, Firmenarchive

Falls Sie Gastredner bei einem Verein oder einer Firma sind, geben Ihnen auch Jahresberichte und Firmenporträts einen guten Einblick in das Tätigkeitsfeld der betreffenden Organisation. Bitten Sie den Veranstalter, Ihnen diese Dokumente zuzuschicken. Beachten Sie aber, dass solche Informationen einseitig und dadurch relativ unkritisch sind. Zur Ergänzung empfiehlt es sich, noch andere Quellen zu prüfen.

Fragen Sie beim Veranstalter auch nach, ob allenfalls ein Vereins- oder Firmenarchiv besteht und ob man Ihnen Zugang zu diesem gewähren würde. In Archiven finden sich oft wahre Trouvaillen, die sich sehr gut für eine Festansprache verwenden lassen.

Vorgespräche mit Verantwortlichen

Führen Sie frühzeitig mit den Firmen- oder Vereinsverantwortlichen ein Vorgespräch. Diese können Sie über die aktuellsten Entwicklungen und Hintergründe, die Sie auf keiner Website und in keinem Jahresbericht lesen können, orientieren. So können Sie Ihrem Publikum einen grossen Mehrwert bieten.

Versammeltes Wissen: Bücher

Nicht zuletzt sind natürlich auch Bücher eine gute Informationsquelle. Viele Gemeinden, Vereine und Firmen publizieren - zum Beispiel aus Anlass eines Jubiläums - Bücher zur eigenen Geschichte. Auch Sach- und Ratgeberbücher können Ihnen wertvolle Informationen vermitteln.

Falls Sie ein Buch gern näher anschauen oder sich eine Übersicht über verschiedene Publikationen verschaffen möchten, gehen Sie in eine Bibliothek. Grössere Einrichtungen haben eindrucksvolle Sortimente.

3. Die Rede zusammenstellen

3.3 Die Rede spannend machen

Sie wissen nun, welche Art von Rede Sie halten werden, und haben sich inhaltlich gut darauf vorbereitet. Jetzt geht es darum, eine Kernaussage, Ihre zentrale Botschaft, festzulegen und sich zu überlegen, wie Sie Ihre Rede spannend machen können.

Bevor Sie sich daranmachen, das Konzept und später das Manuskript für Ihre Rede zu schreiben (siehe Kapitel 4, «Die Rede nimmt Form an», Seite 90), brauchen Sie eine zentrale Botschaft und einen spannenden Einstieg.

Die zentrale Botschaft

Die Kernaussage ist das Ziel, das Sie mit Ihrer Rede erreichen wollen. Stellen Sie sich dazu die Frage: Was will ich mit meiner Rede aussagen?

Kurz und knapp

Die Antwort auf diese Frage sollte nicht länger als ein Satz sein. Ist sie länger, zeigt das, dass Sie noch nicht sicher sind, wohin Sie mit Ihrer Rede wollen. Möglicherweise möchten Sie zu viel in Ihren Vortrag packen oder können sich nicht für eine Aussage entscheiden. In diesem Fall müssen Sie noch einmal über die Bücher.

Vergleichen Sie die Aufgabe, eine Rede zu halten, mit einer Autofahrt. Mit dem Auto würden Sie wohl kaum losfahren, ohne ein klares Ziel zu haben. Genau gleich verhält es sich, wenn Sie eine Rede halten.

Die Aufgabe, eine Rede auf eine Kernaussage zu reduzieren, ist anspruchsvoll. Doch nehmen Sie sich diese Mühe, bevor Sie sich an das Verfassen des Konzepts bzw. des Manuskripts machen. Nur so können Sie konzentriert auf Ihr Ziel hinarbeiten.

> **BEISPIELE FÜR ZENTRALE BOTSCHAFTEN**
>
> 1.-August-Rede
> «Stolz zu sein auf sein Land ist richtig, aber Stolz darf nicht zu Überheblichkeit und Ausgrenzung führen.»
>
> Rede zum Firmenjubiläum
> «Es ist für unsere Gemeinde und die ganze Region von grosser wirtschaftlicher und sozialer Bedeutung, dass es diese Firma gibt und dass es ihr gut geht.»
>
> Fachreferat
> «Moderne Architektur soll im Alpenraum Platz haben, aber sie soll Traditionen berücksichtigen und sich in die Landschaft einfügen.»

Der packende Einstieg

Erinnern Sie sich an den letzten James-Bond-Film, den Sie gesehen haben? Eine Eigenheit dieser Filme – neben dem geschüttelten Martini und den Bond-Girls – ist der Einstieg: Bevor die eigentliche Handlung beginnt, wird der Zuschauer mit packenden Bildern, ersten Verfolgungsjagden und schneller Musik in den Film hineingezogen. Dass man in diesem Moment noch nicht versteht, was genau passiert, spielt keine Rolle – irgendwann im Verlaufe des Films wird es klar. Das Ziel dieses Einstiegs ist einzig, den Zuschauer ab der ersten Sekunde zu packen und somit für den weiteren Verlauf des Films bei der Stange zu halten.

Frage, Zitat oder Anekdote?

Mit Ihrer Rede sollten Sie genau das gleiche Ziel verfolgen. Überlegen Sie sich deshalb, wie Sie einsteigen möchten. Es muss nämlich nicht immer die Begrüssung am Anfang einer Rede stehen: Wie wärs mit einer spannenden Frage? Einem Vergleich? Einem passenden Zitat? Einem Gedankenspiel? Einer witzigen Anekdote?
Solche Möglichkeiten gibt es viele, und sie sind alle besser, als trocken, also zum Beispiel mit dem Ablesen einer langen Gästeliste, anzufangen. Oder, um beim Vergleich mit James Bond zu bleiben: Ein trockener Einstieg in Ihre Rede ist ungefähr so spannend, wie wenn ein James-Bond-Film mit der üblichen Besprechung zwischen dem Geheimagenten 007 und seiner Chefin M im Büro des Geheimdienstes beginnen würde.

Die Spannung aufrechterhalten

Nach einem packenden Einstieg müssen Sie natürlich darauf achten, dass die Spannung während der ganzen Rede bestehen bleibt und nicht schon nach dem Beginn in sich zusammenfällt. Versuchen Sie also, Ihrer Rede einen Spannungsbogen zu geben.

3. Die Rede zusammenstellen

BEISPIELE FÜR EINEN ATTRAKTIVEN EINSTIEG

Sie sehen hier ein paar Möglichkeiten, wie man mit dem Einstieg in die Rede Spannung erzeugen kann:

Referat zur Klimaerwärmung
«Stellen Sie sich vor, meine Damen und Herren, Sie gehen heute Abend hier aus diesem Saal, und draussen ist es dunkel. Ich meine: wirklich dunkel. Keine Lampe brennt, aus keinem Haus kommt Licht – nichts. Ein unvorstellbares Szenario, denken Sie. Und trotzdem könnte es bald Wirklichkeit sein. Ich begrüsse Sie recht herzlich zu diesem Vortrag, in dem ich Ihnen ... usw.»

Ansprache zum Vereinsjubiläum
«Haben Sie sich schon einmal überlegt, was alles nicht geschehen wäre, hätten sich vor hundert Jahren hier im Dorf nicht ein paar initiative Männer zusammengetan und diesen Verein gegründet? Den Dorfbrunnen zum Beispiel gäbe es nicht. Auch die Linde auf dem Marktplatz wäre vermutlich nie gepflanzt worden. Ja, liebe Gäste, zum Glück haben damals ... usw.»

Referat zum Weltgeschehen
«‹Und im Übrigen denke ich, dass man Karthago zerstören sollte.› Mit diesen Worten, meine Damen und Herren, beendete der römische Feldherr Cato ungefähr 160 v. Chr. jeweils seine Reden. Er hat sein Ziel erreicht: Karthago gibt es nicht mehr. Doch die Catos dieser Welt sind mit dem Untergang des römischen Reiches nicht verschwunden – im Gegenteil. Sehr verehrtes Publikum, ich freue mich, Ihnen heute Abend ... usw.»

Referat zur Person
«Meine Damen und Herren, hier, auf dieser Bühne, stand ich schon einmal – in einer ganz anderen Situation. Damals, vor genau 26 Jahren, bekam ich hier mein Maturazeugnis. Ich denke ungern an diesen Moment zurück, denn eigentlich – eigentlich hätte ich dieses Zeugnis damals gar nicht erhalten dürfen. Bevor ich Ihnen erzähle, warum, möchte ich Sie alle ganz herzlich begrüssen. Es ist mir eine grosse Ehre, heute hier vor Ihnen ... usw.»

Die Rededramaturgie

Nach einem Einstieg, der neugierig macht und das Interesse des Publikums weckt, folgt am besten eine Phase der Erörterung, also eine Art Auslegeordnung Ihres Themas, Ihrer Überlegungen und Ihres Wissens. Danach sollte Ihre Rede wieder auf einen kleinen Höhepunkt zusteuern, bevor Sie Ihr Thema weiter vertiefen. Verfahren Sie nun immer weiter nach diesem Schema, bis Sie gegen Schluss Ihrer Rede beim letzten Höhepunkt ankommen. Hier erreicht auch der Spannungsbogen seinen Höhepunkt. Ihre Rede ist damit aber noch nicht fertig: Runden Sie sie mit einem Schlussgedanken, einer Zusammenfassung oder einer letzten Formulierung Ihrer Kernaussage ab.

Eine gute Rededramaturgie lebt von einem Wechsel von ruhigeren, eher erklärenden Phasen und von emotionalen, vielleicht auch polarisierenden Momenten. Bildlich liesse sich diese Rededramaturgie wie eine Wellenbewegung darstellen, wobei die Wellen gegen Schluss immer höher werden.

Die Dinge beim Namen nennen

Genauso wichtig wie ein packender Einstieg und ein guter Spannungsbogen ist eine konkrete und nachvollziehbare Sprache. Es lohnt sich, wenn Sie sich, bevor Sie sich an die eigentliche Arbeit für Ihre Rede machen, mit der Sprache auseinandersetzen. Je einfacher und klarer Sie sprechen, desto eingängiger und verständlicher ist das, was Sie sagen.

Verständliche Wörter benützen

Das bedeutet, dass Sie abstrakte oder nicht im ersten Moment nachvollziehbare Begriffe in ihre konkrete, in ihre tatsächliche Bedeutung «übersetzen» müssen. In der Behördensprache, aber auch in praktisch jedem Fachgebiet gibt es zahllose dieser für viele Menschen nicht unmittelbar verständlichen Wörter. Oder könnten Sie spontan sagen, was Zentrumslasten sind, was eine Gewinnwarnung ist oder was das Wort Wartungskadenz bedeutet? Hier ein paar Beispiele:

> Wenn ein Politiker anregt, «über eine *Neuregulierung* des *Finanzausgleichs*» nachzudenken, «weil die Städte immer grössere *Zentrumslasten* zu tragen haben», meint er damit konkret: «Wir müssen darüber nachdenken, ob es richtig ist, dass die Städte den umliegenden Kantonen nach wie vor sehr

3. Die Rede zusammenstellen

viel Geld geben, denn von den Einrichtungen der Städte profitieren auch viele Einwohner dieser Kantone, die zum Beispiel in der Stadt arbeiten oder dort ins Theater oder in die Oper gehen.» Die Wörter *Neuregulierung*, *Finanzausgleich* und *Zentrumslasten* können, wie dieses Beispiel zeigt, problemlos in ihre konkrete Bedeutung übersetzt werden.

> Ähnlich verhält es sich mit dem Garagenbesitzer, der seinen Kunden schmackhaft machen will, rechtzeitig ein neues Getriebe in den Motor einzubauen. Wenn er dies damit begründet, dass «die *Wartungskadenz* des Autos bedeutend geringer wird», werden ihn seine Kunden schwerer verstehen, als wenn er sagt: «Sie müssen mit Ihrem Auto viel weniger oft in den Service.»

> Unverständlich ist auch dieser Satz der Präsidentin eines Hundesportvereins: «Wir brauchen im Stadtpark endlich eine *Hundeversäuberungsstrecke*.» Konkret meint sie nämlich «einen Wegabschnitt, auf dem unsere Hunde ihr ‹Geschäft› erledigen dürfen».

> Offensichtlich verschleiern will der Banker, der eine *Gewinnwarnung* ausspricht. Er warnt nämlich nicht vor einem möglichen Gewinn, was absurd wäre, sondern im Gegenteil vor einem Verlust.

Floskeln vermeiden

Ähnlich wie mit abstrakten Wörtern verhält es sich mit Floskeln und hohlen Phrasen. Wenn es Ihnen nicht gelingt, sie mit Inhalt zu füllen, lassen Sie sie besser gleich ganz weg. Dazu drei Beispiele, wie sie in Reden oft zu hören sind:

> «Ich verstehe mich als Brückenbauer zwischen den Generationen.» Führt der Redner nicht konkret aus, wie er diese Brücken zwischen den Generationen bauen will, bleibt dieser Satz eine Leerphrase.

> Was will die Rednerin sagen, wenn sie ins Publikum ruft: «Wir brauchen Visionen!»? Der Satz bleibt inhaltslos und unverbindlich, solange die Rednerin nicht konkret sagt, welche Visionen sie hat und wie sie sich deren Umsetzung vorstellt.

> Ungeschlagen in seiner Bedeutungslosigkeit ist der Satz: «Es muss etwas geschehen!» Was muss geschehen? Wer soll veranlassen, dass etwas geschieht? Auf diese Fragen gibt dieser Leersatz keine Antwort.

Es gäbe noch zahlreiche weitere Beispiele, die zeigen, wie oft wir in Reden, aber auch in den Medien mit Worthülsen und hohlen Phrasen abgespeist werden. Ihr Ziel als guter Redner muss es sein, abstrakte Begriffe, leere Schlagwörter und Worthülsen zu vermeiden bzw. mit Inhalten zu füllen. Das können Sie erreichen, indem Sie konkrete Beispiele nennen. Zählen Sie auf, woran Sie konkret denken, wenn Sie sagen: «Es muss sich etwas ändern, so kann es nicht weitergehen.» Sagen Sie, welche Ziele Sie haben, wenn Sie ins Publikum rufen: «Wir müssen jetzt vorausschauen.»

Machen Sie sich angreifbar

So viel man mit Worten sagen kann, so viel kann man mit der Sprache auch verschleiern und verstecken. Dazu drei Beispiele aus unserem täglichen Sprachgebrauch:

> A fragt B: «Wie geht es dir?» B antwortet: «Naja, man schlägt sich so durch.» Wieso sagt B nicht: «*Ich* schlage mich so durch?» Vermutlich hat B Angst davor, sich klar zu seinen Gefühlen, zu seiner persönlichen Situation zu äussern, weil er dann Stellung beziehen müsste. Sagt B «man», dann macht er sich unangreifbar: Er flüchtet in eine abstrakte dritte Person und schützt sich so davor, mehr über seine aktuelle Gefühlslage preisgeben zu müssen.
> A fragt B: «Was sagst du eigentlich zur Jugendgewalt?» B antwortet: «Da muss man endlich etwas dagegen unternehmen!» Wen und was meint B, wenn er sagt, «man» müsse «etwas» unterneh-

men? Das bleibt unklar. Vielleicht hat B tatsächlich keine Idee, wie man der Jugendgewalt Herr werden könnte. Eher aber schützt er sich vor einer klaren Stellungnahme, weil er sich nicht angreifbar machen oder auf Diskussionen einlassen möchte. Sonst könnte B zum Beispiel antworten: «Ich finde, die Gemeindebehörde muss ein Ausgangsverbot ab 22 Uhr für Jugendliche unter 16 Jahren erlassen.» Diese Aussage wäre ein klarer Positionsbezug, der zur Folge haben könnte, dass A ihm widerspricht. Dem Satz «Da muss man endlich etwas dagegen unternehmen!» lässt sich nur schwer widersprechen.

> Auch die oft verwendete Formulierung «Es ist wichtig» ist eine Verschleierung. Wer sie gebraucht, vermeidet es, Stellung zu beziehen. Ein klarer Positionsbezug wäre die Formulierung: «*Ich finde* es wichtig.»

Diese Beispiele aus dem alltäglichen Sprachgebrauch zeigen, wie stark wir uns – oft auch unbewusst – mit der Sprache zu schützen versuchen. Das Ziel Ihrer Rede muss aber genau das Gegenteil sein. Sie sollten sich weder verstecken noch schützen, sondern Position beziehen und sich offenbaren. Damit machen Sie sich natürlich auch angreifbar. Doch beachten Sie: Im Wort «angreifbar» steckt auch das Wort «greifbar». Und darum geht es, wenn Sie vor einem Pu-

3. Die Rede zusammenstellen

blikum auftreten: Sie müssen für die Zuhörenden greifbar sein. Das erreichen Sie, indem Sie Ihre Haltung zeigen und Ihre Meinung sagen. Das Mittel dazu ist die Sprache. Verstecken Sie sich nicht hinter abstrakten Begriffen, Worthülsen und Leerphrasen. Sagen Sie also zum Beispiel «ich» statt «man».

Beispiele nennen

Zu einer konkreten Sprache gehört auch, wie oben bereits angedeutet, dass Sie möglichst viele Beispiele nennen. Oft werden Aussagen in einer Rede erst verständlich und nachvollziehbar, wenn sie mit einem konkreten Beispiel anschaulich gemacht werden.

Die Aussage: «Wir brauchen wieder Visionen» könnte dann zum Beispiel so ergänzt werden: «Es gab einmal Leute, die daran glaubten, dass man die Alpen mit einem Zug durchfahren kann. Diese Leute lachte man zu ihrer Zeit aus. Ich glaube daran, dass wir unsere Städte autofrei machen können. Wahrscheinlich lachen Sie mich jetzt auch aus. Aber ich möchte Ihnen sagen, wie das möglich wäre: Erstens müssten wir ... usw.»

In Bildern reden

Statt eines Beispiels können Sie auch Bilder verwenden, also etwa einen allgemein verständlichen Vergleich machen. Die Aussage von Seite 84, «Ich verstehe mich als Brückenbauer zwischen den Generationen», könnte dann lauten: «Wenn ich sage, ich verstehe mich als Brückenbauer, dann meine ich, dass ich als junger Mensch mich einsetzen will für die Rechte und Bedürfnisse der älteren Generationen. Denn was passiert in unserem Land zurzeit? Während drinnen im Haus für die Jungen eine grosse Party gegeben wird, bleiben die Alten draussen im kalten Garten. Nicht einmal die Musik spielt für sie. Und ob vom festlichen Buffet, das für die Jungen aufgetragen wird, noch etwas für die Alten übrig bleibt, ist alles andere als klar. Meine Damen und Herren, das ist kein Zustand, so darf es nicht weitergehen. Deshalb fordere ich ... usw.»

> **Wichtig bei einem Vergleich:** Er muss stimmen. Denken Sie das Bild, das Sie verwenden, gut durch: Geht es wirklich auf?

Wie gewinne und behalte ich mein Publikum?

Klar: Um Ihr Publikum mit Ihrer Rede zu gewinnen, brauchen Sie vor allem einen überzeugenden Inhalt und eine klare Botschaft. Genauso wichtig ist aber, dass im entscheidenden Moment der Funke zwischen Ihnen und Ihrem Publikum springt.

> **Seien Sie gut vorbereitet:** Die gute Vorbereitung ist das A und O für einen erfolgreichen Auftritt: Sie wissen, was Sie sagen wollen, haben eine klare Kernbotschaft, und die Rede ist inhaltlich gut vorbereitet und sorgfältig strukturiert. Wenn Sie sie zudem im «stillen Kämmerlein» ein paarmal geübt haben, gehen Sie bereits sehr gelassen an Ihren Anlass.
> **Erfassen Sie die Stimmung im Publikum:** Seien Sie frühzeitig am Auftrittsort, das gibt Ihnen Gelegenheit, die Stimmung im Saal zu erfassen. Wenn Sie später auf die Bühne gehen, ist Ihnen das Publikum bereits vertraut, und Sie fühlen sich wohler, als wenn Sie vor ein Publikum treten, das Sie noch nicht kennen.
> **Überprüfen Sie die technischen Hilfsmittel:** Kontrollieren Sie vor Ihrem Auftritt noch einmal, ob das Mikrofon gut sitzt und ob es eingeschaltet ist. Falls Sie das Mikrofon in der Hand halten oder es auf einem Stativ befestigt ist, denken Sie daran, dass es immer ganz dicht bei Ihrem Mund sein muss. Haben Sie übrigens die Powerpoint-Präsentation schon installiert und wissen Sie, wie Sie sie bedienen müssen?
> **Schleichen Sie nicht auf die Bühne:** Wenn es so weit ist: Betreten Sie die Bühne aufrecht und gefasst, schleichen Sie nicht im Halbdunkel zum Rednerpult. Ihr Publikum entscheidet bereits in den ersten Sekunden Ihres Auftritts, ob Sie ihm sympathisch sind oder nicht.

Achten Sie auf Ihre Schulter- und Kopfhaltung: Eingezogene Schultern und ein gesenkter Blick vermitteln den Eindruck eines unsicheren Menschen.

> **Lächeln Sie:** Bevor Sie zu reden beginnen, sammeln Sie sich kurz. Atmen Sie noch einmal durch, schauen Sie mit festem Blick in die Runde und – das Wichtigste – lächeln Sie dabei. Damit gewinnen Sie vom ersten Augenblick an die Sympathie des Publikums.

> **Mit fester Stimme reden:** Verzichten Sie auf eine Mikrofonprobe zu Beginn Ihres Auftritts – das wirkt unbeholfen und unsicher. Trommeln Sie also nicht mit den Fingern auf das Mikrofon, und sagen Sie auch nicht: «Eins, zwei, eins, zwei, hallo, hört man mich?», sondern reden Sie von Beginn an mit fester Stimme und halten Sie dabei Ihren Blick auf das Publikum gerichtet.

> **Wagen Sie einen spontanen Einstieg:** Nachdem Sie sich vorgängig ein Bild von der Stimmung im Saal machen konnten, wagen Sie einen spontanen Einstieg, der einen Bezug zum Publikum herstellt. Erzählen Sie zum Beispiel von einer Beobachtung, die Sie gemacht haben, oder von einer Begegnung, die Sie vor Ihrem Auftritt hatten.

> **Nehmen Sie Ihr Anliegen ernst, sich selber aber nicht allzu sehr:** Wenn das Publikum spürt, dass es Ihnen mit Ihrem Anliegen ernst ist, Sie sich selber aber nicht allzu ernst nehmen, dann «behalten» Sie es während der ganzen Rede. Machen Sie von Zeit zu Zeit eine ironische oder – noch besser – eine selbstironische Bemerkung.

> **Behalten Sie die Spannung bis zum Schluss:** Denken Sie nicht, dass Ihnen nach einem gelungenen Einstieg das Publikum bis zum Schluss Ihrer Rede treu bleibt. Behalten Sie die Spannung, das innere Feuer bis ans Ende. Bedanken Sie sich mit demselben offenen Blick und mit derselben festen Stimme, mit der Sie in die Rede eingestiegen sind.

Die Rede nimmt Form an

4

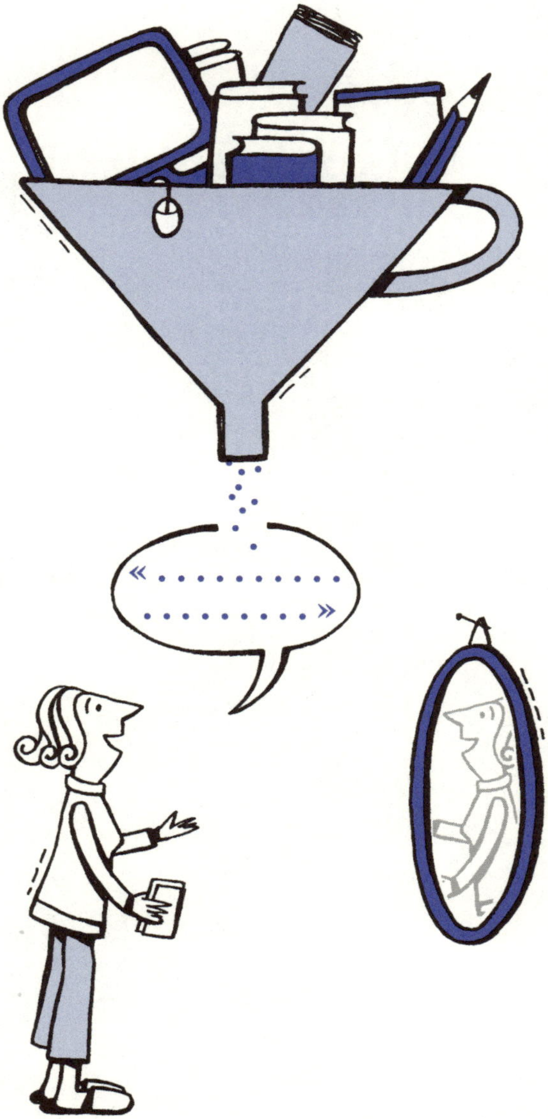

In diesem Kapitel erfahren Sie, wie sich gesprochene von geschriebener Sprache unterscheidet, wie Sie ein Manuskript oder eine Stichwortkarte anfertigen und warum Sie sich für einen Satz wie «Gestern, wo ich auf Zürich gegangen bin» nicht zu schämen brauchen.

4.1 Schriftdeutsch oder Dialekt	94
Die Besonderheiten des Schweizerdeutschen	95
Geschriebene oder gesprochene Sprache: die Unterschiede	98
4.2 Das Manuskript verfassen	**102**
Zum Beispiel: 1.-August-Ansprache	102
Themenkreise festlegen	103
Ein Grobkonzept erstellen	104
Das Feinkonzept ausarbeiten	106
Die Rede zu Papier bringen	106
4.3 Manuskript oder freie Rede?	**112**
Mit Hilfe des Manuskripts reden	112
Eine Stichwortkarte verfassen	114
Mit Hilfe der Stichwortkarte reden	114
Frei reden	116
4.4 Im Anschluss: Frage- und Diskussionsrunde	**118**
Die Runde in Gang bringen	118
Die Stegreifrede	**120**

4. Die Rede nimmt Form an

4.1 Schriftdeutsch oder Dialekt

Bevor Sie loslegen, müssen Sie klären, ob Sie Ihre Rede auf Schriftdeutsch oder im Dialekt halten werden. Der Entscheid wird sich auf Ihr Manuskript auswirken.

Ich empfehle, das Manuskript immer in Schriftsprache und nicht im Dialekt zu schreiben, denn einen im Dialekt verfassten Text zu lesen ist sehr anspruchsvoll. Wenn Sie Ihre Rede allerdings auf Schweizerdeutsch halten werden, sollten Sie das Manuskript in einem eigenen «Dialekthochdeutsch» verfassen. Das hat mit den Besonderheiten des Schweizerdeutschen zu tun. Wie viel Mühe es bereitet, einen schrift-

---

ZUM AUSPROBIEREN: ZEITUNGSTEXT IM DIALEKT VORLESEN

Versuchen Sie, folgenden Zeitungstext spontan und laut in korrektem Dialekt vorzulesen. Dieses kleine Experiment hilft Ihnen, die Abschnitte in diesem Kapitel besser zu verstehen.

«Im ersten halben Jahr 2007 nahm der Lastwagenverkehr durch die Alpen massiv zu. Das geht aus einem der ‹Sonntagszeitung› vorliegenden Semesterbericht des Bundesamtes für Verkehr (BAV) hervor. So querten 641 000 Lastwagen die Alpen, das sind 9,3 Prozent mehr als im ersten Halbjahr 2006. Der stetige Rückgang der letzten Jahre hat damit ein Ende gefunden. Wieder gibt es Wachstumsraten, wie sie in den 90er-Jahren vor dem Beginn der massiven Subventionierung des Schienenverkehrs üblich waren. Die in den letzten Jahren festgestellte Verlagerung der Güter von der Strasse auf die Schiene war nur eine Folge besonderer Verhältnisse, zurückzuführen auf die Sperrung des Gotthards und die lahmende Wirtschaft.»

Ausschnitt aus der SonntagsZeitung vom 9. September 2007

deutschen Text im Dialekt zu lesen, können Sie anhand des Beispiels im Kasten nebenan ausprobieren.

Die Besonderheiten des Schweizerdeutschen

Schweizerdeutsch unterscheidet sich in vielen Punkten von der Schriftsprache. Es lohnt sich, auf diese Besonderheiten zu achten, wenn Sie Ihr Manuskript für eine Rede im Dialekt verfassen. Es wird am Schluss in einem eigentlichen «Dialekthochdeutsch» geschrieben sein.

Genitiv

Im Schweizerdeutschen gibt es keinen Genitiv (Wes-Fall). Er wird im Dialekt immer durch das Pronomen «von» bzw. «vom» und einen darauf folgenden Dativ (Wem-Fall) gebildet. «Die Verlagerung des Schienenverkehrs» würde in einem Manuskript in Dialekthochdeutsch also heissen: «die Verlagerung vom Schienenverkehr».

Substantive

Im Schweizerdeutschen verwenden wir vor allem dann Substantive (Hauptwörter), wenn das, was wir bezeichnen möchten, gegenständlich, also im wahrsten Sinne des Wortes greifbar ist (Tisch, Mensch, Haus). Viele Wörter, die in der Schriftsprache durch ein Substantiv ausgedrückt werden, werden im Dialekt mit einem Verb (Tätig-

keitswort) umschrieben – vor allem jene, die auf -ung enden. Im Satz: «Vor Beginn der massiven Subventionierung des Schienenverkehrs» würden zum Beispiel die Wörter *Beginn* und *Subventionierung* durch ein Verb ersetzt. In einem dialekthochdeutschen Manuskript hiesse es also: «Bevor man angefangen hat, den Schienenverkehr massiv zu subventionieren ...»

Versuchen Sie in Ihrer Dialektrede vor allem Substantive zu vermeiden, die auf -ung enden (Verringerung, Bestimmung, Ausführung, Wartung, Unterstützung, Entspannung etc.). Sie klingen im Schweizerdeutschen schwerfällig und lassen sich problemlos durch ein Verb ersetzen.

Relativpronomen

In der Schriftsprache gibt es drei verschiedene Relativpronomen: der, die, das. Es heisst also auf Hochdeutsch: «ein Mann, der geht», «eine Frau, die lacht» und «ein Haus, das steht». In sämtlichen schweizerdeutschen Dialekten werden diese drei Relativpronomen durch das Wort «wo» ersetzt. Wir sagen also im Dialekt: «en Maa, wo gaat», «en Frau, wo lacht» und «es Huus, wo staat».

4. Die Rede nimmt Form an

Es gelingt nur sehr geübten Rednerinnen und Rednern, die drei Relativpronomen «der», «die» und «das» ab einem in Schriftsprache verfassten Manuskript spontan als «wo» zu lesen. Ich empfehle Ihnen deshalb, beim Verfassen eines Manuskripts für eine Rede im Dialekt sämtliche Relativsätze mit dem Wort «wo» einzuleiten, auch wenn Ihnen ein Satz wie «die lange Pause, wo wir gehabt haben» auf den ersten Blick fremd erscheinen mag.

Vergangenheitsform

Während wir in der Schriftsprache je nach Zeitpunkt des Ereignisses zwischen drei verschiedenen Vergangenheitsformen wählen können («ich bin gewesen», «ich war» und «ich war gewesen»), gibt es in den schweizerdeutschen Dialekten nur eine einzige Möglichkeit, die Vergangenheit auszudrücken: jene im Perfekt. Es heisst also «ich bi gsi» («ich bin gewesen»).

Ich empfehle Ihnen, sich in einem Manuskript für eine schweizerdeutsche Rede auf diese einzige Vergangenheitsform zu beschränken. Das wird Ihnen das Lesen Ihrer Rede stark erleichtern, denn auch die spontane Umwandlung einer hochdeutschen Vergangenheitsform in die einzig mögliche schweizerdeutsche gelingt nur Rednern, die sehr viel Erfahrung im Ablesen schriftdeutscher Texte haben. Der auf Hochdeutsch korrekte Satz «Ich war gestern Abend im Kino» heisst in Ihrem Manuskript also: «Ich bin gestern am Abend im Kino gewesen.»

Zukunftsform

Während wir in korrekter Schriftsprache schreiben: «Ich werde morgen eine Rede schreiben», sagen wir im Schweizerdeutschen: «Ich schriibe morn e Reed.» Die Zukunftsform mit «werden» gibt es im Schweizerdeutschen nicht. Wir verwenden immer die Gegenwartsform mit einem Wort, das die Zeit angibt (morgen, nächste Woche etc.) Beachten Sie auch das beim Verfassen Ihres Manuskripts.

Passivkonstruktionen

Im Schweizerdeutschen gibt es praktisch keine Passivkonstruktionen. «Es wurden drei Leute entlassen» heisst in den meisten Dialekten: «Mer hät drüü Lüüt entlaa» (der Freiburger und der Walliser Dialekt kennen zudem die Form: «... sind entlassni bzw. entlaani cho»). Verwenden Sie also in Ihrem Manuskript wenn immer möglich aktive Sätze oder die Ihrem Dialekt eigene Passivform.

Weitere Besonderheiten

Sie werden, wenn Sie sich mit den Unterschieden von Schriftdeutsch und Schweizerdeutsch eingehender auseinanderset-

AUF EINEN BLICK: BESONDERHEITEN DES SCHWEIZERDEUTSCHEN

Hochdeutsch	Schweizerdeutsch
Genitiv im letzten Monat des Jahres	**von/vom + Dativ** im letzten Monat vom Jahr → im letschte Monet vom Jahr
Substantive Verlagerung, Entmachtung	**Verben** verlagern, entmachten → verlagere, entmachte
Drei Relativpronomen der, die, das	**Ein Relativpronomen** → wo
Drei Vergangenheitsformen ich bin gewesen, ich war, ich war gewesen	**Eine Vergangenheitsform** ich bin gewesen → ich bi gsi
Drei Zukunftsformen ich gehe (morgen), ich werde gehen, ich werde gegangen sein	**Eine Zukunftsform** ich gehe (morgen) → ich ga (morn)
Passivkonstruktionen drei Leute sind entlassen worden	**Aktivkonstruktionen** man hat drei Leute entlassen → mer hät drüü Lüüt entlaa
Partizip Präsens die untergehende Sonne	**Kein Partizip Präsens** die Sonne, wo untergeht → d Sunne, wo undergaat
Germanismen Aufzug, Bürgersteig, Fahrschein etc.	**Helvetismen** → Lift, Trottoir, Billett etc.

4. Die Rede nimmt Form an

zen, noch viele weitere Besonderheiten entdecken. Zum Beispiel fahren wir im Schweizerdeutschen nicht «nach Zürich», sondern «uf Züri» – in Ihrem Manuskript also «auf Zürich». Auch stellt die Firma Schindler in der Schweiz keinen «Aufzug», sondern einen «Lift» her. «Am Tag, als Herr Pfister zu uns kam», heisst im Dialekthochdeutschen: «Am Tag, wo der Herr Pfister zu uns gekommen ist». Auch in der Satzstellung und im Gebrauch des Partizip Präsens (lesend, sprechend) unterscheiden sich Dialekt und Hochsprache stark.

> **Sollten Sie Ihre Rede dem Publikum auch schriftlich abgeben wollen, verfassen Sie eine zweite, in korrektem Schriftdeutsch abgefasste Version Ihres Manuskripts.**

Denken Sie an diese Eigenheiten, wenn Sie Ihr Manuskript für eine schweizerdeutsche Rede schreiben. Vielleicht kommt es Ihnen im ersten Moment fremd vor, einen hochdeutschen Text derart «falsch» zu schreiben. Tun Sie es trotzdem, es lohnt sich. Sie werden es spätestens beim ersten Ablesen Ihres Textes merken.

Und übrigens: Sie brauchen sich für Ihr «schlechtes» Deutsch überhaupt nicht zu schämen – im Normalfall bekommen nur Sie Ihr Manuskript zu Gesicht. Haben Sie also den Mut und schreiben Sie Sätze wie: «Gestern, wo ich auf Zürich gegangen bin»!

Geschriebene oder gesprochene Sprache: die Unterschiede

Auch wenn Sie Ihre Rede auf Hochdeutsch halten werden, unterscheidet sich Ihr Manuskript stark von einem Text, der zum Beispiel für eine Zeitung oder eine Fachzeitschrift geschrieben wird. Dem gilt es Rechnung zu tragen.

Die gesprochene Sprache ist viel einfacher als die geschriebene. Achten Sie einmal darauf: Wenn Ihnen ein Text in geschriebener Sprache vorgelesen wird, werden Sie mit grosser Sicherheit Mühe haben, ihm zu folgen. Probieren Sie es anhand des Textes im Kasten oben rechts aus.

Wie Sie mit dieser Übung feststellen können, ist nicht jeder geschriebene Text dazu geeignet, auch mündlich vorgetragen zu werden. Das hat mit den Eigenheiten der gesprochenen Sprache zu tun. Wir sprechen einfacher, als wir schreiben – vielleicht, weil wir so unbewusst der Tatsache Rechnung tragen, dass unser Gegenüber beim Zuhören nur eine einmalige Chance

ZUM AUSPROBIEREN: GESCHRIEBENE TEXTE LAUT VORLESEN

Versuchen Sie, diesen kurzen Text aus einem wissenschaftlichen Artikel laut vorzulesen und anschliessend zu erklären, was Sie soeben gelesen haben. Die Übung hilft Ihnen, die Abschnitte in diesem Kapitel besser zu verstehen.

«Dass die Legitimation in der Bevölkerung für die Verbreitung der Straftaten eine Rolle spielt, kann durch den Vergleich zweier Zeitverläufe, der Sorgen der Bevölkerung über zu viele Ausländer und Asylanten sowie der Anzahl fremdenfeindlicher Straftaten, nachvollzogen werden.»

ZUM AUSPROBIEREN: KURZE SÄTZE MACHEN

Versuchen Sie, folgenden Satz in gesprochener Sprache wiederzugeben:

«Jedesmal, wenn ich die Strasse – die ich übrigens wie meinen Hosensack kenne, denn ich bin an dieser Strasse aufgewachsen – hinaufgehe, frage ich mich, was wohl noch alles passieren muss, bis die Stadt, die sich bisher stets geweigert hat, etwas an der historischen Bauweise zu verändern, endlich reagiert und bereit ist, eine bessere Beleuchtung zu installieren.»

In der gesprochenen Sprache würde dieser «Schlangensatz» in mehrere kurze Sätze unterteilt. Der Text könnte dann zum Beispiel so lauten:

«Ich kenne diese Strasse wie meinen Hosensack, denn ich bin hier aufgewachsen. Jedesmal, wenn ich diese Strasse hinaufgehe, frage ich mich: Was muss wohl noch alles passieren, bis die Stadt endlich reagiert? Wann ist sie bereit, eine bessere Beleuchtung zu installieren? Bisher hat sich die Stadt stets geweigert, etwas an der historischen Bauweise zu verändern.»

hat, uns zu verstehen. Dies im Unterschied zum Lesen, wo wir Sätze und Abschnitte nochmals durchgehen können, wenn wir sie nicht verstanden haben.

Einfache Sätze

In der gesprochenen (Alltags-)Sprache machen wir – im Unterschied zu einem Text in geschriebener Sprache – kurze, einfache

4. Die Rede nimmt Form an

WIE AUS GESCHRIEBENEN SÄTZEN GESPROCHENE WERDEN	
Geschrieben	Gesprochen
«Die Einführung der neuen Bestimmung könnte zu einer Verspätung der Auslieferung der Flaschen führen.»	«Es kann sein, dass wir die Flaschen verspätet ausliefern müssen, weil die Geschäftsleitung die neue Bestimmung eingeführt hat.»
«Für die Übergabe der Auszeichnungen haben wir die Unterstützung von zwei Mitgliedern nötig.»	«Wir brauchen noch zwei Mitglieder, die uns helfen können, die Auszeichnungen zu übergeben.»
«Die deutliche Verminderung der Erwartung seitens der Firmenleitung führt zu einer neuen Lockerheit.»	«Die Leute sind viel lockerer, seit die Firmenleitung nicht mehr so hohe Erwartungen an sie stellt.»

Sätze. Das heisst, wir verzichten auf Neben- und Schachtelsätze. Halten Sie sich beim Verfassen Ihres Manuskripts an diese Tatsache: Schreiben Sie es in der Sprache, in der Sie sprechen. Sie werden froh darüber sein, wenn Sie Ihre Rede halten, denn die Gefahr zu stolpern ist viel kleiner. Und auch Ihre Zuhörerinnen und Zuhörer werden es Ihnen danken, weil sie Ihnen besser folgen können.

Als Faustregel gilt: 10 bis maximal 15 Wörter und eine Gedankeneinheit pro Satz sind genug.

Substantive

Die gesprochene Sprache kennt nur wenige Substantive, also Hauptwörter. Achten Sie einmal darauf: Ausser Greifbares wie Menschen (Frau, Mann, Kind), Tiere (Hunde, Katze, Huhn) und Gegenstände (Haus, Auto, Tisch) benennen wir mündlich fast nichts mit einem Substantiv. Viel häufiger verwenden wir Verben.

Den folgenden Satz beispielsweise würden wir in einem amtlichen Papier gerade noch

4.1 Schriftdeutsch oder Dialekt

> **Versuchen Sie in Ihrem Manuskript, Substantive für Abstraktes so weit wie möglich zu umgehen. So vermeiden Sie, dass der Text schwerfällig und damit auch schwer verständlich wird.**

akzeptieren, aber selber mündlich formulieren würden wir ihn nie: «Die Missachtung der Verfügung kann eine Ahndung und Bestrafung zur Folge haben.» In der gesprochenen Sprache würden wir sagen: «Wer die Verfügung missachtet, muss damit rechnen, dass man ihn verfolgt und bestraft.»

Passivkonstruktionen

In der geschriebenen Sprache verwenden wir viele Passivkonstruktionen: «Es wird davon ausgegangen», «Es wurden heute Abend durch unseren Vereinsvorstand drei Leute geehrt» etc. Solche Formulierungen machen einen Text eher holprig.

In der gesprochenen Sprache verwenden wir vor allem aktive Satzkonstruktionen. Wir sagen also: «Man geht davon aus» und «Der Vereinsvorstand hat heute Abend drei Leute geehrt.» Versuchen Sie, in Ihrem Manuskript so viele aktive Konstruktionen wie möglich zu verwenden. Sie sind damit viel näher bei der gesprochenen Sprache.

> **Alle Punkte, auf die Sie beim Schreiben des Manuskripts achten sollten, finden Sie in der Checkliste «Die Rede schreiben» zusammengestellt (siehe Anhang).**

4. Die Rede nimmt Form an

4.2 Das Manuskript verfassen

Sind Sie unsicher, ob Sie für Ihre Rede ein Manuskript anfertigen sollen oder nicht? Es empfiehlt sich, auf jeden Fall ein Manuskript zu verfassen – auch wenn Sie Ihre Rede frei oder mit Hilfe von Stichwortkarten vortragen möchten.

Der Vorteil eines Manuskripts: Sie können so lange an Inhalt und Struktur feilen, bis die Rede wirklich sitzt. Sie können das Manuskript auch immer wieder mal zur Seite legen und später erneut hervorholen, um es noch einmal durchzulesen oder um daran weiterzuarbeiten. Ausserdem haben Sie einen guten Anhaltspunkt für die Länge Ihrer Rede, wenn Sie den fertigen Text laut für sich vorlesen.

Ob Sie Ihre Rede von einem Manuskript lesen oder frei bzw. mit Hilfe von Stichwortkarten vortragen wollen, müssen Sie selber entscheiden. Ich empfehle, die Rede dann von einem Manuskript abzulesen, wenn sie sehr lang oder mit vielen rhetorischen Feinheiten gespickt ist.

Falls Sie die Rede mit Hilfe eines Manuskripts halten möchten, achten Sie darauf, dass das Manuskript klar strukturiert ist. Schreiben Sie es in einer grossen Schrift (18 bis 20 Punkt), mit doppeltem Zeilenabstand und, wie auf Seite 98 beschrieben, in der gesprochenen Sprache (bzw. in einem «Dialekthochdeutsch»).

Zum Beispiel:
1.-August-Ansprache

Es gelingt nicht einmal sehr geübten Rednern, aus dem Stegreif einen Text für eine Rede zu schreiben, der gut strukturiert und in sich stimmig ist. Aus diesem Grund sollten Sie sich vor dem Schreiben Ihres Manuskripts einige Überlegungen machen.

Um Ihnen die nun folgenden Schritte zu verdeutlichen, stellen Sie sich vor, Sie hätten den Auftrag, eine 1.-August-Rede zu halten. Stellen Sie sich zunächst die folgenden Fragen:

> Was weiss ich über das Thema?
> Was fällt mir spontan dazu ein?
> Was könnte in einer Rede zu diesem Thema interessant sein?
> Was möchte ich alles dazu sagen?

Schreiben Sie die Antworten in einem Brainstorming ganz spontan und wild durcheinander, so, wie sie Ihnen gerade einfallen, auf ein Blatt Papier. Achten Sie während des Brainstormings noch nicht auf eine Struktur, lassen Sie alle Gedanken zu – ganz egal, wie unübersichtlich Ihr Blatt am Schluss aussieht.

Die Stichwörter auf Ihrem Blatt könnten etwa heissen: schöne Landschaft, direkte Demokratie, Mitbestimmung, Sonnenschein, Wein, freie Meinungsäusserung, Einwanderungsland, Parlament, Berge, Schnee, Landwirtschaft, DJ BoBo, Qualität, Industrie, Export, Milch, Rütlischwur, Eltern, Grosseltern, Ausländer, SVP, Geschenk, Frauenstimmrecht, Offenheit, Multikulti, Kantone, Ständemehr, Freunde, Dialekt, Schweizer Fernsehen, DRS 1, Kindheit.

Themenkreise festlegen

Schauen Sie sich jetzt Ihre Notizen gut an. Überlegen Sie sich, wohin Ihre spontanen Gedanken führen könnten. Sobald Ihnen das klar ist, legen Sie Ihre zentrale Botschaft, also die Kernaussage Ihrer Rede, fest (mehr dazu Seite 80).

Diese Kernaussage, die sich in einem Satz formulieren lässt, ist fortan das Ziel, das Sie mit Ihrer Rede erreichen wollen. Nehmen wir an, dass Sie sich – anhand der spontanen Notizen – für folgende Kernaussage entschieden haben: «Ich bin stolz auf eine Schweiz, die offen ist für Veränderungen von aussen.»

Diese Kernaussage schreiben Sie nun in die Mitte eines zweiten Blattes Papier und zeichnen darum herum einen Kreis. Versuchen Sie jetzt in einem nächsten Schritt, die zuvor lose aufgeschriebenen Gedanken nach Themen zu ordnen. Sie werden sehen, dass Sie sich auf ein paar wenige Überthemen konzentrieren können.

Zeichnen Sie um Ihre zentrale Botschaft herum nun weitere Kreise und schreiben Sie in diese die Überschriften, die Sie den Themenkreisen geben möchten. Im Beispiel mit der 1.-August-Rede könnten diese heissen: Stolz, Glück, Schweiz, Teilen, Respekt, Natur, Produkte, Kindheit, Ehre, Freude, Heimat.

In diese Themenkreise übertragen Sie nun die Stichwörter aus Ihrer ursprünglichen Gedankenliste. So bekommt Ihre Rede langsam eine Struktur.

4. Die Rede nimmt Form an

Ein Grobkonzept erstellen

In einem nächsten Schritt geht es nun darum, die Überthemen zu ordnen und in eine Reihenfolge zu bringen, die zu Ihrem Ziel, also zu Ihrer Kernaussage, führt. Durch diese Strukturierung erhalten Sie das Grobkonzept Ihrer Rede.

Dieser anspruchsvolle Schritt ist für die Strukturierung Ihrer Rede entscheidend. Vielleicht hilft Ihnen dieses Beispiel dabei: Stellen Sie sich den Prozess des Ordnens und Strukturierens als Zugreise vor. Wenn Sie in einen Zug steigen, haben Sie im Normalfall ein Ziel. An dieses Ziel führt Sie ein ganz bestimmter Weg.

Die Strecke planen

Die Zugreise steht für Ihre Rede, die 1.-August-Ansprache, das Ziel Ihrer Reise für Ihre zentrale Botschaft, also den Satz: «Ich bin stolz auf eine Schweiz, die offen ist für Veränderungen von aussen.» Ausgangspunkt der Reise ist Basel, Ziel ist Interlaken Ost. Wenn Sie diese Reise planen, sehen Sie, dass Sie der Intercity von Basel zunächst nach Olten bringen wird, wo der Zug ein erstes Mal anhält. Von Olten führt die Reise weiter nach Bern, wo der Zug den zweiten Halt einlegt. Von Bern fährt Sie der Intercity schliesslich via Thun und Spiez nach Interlaken Ost.

ZUGREISE ALS STRUKTUR

So sieht der in Dreierschritte unterteilte Streckenplan Ihrer «Zugreise» aus:

1. **Basel – Olten**
   - 1.1. Basel – Liestal
   - 1.2. Liestal – Sissach
   - 1.3. Sissach – Olten

2. **Olten – Bern**
   - 2.1. Olten – Langenthal
   - 2.2. Langenthal – Burgdorf
   - 2.3. Burgdorf – Bern

3. **Bern – Interlaken Ost**
   - 3.1. Bern – Thun
   - 3.2. Thun – Spiez
   - 3.3. Spiez – Interlaken Ost

Die Logik überprüfen

Stellen Sie sich jetzt vor, dass die grösseren Stationen Ihrer Reise Ihre Themenkreise sind. Sie spüren dann bereits beim Auflisten der Titel, ob Ihr Weg der richtige ist, also ob er logisch ist und auch tatsächlich zum Ziel führt. Um beim Bild der Zugreise zu bleiben: Wenn «Thun» plötzlich vor «Olten» kommt, dann kann im Aufbau Ihrer Rede etwas nicht stimmen. Ordnen Sie Ihre Titel bzw. Themenkreise so lange, bis Sie das Gefühl haben, dass der Aufbau Ihrer Rede klar ist, dass er Sinn macht und von einem Zwischenziel zum nächsten und schliesslich zum Endziel führt.

Auf Umwege verzichten

Unter Umständen stellen Sie jetzt fest, dass der eine oder andere Titel nicht in Ihre «Reise» passt. Wenn auf Ihrem Reiseplan von Basel nach Olten plötzlich Lausanne auftaucht, werden Sie wahrscheinlich denken: «Über Lausanne zu fahren ist ein grosser Umweg, den möchte ich nicht machen, deshalb streiche ich Lausanne von meiner Reiseroute.»

Gehen Sie mit einem Themenkreis, der nicht in Ihren Aufbau passen will, genau gleich vor: Lassen Sie ihn weg. Er wird Ihnen nicht fehlen, denn er wäre nur ein Umweg auf dem Weg zu Ihrem Ziel. In der Liste der Themenkreise werden deshalb «Produkte» und «Natur» gestrichen, denn sie würden uns nicht direkt zum Ziel führen.

In drei Schritte einteilen ...

Um Ihre Rede für Sie und Ihr Publikum übersichtlich zu machen, teilen Sie sie nun am besten in Dreierschritte ein, zum Beispiel in eine Einleitung, einen Hauptteil und einen Schluss. Auf das Bild mit der Zugreise übertragen bedeutet das, dass der Streckenabschnitt Basel – Olten die Einleitung, die Strecke Olten – Bern der Hauptteil und die letzte Etappe Bern – Interlaken der Schluss ist.

VON DER ZUGREISE ZUM GROBKONZEPT

Ersetzen Sie die grossen Streckenabschnitte Basel – Olten, Olten – Bern und Bern – Interlaken Ost durch die Wörter Einleitung, Hauptteil und Schluss und die kleineren Streckenabschnitte durch die Überthemen, die Sie ohne Umweg an Ihr Ziel bringen. Damit erhalten Sie eine erste Grobstruktur für Ihre Rede:

1. **Einleitung**
    1.1. Heimat
    1.2. Ehre
    1.3. Stolz

2. **Hauptteil**
    2.1. Kindheit
    2.2. Schweiz
    2.3. Glück

3. **Schluss**
    3.1. Teilen
    3.2. Respekt
    3.3. Freude

4. Die Rede nimmt Form an

... und nochmals dritteln

Diese Strecken können Sie nun ebenfalls wieder in Dreierschritte unterteilen: Sie stehen für die einzelnen Überthemen Ihrer Rede. Auf das Bild der Zugreise übertragen wären diese Dreierschritte die nächstkleineren Bahnhöfe auf den Streckenabschnitten Basel – Olten, Olten – Bern und Bern – Interlaken Ost (siehe Kasten Seite 104).

Die Zugreise auf die Rede übertragen

Wenn Sie nun noch die drei grossen Streckenabschnitte der Zugreise durch die Wörter «Einleitung», «Hauptteil» und «Schluss» ersetzen und den kleineren Streckenabschnitten die Titel Ihrer Überthemen geben, haben Sie bereits ein Grobkonzept für Ihre Rede (siehe Kasten Seite 105).

Das Feinkonzept ausarbeiten

Füllen Sie jetzt in einem letzten Schritt die Überthemen mit Inhalt. Schreiben Sie stichwortartig auf, was Sie in den jeweiligen Abschnitten erzählen möchten. Damit erhalten Sie ein Feinkonzept Ihrer Rede (siehe Kasten nebenan).

Die Rede zu Papier bringen

Jetzt, da Sie das Feinkonzept für Ihre Rede erstellt haben, können Sie sich ans Schreiben Ihres Manuskripts machen. Zur Erinnerung hier noch einmal die wichtigsten Regeln für das Schreiben Ihres Textes:

> Machen Sie einfache, kurze Sätze.
> Verwenden Sie möglichst wenige Substantive (Hauptwörter), wandeln Sie diese wo immer möglich in Verben (Tätigkeitswörter) um.
> Verwenden Sie vor allem Aktiv- und möglichst keine Passivkonstruktionen.

Wenn Sie Ihre Rede im Dialekt halten:

> Denken Sie von Beginn an daran, die Relativpronomen «der», «die» und «das» durch «wo» zu ersetzen.
> Achten Sie darauf, alles, was sich in der Vergangenheit abspielt, im Perfekt («ist gewesen»), und alles, was sich in der Zukunft abspielt, in der Gegenwartsform («nächstes Jahr gehe ich») aufzuschreiben.
> Verzichten Sie auf Substantive, die auf -ung enden, ersetzen Sie diese durch Verben.

Und ganz wichtig, wenn Sie Ihre Rede ablesen möchten: Verwenden Sie eine grosse Schrift und grosse Zeilenabstände, setzen Sie Zwischentitel, und schreiben Sie wichtige Wörter und Sätze in Fettschrift.

Auf Seite 108 sehen Sie das Manuskript, wie es für die 1.-August-Rede aussehen könnte. Es ist in Schriftsprache abgefasst, da die Rede auch von jenen Einwohnerinnen und Einwohnern des Dorfes verstanden werden soll, die keinen Dialekt sprechen.

VOM GROBKONZEPT ZUM FEINKONZEPT

Notieren Sie sich unter den Titeln der Überthemen stichwortartig, was Sie zu den einzelnen Themen in Ihrer Rede erzählen möchten:

1. Einleitung
   1.1. **Heimat.** Begriff der Heimat: Ort oder Gefühl? Begegnung Berufsschulklasse. Antwort eines angehenden Schreiners: «Ich bin stolz, Schweizer zu sein.»
   1.2. **Ehre.** Begrüssung, grosse Ehre für mich, an diesem besonderen Tag zu Ihnen sprechen zu dürfen. Gedanken über unser Verhältnis zu unserem Land.
   1.3. **Stolz.** Heimat ist ein Geschenk. Darf man stolz sein auf Geschenk? Nicht eine Anmassung?

2. Hauptteil
   2.1. **Kindheit.** Von Eltern Velo erhalten. Durfte mitbestimmen, welches Modell. Teil mit Sparbatzen selber bezahlt. Schönes und sicheres Velo, ich war stolz.
   2.2. **Schweiz.** Auch von «Eltern»/Vorfahren bekommen. Dank direkter Demokratie mitbestimmen. Durch eigenen Beitrag mitgestalten. Schönes und sicheres Land.
   2.3. **Glück.** Gefühl der Sicherheit, Mitbestimmung, Mitgestaltung macht glücklich.

3. Schluss
   3.1. **Teilen.** Wer glücklich ist, der teilt auch gerne. Nachbarskinder durften mit meinem Velo fahren.
   3.2. **Respekt.** Mein Velo, respektieren, dass ich es ganz zurückhaben wollte. Von niemandem wegnehmen lassen. Aber offen für Veränderungen. Vorschlag Freund Andy: blau streichen. Schulschatz Denise: farbige Glocke.
   3.3. **Vergleich Schweiz.** Offen sein für Veränderung. Farbiges Land, stolz auf dieses Land.

VOM FEINKONZEPT ZUR FERTIGEN REDE

1. Einleitung

    1.1. Was bedeutet Ihnen das Wort Heimat, meine Damen und Herren? Ist Heimat der Ort, der in Ihrem Pass unter dem Begriff Heimatort aufgeführt ist? Ist Heimat dort, wo Sie geboren sind? Ist Heimat hier in diesem Dorf, wo die meisten von Ihnen leben? Oder hat Heimat möglicherweise mehr mit einem Gefühl als einem Ort zu tun?

    Was bedeutet Ihnen das Wort Heimat? Diese Frage stellte ich kürzlich auch einer Berufsschulklasse, die mich eingeladen hatte, über unser politisches System zu referieren.

    Eine Antwort aus der anschliessenden Diskussion ist mir besonders geblieben. Es war die Antwort eines 18-jährigen Schreinerlehrlings, der auf meine Frage, was ihm das Wort Heimat bedeute, sagte: «Ich bin stolz, Schweizer zu sein.»

    1.2. Sehr verehrte Damen und Herren, es ist für mich eine grosse Ehre und Freude, dass ich heute Abend hier aus Anlass unseres Nationalfeiertages zu Ihnen sprechen darf.

    Ich weiss, es ist keine Selbstverständlichkeit, dass Sie ausgerechnet mich für diese Aufgabe auserkoren haben.

    Umso mehr freut mich Ihre Einladung, und ich möchte die Gelegenheit wahrnehmen, Ihnen während ungefähr der nächsten zehn Minuten etwas über mein Verhältnis zur Schweiz, zu meiner Heimat, zu sagen.

    1.3. «Ich bin stolz, Schweizer zu sein», sagte also der junge Mann in der Berufsschulklasse.

    Ich fragte mich: Darf man das denn, stolz sein auf seine Heimat? Darf man stolz sein auf etwas, das man einfach so geschenkt bekommt? Ist das nicht schon fast eine Anmassung? Darf man überhaupt stolz auf seine Heimat sein, ohne gleich als «weit rechts stehend» betrachtet zu werden?

    Ich ging auf die Suche nach Antworten auf meine Fragen.

2. Hauptteil

2.1. Dabei fiel mir ein, wie ich als neunjähriger Bub mein erstes grosses Velo bekam. Hei, was war ich stolz auf mein Velo! Es war ein blaues der Marke «Cilo». Es hatte fünf Gänge, einen Gepäckträger und vorne und hinten ein Schutzblech.

Das Velo war ein Geschenk meiner Eltern. Ich durfte allerdings bei der Auswahl mitbestimmen. Und weil ich beschlossen hatte, einen Teil meines Sparbatzens beizusteuern, durfte ich sogar ein etwas teureres und damit sichereres Modell wählen.

Es war also mein ganzer Stolz, das Velo, das ich von meinen Eltern bekommen hatte. Und ich glaube, ich war sogar noch etwas stolzer auf mein Velo, als wenn ich es «nur» geschenkt bekommen hätte: weil ich mitbestimmen durfte, welches Modell ich bekommen würde, und weil ich mit meinem Sparbatzen selber einen Beitrag dazu geleistet hatte.

2.2. Was hat die Geschichte meines Velos nun mit der Schweiz zu tun? Auch die Schweiz ist ein Geschenk unserer Eltern, ein Geschenk unserer Vorfahren. Ein schönes Geschenk, auf das wir stolz sein dürfen.

Warum? Weil wir auch mitbestimmen dürfen, wie es in diesem Land aussieht – dank der direkten Demokratie, etwas Einzigartigem auf dieser Welt. Und weil wir mitgestalten können: Der Schweizer Wirtschaft geht es gut, die meisten von uns haben eine Arbeit, und mit ihr können wir unseren eigenen Beitrag leisten zum Wohlergehen dieses Landes. Nicht zuletzt darum ist die Schweiz auch ein sicheres Land.

Mitbestimmung, Mitgestaltung: Diese Möglichkeiten machen mich sogar noch etwas stolzer auf unser Land, als wenn wir es nur geschenkt bekommen hätten.

2.3. Ich war also stolz auf mein Velo. Ich bin stolz auf die Schweiz. Das Velo und die Schweiz – das sind schöne Geschenke. Und wer stolz sein kann auf etwas, der ist auch glücklich.

3. **Schluss**

3.1. Das Glück, das ich empfand, als ich mein neues Velo erhielt, wollte ich teilen. Meine Freunde sollten an meinem Glück teilhaben können.

Wer mit meinem Velo fahren wollte, der durfte es ausleihen. Einmal fuhr mein Freund Andy damit herum, ein andermal meine Freundin Denise. Natürlich fürchtete ich auch ein bisschen, dass meinem Velo etwas geschehen könnte, schliesslich war es das schönste und sicherste in der ganzen Nachbarschaft.

Deshalb vereinbarten wir klare Regeln: Meine Freunde mussten Sorge tragen dazu, es immer gut abschliessen, wenn sie es brauchten. Und manchmal sollten sie es auch putzen. Ich wäre sehr böse und traurig geworden, wenn es jemand kaputt gemacht oder sogar gestohlen hätte.

3.2. Mein Velo veränderte sich aber auch: Andy schlug eines Tages vor, dass wir es doch rot streichen könnten, rot mit blauen Streifen. Ich war zunächst etwas unsicher: Ob das wohl passen würde? Aber wir machten es, und es wurde wunderschön.

Mein Stolz wuchs, denn jetzt war mein Velo noch spezieller. Dann bekam ich von Denise zum Geburtstag eine lustige, farbige Glocke geschenkt. Sie passte wie eine Faust aufs Auge zu meinem Velo, aber eine solche Glocke hatte sonst niemand.

Ich behielt mein Velo noch viele Jahre, das rot-blau-gestreifte mit der farbigen Glocke, und es machte mich noch lange sehr glücklich. Und ich war auch als junger Mann noch stolz auf mein Velo, wie damals, als ich es als Bub bekommen hatte.

3.3. Halten wir es doch mit der Schweiz genau gleich. Freuen wir uns über dieses wunderschöne Geschenk, die Möglichkeit, mitbestimmen zu dürfen; die Möglichkeit, einen eigenen Beitrag an das Wohlergehen dieses Landes leisten zu dürfen. Diese Möglichkeiten bedeuten nämlich Glück. Und teilen wir doch auch dieses Glück! Natürlich soll, wer das Glück mit uns teilt, es nicht kaputt machen dürfen. Dafür braucht es Abmachungen, an die sich alle halten müssen.

Aber lassen wir die Veränderungen zu, die von den Menschen kommen, mit denen wir unser Glück teilen. Freuen wir uns über die Farbtupfer, die sie an unserem Land anbringen. Seien wir stolz auf dieses farbige Land. Denn mit diesen Farbtupfern wird unser Land noch einzigartiger, und wir können uns noch lange über dieses Geschenk freuen. So, wie es schon unsere Vorfahren taten.

In diesem Sinne, meine Damen und Herren, möchte ich es mit dem jungen Mann halten, der mir bei meinem Schulbesuch auf meine Frage, was ihm Heimat bedeute, sagte: «Ich bin stolz, Schweizer zu sein.» Ich habe eine Antwort gefunden auf meine Frage, ob man das darf, stolz sein auf sein Land. Ja, man darf stolz sein auf die Schweiz. Ich bin auch stolz auf dieses farbige Land, das offen ist für Veränderungen, die von aussen kommen. Das nicht ewig gleich aussehen kann und will. Feiern wir also heute dieses Land, feiern wir unseren Stolz und teilen wir unseren Stolz. Liebe Festgemeinde, ich wünsche Ihnen einen schönen 1. August.

4. Die Rede nimmt Form an

4.3 Manuskript oder freie Rede?

Ob frei, mit Stichwortkarte oder mit Manuskript: Jede Form hat ihre Vor- und Nachteile. Und die Vorlieben sind individuell verschieden. Finden Sie heraus, was am besten zu Ihnen passt – dann kommt auch Ihre Rede gut.

Ein Manuskript hilft Ihnen vor allem, wenn Ihre Rede mit rhetorischen Feinheiten gespickt ist und Sie in der Formulierung präzise sein möchten. Das Reden nur mit Hilfe einer Stichwortkarte oder ganz ohne Hilfsmittel hat den Vorteil, dass Sie frei und dadurch eher in der gesprochenen Sprache reden werden.

Auch wenn es so scheinen mag: Mit einem Manuskript zu reden ist gar nicht immer die einfachste Lösung. Ein Manuskript bindet Sie stark an den aufgeschriebenen Text und lässt wenig Raum für spontane Einschübe und für Reaktionen auf das Publikum. Auch auf die Stimmung im Saal können Sie mit Stichwortkarten oder in einer freien Rede flexibler eingehen. Auf der andern Seite gibt Ihnen das Manuskript bei einer rhetorisch ausgefeilten Rede, die zum Beispiel mit vielen raffinierten Wortspielen gespickt ist, die Sicherheit, Ihre Sätze so pointiert zu formulieren, wie sie erdacht sind.

Mit Hilfe des Manuskripts reden

Das Reden mit einem Manuskript lässt sich üben. Denn es gilt, einer Gefahr aus dem Weg zu gehen: dem Ablesen. Wenn Sie ablesen, haben Sie Ihren Blick nicht beim Publikum. Der Blickkontakt ist jedoch wichtig, um die Aufmerksamkeit der Zuhörenden zu erlangen. Wenn Sie direkt zum Publikum sprechen, ist dessen Bereitschaft, Ihnen zuzuhören, grösser.

Versuchen Sie also, sich jeweils nur kurz an Ihrem Text zu orientieren und dann wieder das Publikum anzuschauen. Wenn Sie zu lange mit dem Blick bei Ihrem Manuskript bleiben, «verlieren» Sie Ihre Zuhörer. Üben Sie deshalb Ihre Rede, bevor Sie mit dem Manuskript vors Publikum treten.

Vor dem Spiegel üben

Um sich auf eine Rede mit Manuskript vorzubereiten, stellen Sie sich am besten vor einen Spiegel und lesen sich Ihren Text vor. Beobachten Sie, wie oft Sie sich selbst im Spiegel ansehen. Stellen Sie sich vor, dass immer dann, wenn Sie sich selber anschauen, Ihr Blick beim Publikum und nicht bei Ihrem Manuskript wäre.

Text verinnerlichen

Sie werden merken: Je häufiger Sie Ihr Manuskript laut vorlesen, desto weniger müssen Sie Ihren Blick auf den Text richten. Durch das Vorlesen verinnerlichen Sie Ihren Text nämlich gleichsam, und Sie brauchen ihn nicht auswendig zu lernen.

> **Verinnerlichen bedeutet nichts anderes, als dass Sie genau wissen, was Sie sagen wollen, ohne dabei an einzelnen Sätzen oder Wörtern festzuhalten. Sie werden überrascht sein, wie schnell Sie Ihren Text frei beherrschen.**

Nicht auswendig lernen

Vom Auswendiglernen rate ich ab: Wer einen Text auswendig lernt, spricht ihn nicht nach aussen, also zum Publikum gerichtet, sondern nach innen. Wenn Sie also eine auswendig gelernte Rede aufsagen, beschäftigen Sie sich während des Auftritts nur damit, den Text vor dem inneren, dem geistigen Auge abzulesen. Das verhindert, dass Sie voll und ganz bei Ihrem Publikum sind.

> **Achten Sie einmal darauf: Sie sehen einem Menschen an, ob er einen auswendig gelernten Text vor seinem inneren Auge abruft oder ob er frei spricht.**

Black-outs verhindern

Wenn Sie aufs Auswendiglernen verzichten, verringern Sie zudem die Gefahr eines Black-outs, also eines Totalausfalls. Black-outs geschehen vor allem, wenn man sich stark auf etwas im Gehirn Gespeichertes konzentrieren möchte. Schaffen Sie es, aus was für Gründen auch immer, nicht, sich zu erinnern, kann es zu einem solchen Totalausfall kommen: Denn während Sie Ihre ganze Konzentration auf diesen einen (Anschluss-)Punkt richten, sind Sie nicht mehr imstande, den Rest abzurufen, der auch noch irgendwo gespeichert ist. In einer solchen Situation wieder an die richtige Stelle anzuknüpfen ist sehr anspruchsvoll.

Spontane Formulierungen zulassen

Wenn Sie beim Üben vor dem Spiegel einen Versprecher machen oder Ihnen spontan ei-

4. Die Rede nimmt Form an

ne Formulierung einfällt, die nicht mit jener im Manuskript übereinstimmt – macht nichts! Fangen Sie nicht noch einmal von vorne an, reden Sie einfach weiter. Versuchen Sie nach einer spontanen Formulierung nicht, auch noch den ursprünglichen Wortlaut hinzuzufügen: Die spontane Wendung war vielleicht sogar besser oder auf jeden Fall nicht falsch.

Wenn Sie bereits beim Üben in solchen Situationen einfach weitermachen, wie wenn nichts geschehen wäre, gewinnen Sie die Sicherheit, auch beim Auftritt frei zu formulieren. Das Publikum merkt nichts, es kennt Ihr Manuskript nicht und geht davon aus, dass Sie das, was Sie sagen, auch sagen wollen.

Eine Stichwortkarte verfassen

Die Stichwortkarte ist meiner Meinung nach das beste Hilfsmittel, um eine Rede oder Ansprache zu halten. Sie zeigt Ihnen auf einen Blick die Struktur der Rede auf und ist damit eine gute Gedankenstütze während des Auftritts. Ausserdem lässt sie Sie frei formulieren, was die Rede authentischer und damit glaubwürdiger macht.

Eine Stichwortkarte erstellen

Die Stichwortkarte – oder der Stichwortzettel – braucht nicht gross zu sein: Am besten nehmen Sie Kärtchen im Format A6 oder ein Blatt in der Grösse A5. Auf Ihre Stichwortkarte übertragen Sie idealerweise die Inhaltsstruktur Ihrer Rede, also Ihr Grob- oder Feinkonzept, so, wie es ab Seite 104 beschrieben ist. Es reicht, wenn Sie sich zu jedem Punkt die wichtigsten Aussagen und Stichwörter und allenfalls Zitate wörtlich notieren. So haben Sie einen schnellen Überblick über Ihre Inhaltsstruktur und können sich bestens in Ihrer Rede orientieren (siehe Beispiel im Kasten nebenan).

Powerpoint-Präsentation statt Stichwortkarte

Statt einer Stichwortkarte können Sie natürlich auch eine Powerpoint-Präsentation verwenden. Gehen Sie beim Erstellen Ihrer Präsentation gleich vor wie beim Erstellen der Stichwortkarte. Machen Sie zuerst ein Grob- und dann ein Feinkonzept Ihrer Rede, und schreiben Sie anschliessend ein Manuskript. In die Powerpoint-Präsentation übertragen Sie schliesslich das Feinkonzept, das Ihnen als Übersicht über Ihre Inhaltsstruktur und dem Publikum als Orientierungshilfe dient.

Mit Hilfe der Stichwortkarte reden

Wenn Sie eine Stichwortkarte verwenden, haben Sie optimale Freiheit: Im Format A6

BEISPIEL: DIE STICHWORTKARTE

Die Stichwortkarte zur 1.-August-Rede von Seite 108 könnte folgendermassen aussehen:

Einleitung:
> Jungen Mann getroffen, der sagte: «Ich bin stolz, Schweizer zu sein.»
> Begrüssung. Grosse Ehre für mich, vor Ihnen zu reden und über Verhältnis zu unserem Land nachzudenken.
> Nachdenken über Satz: «Ich bin stolz, Schweizer zu sein.» Darf man das: stolz sein auf etwas, was einem geschenkt wurde?

Hauptteil:
> Als Kind von Eltern Velo bekommen. Mitbestimmen, welches Modell. Eigenen Beitrag bezahlt. Schönes, sicheres Velo, ich war stolz.
> Vergleich Schweiz: Auch von Eltern/Vorfahren bekommen. Direkte Demokratie: Mitbestimmung. Arbeit: eigener Beitrag zu Wirtschaft. Es geht allen gut, sicheres Land, ich bin stolz.
> Auf etwas stolz zu sein, macht glücklich.

Schluss:
> Wer glücklich ist, ist bereit zu teilen. Nachbarskinder durften mit Velo fahren.
> Velo nicht kaputtmachen, niemand durfte es wegnehmen. Aber offen für Neues: Vorschlag Andy Farbe, Geschenk Denise Glocke. Noch stolzer auf Velo, farbig, besonders.
> Schweiz: auch Ideen von aussen, Veränderungen. Offenes und deshalb farbiges Land. Auf dieses Land bin ich auch stolz.

passt sie bestens in eine Hand. Sie brauchen nicht umzublättern wie bei einem mehrseitigen Manuskript, und Sie können gut in der anderen Hand ein Mikrofon oder die Fernbedienung für Ihre Powerpoint-Präsentation halten. Ausserdem lässt sich die Stichwortkarte jederzeit, wenn Sie sie nicht benötigen, in die Jackentasche stecken.

Sich auf der Stichwortkarte zu orientieren, ist einfach: Meist genügt ein Blick und Sie sehen, wo in Ihrer Inhaltstruktur Sie sich gerade befinden. Um noch einmal das Bei-

4. Die Rede nimmt Form an

spiel von Seite 104, die Zugreise von Basel nach Interlaken Ost, aufzunehmen: Orientieren Sie sich nach dem Verlassen einer «Station», also eines Punktes Ihres Feinkonzepts, nur kurz, wie die nächste «Station» heisst – und Sie haben bereits das folgende Etappenziel vor Augen, was für einen guten Redefluss sorgt.

Wenn Sie anstelle einer Stichwortkarte eine Powerpoint-Präsentation verwenden, dürfen Sie sich nicht zur Leinwand wenden, sonst kehren Sie dem Publikum den Rücken zu. Lesen Sie stattdessen die Struktur Ihrer Rede vom Bildschirm Ihres Computers ab. Da eine Powerpoint-Folie ausserdem weniger Text fasst als eine Stichwortkarte, sollten Sie Ihr Referat so gut beherrschen, dass Sie sich beim Weiterblättern der Präsentation nicht jedesmal zuerst orientieren müssen, bevor Sie weiterreden können.

Frei reden

Die freie Rede ist die hohe Schule des Auftretens und Redens vor Leuten. Trotzdem unterscheidet sie sich, bei guter Vorbereitung, kaum von der Rede mit Hilfe einer Stichwortkarte.

Vorbereitung

Gehen Sie zur Vorbereitung für die freie Rede genau gleich ans Werk wie für eine Rede mit Manuskript oder Stichwortkarte: Erstellen Sie erst ein Grob- und dann ein Feinkonzept, und schreiben Sie anschliessend vielleicht sogar ein Manuskript. Das hilft, Inhalt, Struktur und Länge der Rede zu überprüfen.

Der wichtigste Vorbereitungsschritt für eine freie Rede ist das Erstellen eines Feinkonzepts. Ist dieses einmal geschrieben und entsprechend der Drei-Schritte-Regel dargestellt, lässt es sich – fast wie ein Bild – im Gedächtnis optimal speichern.

Bei der freien Rede brauchen Sie lediglich Ihre Drei-Schritte-Struktur abzurufen: Sie werden überrascht sein, wie gut Sie sich diese merken können.

Selbstverständlich können Sie, sozusagen als Rettungsanker, auch ein Kärtchen mit der Drei-Schritte-Struktur in Ihre Jackentasche stecken. Sollten Sie einmal den Faden verlieren, ist es blitzschnell gezückt, und Sie haben in Sekundenschnelle wieder die Orientierung.

> **Denken Sie auch beim freien Reden daran, die gesprochene und nicht eine geschriebene Sprache zu verwenden. Vor allem bei Dialektreden sind Sätze wie dieser völlig unverständlich: «Die Einführung der neuen Regelung führt möglicherweise zu einer Verzögerung.» Korrekt würden wir im Dialekt sagen: «Es chönnti alles echli später wärde, will mir di nöii Regelig müend iifüere.»**

4. Die Rede nimmt Form an

4.4 Im Anschluss: Frage- und Diskussionsrunde

Oft bieten Redner nach ihrem Vortrag dem Publikum an, Fragen zu stellen. Mit einer Fragerunde können Unklarheiten beseitigt oder weiterführende Überlegungen diskutiert werden.

Überlegen Sie sich, ob Sie dem Publikum die Möglichkeit einer Fragerunde nicht ebenfalls bieten wollen: Das kann spannend und auch für Sie als Referent interessant sein. Sie können sich allerdings inhaltlich kaum vorbereiten, weil Sie nicht wissen, welche Fragen Ihnen gestellt werden.

> **Im Anhang finden Sie eine Checkliste zum Thema Fragerunde nach einem Referat. Sie beinhaltet alle wichtigen Tipps.**

Es ist wichtig, dass Sie die Runde gut führen und für die Fragen, die aus dem Publikum kommen, auch wirklich offen sind. Wenn Sie sich inhaltlich sorgfältig auf Ihre Rede vorbereitet haben und im Thema sattelfest sind, wird Ihnen die Fragerunde keine Mühe bereiten.

Die Runde in Gang bringen

Eine Frage- oder Diskussionsrunde läuft oft nur mühsam an. Meist fürchten sich die Zuhörerinnen und Zuhörer, sich mit ihrer Frage oder Bemerkung vor Ihnen als Redner oder vor den anderen Anwesenden zu blamieren. Ist die erste Frage gestellt, ist das Eis meist gebrochen und die Diskussion kommt in Gang.

Wenn nicht ein Moderator die Frage- und Diskussionsrunde leitet, sondern Sie diese Aufgabe selber übernehmen (müssen), beachten Sie folgende Punkte:

> Fordern Sie die Zuhörerinnen und Zuhörer aktiv auf, Ihnen Fragen zu stellen; zeigen Sie dem Publikum,

dass Sie sich auf eine angeregte Diskussion freuen.
> Signalisieren Sie, dass es durchaus offene Fragen oder diskussionswürdige Punkte gibt.
> Geben Sie dem Publikum zu verstehen, dass es jede Frage stellen darf; sagen Sie, dass es keine dummen Fragen gibt.
> Weisen Sie einen Fragesteller, der eine in Ihrer Rede bereits beantwortete Frage stellt, nicht zurecht. Es kann gut sein, dass einem als Zuhörer während einer Rede etwas durch die Lappen geht.
> Nehmen Sie die Fragen ernst. Hören Sie aktiv zu, fragen Sie nach, wenn Ihnen etwas nicht klar ist («Das heisst also …?»; «Sie meinen, ob ich …?»).
> Fassen Sie die Frage in Ihren Worten für das ganze Publikum noch einmal zusammen. Das ist vor allem dann wichtig, wenn im Publikum keine Mikrofone vorhanden sind oder wenn die Akustik im Saal schlecht ist. Dann verstehen die hinter dem Fragesteller sitzenden Zuhörer die Frage nämlich häufig nicht.
> Fragen Sie nach der Beantwortung beim Fragesteller nach, ob er mit Ihrer Antwort zufrieden ist oder ob es noch Unklarheiten gibt.
> Seien Sie ehrlich, wenn Sie auf eine Frage keine Antwort wissen. Das ist besser, als etwas Inhaltloses zu erzählen, was Sie in Ihrer Glaubwürdigkeit schwächen könnte.
> Lassen Sie die Diskussion nicht unendlich lang laufen, geben Sie Zeitvorgaben, signalisieren Sie, wenn Sie zum Schluss kommen möchten («Noch zwei Fragen, dann machen wir einen Punkt.»).
> Setzen Sie einen klaren Schlusspunkt, bedanken Sie sich für die Beiträge und bieten Sie gegebenenfalls an, für einzelne Fragen auch nach dem offiziellen Teil der Veranstaltung noch zur Verfügung zu stehen.

Um eine Fragerunde schneller in Gang zu bringen, können Sie dem Publikum auch die Möglichkeit geben, Fragen während Ihrer Rede oder Ihres Referats schriftlich zu formulieren. Verteilen Sie dazu am besten vor Ihrem Auftritt Kärtchen auf die Publikumsplätze, die dann unmittelbar nach Ihrer Rede von einer Hilfsperson eingesammelt und zu Ihnen auf die Bühne gebracht werden.

Die Stegreifrede

Schauen Sie manchmal neidvoll auf jene Menschen, die an einer Versammlung oder an einem Fest spontan aufstehen und eine witzige Rede halten? «Eine Stegreifrede zu halten, kann man üben», sagt Thomas Skipwith, Trainer für Rhetorik und Präsentationstechnik in Zürich. Er muss es wissen: Skipwith ist Gründungspräsident des Rhetorik Clubs Zürich. In der Schweiz gibt es, verteilt auf die grösseren Städte, insgesamt 14 Rhetorik Clubs. Sie sind in der Vereinigung «Toastmasters in der Schweiz» zusammengefasst (www.toastmasters.ch). An den Treffen des Rhetorik Clubs werden auch Stegreifreden geübt. Der Vorsitzende des Abends gibt einem Mitglied ein Stichwort, dieses hält darauf eine rund zweiminütige Rede. Bei der anschliessenden Bewertung schauen die anderen Mitglieder des Clubs vor allem auf Inhalt, Körpersprache, Humor und Stimmvariation. Sobald alle Stegreifreden gehalten wurden, gibt es eine Abstimmung. So wird der beste Redner erkoren.

Patrick Rohr: Fragen wir den Stegreif-Profi: Worauf kommt es an, wenn jemand eine Stegreifrede halten will?
Thomas Skipwith: Egal, ob eine Rede vorbereitet ist oder spontan gehalten wird: Das Wichtigste ist die Begeisterung, das innere Feuer. Wenn ich die Energie des Sprechenden nicht spüre, schlafe ich ein.

Viele Leserinnen und Leser dieses Buches werden sich sagen: Man kann sich doch nicht für jedes Thema begeistern!
Doch, das ist eine Frage der mentalen Einstellung. Man muss gleichsam einen Schalter kippen, dann geht es.

Aber doch nicht bei einem langweiligen Thema.
Es gibt keine langweiligen Themen. Das ist wie früher in der Schule: Ein Fach fanden wir doch immer dann spannend, wenn der Lehrer es richtig

rüberbrachte. Ich erinnere mich an das Fach Mathematik. Während zwei Jahren hatte ich einen tollen Mathe-Lehrer – und schon waren 18 von 20 Schülern von dem Fach begeistert. Themen sind nur dann langweilig, wenn sie langweilig erzählt werden.

Aus dem Stegreif reden heisst, spontan und ohne Vorbereitung zu reden. Wie kann man gleichzeitig inhaltlich und rhetorisch stark sein?
Das Geheimnis liegt in der Struktur. Ideal ist, wenn ich eine Rede in eine Dreierstruktur einteile. Zum Beispiel in: Vergangenheit, Gegenwart und Zukunft. Probieren wir es aus! Nennen Sie mir ein Stichwort.

Okay. Wahlen.
Gut: «Als ich klein war, diskutierten wir bei uns zuhause oft über Politik. Mein Vater fand zwar, dass man darüber nicht am Esstisch diskutieren sollte, Politik und Religion seien schwierige Themen, da müsse jeder seine eigene Meinung finden. Meine Mutter hingegen war der Meinung, dass man gerade über Politik diskutieren sollte, schliesslich gehe es da um die Gestaltung des eigenen Lebensraumes, der eigenen Zukunft. Das hat sich bei mir eingeprägt. Wenn heute Wahlen anstehen, gehe ich wählen, schliesslich stellen wir da die Weichen für die Zukunft. Ich möchte auch einmal mitreden können, wenn es darum geht, ob die Schweiz der EU beitreten soll oder nicht.» Zufrieden?

Kompliment. Aber vielleicht war das Thema etwas gar einfach.
Das funktioniert bei jedem Thema. Wenn ich zuerst über die Vergangenheit rede, kann ich mir Zeit verschaffen, um über die weiteren Schritte nachzudenken. Ganz nach dem Motto: «Wie soll ich wissen, was ich denke, bevor ich höre, was ich sage?»

Gibt es noch andere ideale Strukturen für Stegreifreden?
Ja, zum Beispiel diese: Vorteile, Nachteile, Schlussfolgerung. Und nicht vergessen: Auch in einer Stegreifrede gehört Humor dazu.

5 Rhetorische Kniffe

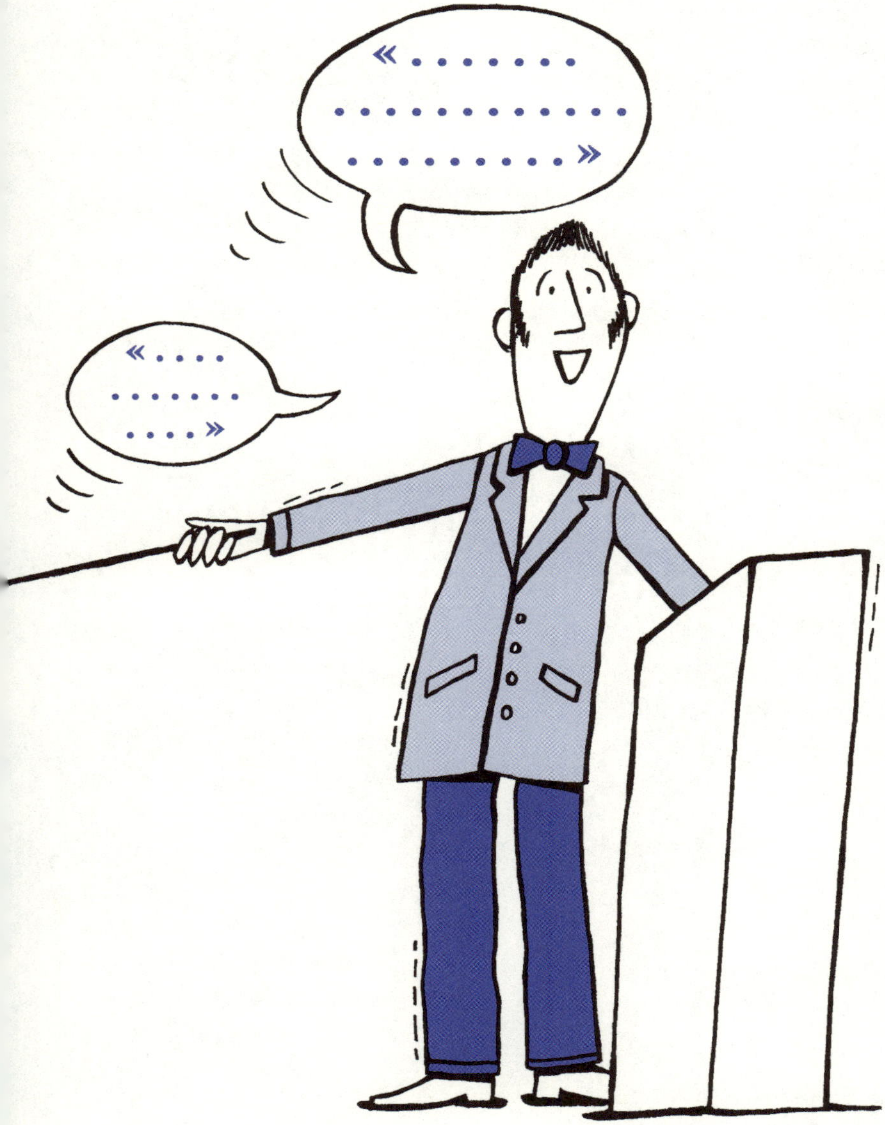

In der frühen Rhetorik, zur Zeit der alten Griechen und Römer, war fast alles erlaubt: übertreiben, dramatisieren, die Argumente des Gegners verdrehen. In diesem Kapitel finden Sie eine Auswahl an weniger hinterhältigen, aber nicht minder effektvollen rhetorischen Kniffen.

5.1 Kleines Brevier der Stilmittel	**126**
Originelle Anrede	126
Ein Zitat als Einstieg	127
Die rhetorische Frage	128
Eine Frage stellen	129
Witz und Ironie	130
Die abgesetzte Pointe	131
Vom Speziellen zum Allgemeinen	131
Die Klammer	131
Die Wiederholung	132
Die Kunstpause	132
Märchen und Fabeln: die andere Form	133
Das Ceterum censeo	135
Humor wirkungsvoll eingesetzt	**136**

5. Rhetorische Kniffe

5.1 Kleines Brevier der Stilmittel

Ein raffinierter Umgang mit der Sprache hilft, das Publikum bei der Stange zu halten. Wählen Sie jene Stilmittel aus, die am besten zu Ihnen und Ihrer Rede passen.

Der Begriff der Rhetorik wurde zur Zeit der alten Griechen und Römer geprägt. Genauso wichtig wie ein Sieg auf dem Schlachtfeld war es für die Feldherren jener Zeit, die Gegner im eigenen Lager mit Worten zu schlagen. Legendär sind beispielsweise die Auftritte des römischen Feldherrn Cato (234 bis 149 v. Chr.), dessen grosser Traum es war, das feindliche Karthago zu zerstören. Er schloss jede seiner Reden im Senat – egal zu welchem Thema – mit dem Satz: *Ceterum censeo Carthaginem esse delendam* («Und im Übrigen denke ich, dass Karthago zerstört werden sollte.»). Das Ceterum censeo ist heute noch eine beliebte – allerdings meist ironisch angewendete – Form, um Reden abzuschliessen.

Die folgenden Kapitel geben Ihnen einen Überblick über verschiedene rhetorische Mittel.

Originelle Anrede

Die alten rhetorischen Stilmittel – übertreiben, dramatisieren, die Argumente des Gegners verdrehen – werden heute vor allem in der Politik noch eingesetzt. Dass es auch anders geht, beweist Bundesrat Moritz Leuenberger, einer der begnadetsten Redner der Schweiz und ein Meister der Rhetorik. Sein Mittel ist die Ironie. Mit feinem Witz, selbstironischen Bemerkungen, humoristischen Anspielungen und geschickten Wortspielen schafft er es, sein Publikum in den Bann zu ziehen. Er versteht es, seine Zuhörerinnen und Zuhörer oft schon mit dem Beginn seiner Reden, der Begrüssung, für sich zu gewinnen.

Brechen mit einer vertrauten Formel

Am Christopher Street Day 2001, einem Anlass für schwule Männer und lesbische Frauen in Zürich, begrüsste Leuenberger das Publikum zum Beispiel mit den Worten:

«Meine Damen und Damen, meine Herren und Herren». Der Überraschungseffekt dieser Anrede lag im Bruch mit der standardisierten Begrüssungsformel «Meine Damen und Herren». Leuenberger überhöhte sie gewissermassen, er ironisierte sie. Allerdings nicht auf Kosten seines Publikums, den Schwulen und Lesben, sondern eher auf Kosten derjenigen, für die eine gleichgeschlechtliche Lebensform nicht selbstverständlich ist. Für ihn, signalisierte Leuenberger mit dieser Anrede, sind Männer, die Männer lieben, und Frauen, die Frauen lieben, etwas Selbstverständliches.

ES GIBT KEINE MITGLIEDERINNEN!

Das Bestreben, Frauen und Männer in der Sprache gleichberechtigt zu behandeln, ist löblich, führt aber manchmal zu eigenartigen Wortbildungen. Die Begrüssungsformel «Liebe Mitgliederinnen, liebe Mitglieder» zum Beispiel, die man immer wieder hört, ist zwar gut gemeint, aber falsch.
Das Wort «Mitglied» ist sächlich («das Mitglied») und kann deshalb in der Mehrzahl nicht plötzlich weiblich sein. Eine Vereinsversammlung mit der Anrede «Liebe Mitglieder» zu eröffnen, ist also absolut korrekt.

Ironisieren, aber nicht verletzen

Eine Überhöhung, eine Ironisierung vertrauter Begrüssungsformeln ist auch die Anrede, die der Zürcher Psychoanalytiker und Satiriker Peter Schneider in seiner regelmässigen Radio-Rubrik «Der Brief» verwendet. Er begrüsst sein Publikum mitunter mit den Worten: «Liebe Radiohörerinnen und -aussen». Schneider mokiert sich mit dieser unerwarteten Formulierung über das Bestreben unserer Gesellschaft, Frauen und Männer in der Sprache immer gleichberechtigt zu behandeln. Mit diesem feinen Bruch mit der politischen Korrektheit schafft Schneider sich breite Sympathien, ohne dabei jemanden zu verletzen.

Wenn Sie eine originelle Anrede und das Stilmittel der Ironie wählen, achten Sie unbedingt darauf, dass Sie niemanden verletzen.

Ein Zitat als Einstieg

Einen guten Einstieg in eine Rede bieten Zitate von bekannten Persönlichkeiten. Ein Zitat sollte einfach zu verstehen und gut nachzuvollziehen sein. Es kann auch zum Thema oder zum roten Faden Ihrer Rede

5. Rhetorische Kniffe

werden, zum Beispiel, indem Sie immer wieder darauf zurückkommen. Hier ein paar Beispiele:

> «‹Die Zukunft gehört denen, die an die Schönheit ihrer Träume glauben.› Meine Damen und Herren, dieser Satz von Eleanor Roosevelt, Menschenrechtsaktivistin und Frau des amerikanischen Präsidenten Franklin D. Roosevelt, hat mich nicht mehr losgelassen, seit ich ihn vor ein paar Wochen zum ersten Mal gelesen habe: ‹Die Zukunft gehört denen, die an die Schönheit ihrer Träume glauben.› Was heisst das auf unsere Zusammenkunft heute Abend übertragen? Usw.»
> «‹Freude herrscht!› sagte einst Bundesrat Adolf Ogi, als er mit Claude Nicollier, dem ersten Schweizer im All, Funkkontakt hatte. ‹Freude herrscht!› sage auch ich heute, denn es erfüllt mich mit Stolz, Ihnen ... usw.»
> «‹Die Kunst des Ausruhens ist ein Teil der Kunst des Arbeitens›, sagte einst John Steinbeck, einer der erfolgreichsten amerikanischen Schriftsteller des letzten Jahrhunderts. Sagen Sie diesen Satz einmal Ihrem Chef, meine Damen und Herren: ‹Die Kunst des Ausruhens ist ein Teil der Kunst des Arbeitens.› Ich bin gespannt, wie er darauf reagieren wird. Denn genau darum geht es ... usw.»
> «‹Es gibt nichts Gutes, ausser man tut es›, sagt ein altes Sprichwort. Also reden wir heute nicht darüber, was wir alles noch tun könnten, sondern beschliessen wir, was wir wirklich tun wollen. Ich begrüsse Sie, liebe Kolleginnen und Kollegen, zu diesem Vereinsabend ... usw.»

Die rhetorische Frage

Eine rhetorische Frage ist eine Frage, auf die keine Antwort erwartet wird, weil diese bereits in der Fragestellung enthalten ist. Man kann diesen Kunstgriff zu verschiedenen Zwecken einsetzen.

Beliebter Einstieg

Die rhetorische Frage ist ein verbreitetes Stilmittel, um eine Rede zu beginnen. Der Einstieg kann zum Beispiel lauten: «Sehr

> **Rhetorische Fragen haben das Ziel, die Zuhörenden auf das Folgende vorzubereiten oder sie zum Nachdenken anzuregen.**

verehrte Damen und Herren, wollen wir weiterhin solche verregneten und kalten Sommer, wie der vergangene einer war?» Es ist klar, dass die Antwort auf diese Frage «Nein!» lauten würde.

Eine rhetorische Frage als Provokation

Rhetorische Fragen können auch im Verlauf einer Rede eingesetzt werden, zum Beispiel als Provokation oder um einen Inhalt besonders zu betonen. Hier ein paar Beispiele:

> «Wollen wir immer mehr Steuern bezahlen?»
> «Wollen wir wieder in die Zeit vor der Erfindung des Autos zurückversetzt werden?»
> «Macht es Sinn, mit einer Partei zu diskutieren, deren Antwort auf unser Anliegen schon von vornherein klar ist?»
> «Wollen wir am nächsten Sonntag wieder ohne Punkte vom Turnier heimkehren?»

Wiederholung

Ebenfalls ein beliebtes Stilmittel: eine rhetorische Frage im Verlauf der Rede mehrmals wiederholen, beispielsweise jeweils am Schluss eines Abschnitts. Fragen Sie nach Ihren detaillierten Ausführungen über die möglichen Folgen eines Entscheides zum Beispiel jedes Mal: «Finden Sie das richtig?»

Eine Frage stellen

Sie können auch mit einer ganz normalen, also nicht mit einer rhetorischen Frage in Ihr Referat, Ihre Ansprache oder Ihre Rede einsteigen. Damit schaffen Sie es, Ihr Publikum von Anfang an für das, was folgt, zu interessieren. Durch eine Frage fühlt das Publikum sich angesprochen: Es muss aktiv überlegen und ist gespannt, welche Antwort Sie ihm geben werden. Hier einige Beispiele für Reden, die mit einer Frage beginnen:

> «Was denken Sie, liebe Mitarbeiterinnen und Mitarbeiter, wie viele Frauen und Männer haben in den 100 Jahren des Bestehens unserer Firma hier gearbeitet? 100, 150, 300, viel mehr? Sie werden überrascht sein, wenn ich es Ihnen gleich sage. Doch lassen Sie mich zuerst … usw.»
> «Haben Sie, geschätzte Damen und Herren, sich schon einmal überlegt, wie viel Zeit Sie im Büro Woche für Woche damit verbringen, sich Informationen zu beschaffen? Ich werde es Ihnen gleich verraten. Doch zuerst möchte ich Ihnen sagen, wie sehr ich mich freue, heute zu Ihnen zum Thema Arbeitsorganisation sprechen zu dürfen.»

5. Rhetorische Kniffe

> «Meine Damen und Herren, worauf, denken Sie, müssten wir in Zukunft alles verzichten, wenn wir eine sogenannte 2000-Watt-Gesellschaft sein wollen? Auf den Fernseher? Das Auto? Das Fliegen? Auf alles zusammen? Sie werden erschrecken, wenn Sie das Rezept für die 2000-Watt-Gesellschaft jetzt dann gleich hören, doch zuerst möchte ich Sie ganz herzlich zu meinem Referat zum Thema: ‹Energie – gestern, heute, morgen› begrüssen.»

> «Wissen Sie, wann in der Schweiz zum letzten Mal eine Volksinitiative angenommen wurde? So viel schon mal vorweg: Es ist sehr lange her. Sehr verehrte Damen und Herren, ich möchte Sie herzlich willkommen heissen zu meinem Referat mit dem Titel: ‹Die Volksrechte in der Schweiz›.»

Fragen als Strukturierungshilfe

Mit einer Frage können Sie Ihr Referat auch hervorragend strukturieren. Leiten Sie zum Beispiel vom Hauptteil Ihrer Rede mit einer Frage zum Schlussteil über, etwa indem Sie sagen: «Was bedeuten diese Erkenntnisse nun für unser Land?»

Witz und Ironie

Witz und Ironie sind ausgezeichnete Möglichkeiten, um Ihr Publikum schon in den ersten Sekunden Ihres Referats zu gewinnen. Ironische und witzige Anspielungen und Bemerkungen sollten allerdings nie – weder für Einzelne noch für Gruppen von Menschen – verletzend oder herabwürdigend sein, sonst verfehlen sie ihr Ziel.

Die Heimwehwalliser

Ich zitiere in diesem Zusammenhang noch einmal Moritz Leuenberger, der viele seiner Reden selber schreibt und dabei häufig Witz und Ironie anwendet, wie zum Beispiel bei der Eröffnung des Lötschberg-Basistunnels im Juni 2007. Bei der Feier in Frutigen begrüsste er die anwesenden Berner und Walliser mit den Worten: «Die Berner sind künftig schon in 55 Minuten im Land ihrer Träume. Und die Walliser, die sich nach Bern wagen, sind nach 55 Minuten zurück im Land ihrer Träume.»

Mit dieser Bemerkung verletzte er weder die Berner, die gerne im Wallis ihre Ferien verbringen, noch die Walliser, die immer wieder stolz betonen, dass es in ihrer Heimat am schönsten ist.

Die abgesetzte Pointe

Besonders geeignet, um das Publikum zum Schmunzeln zu bringen, sind abgesetzte Pointen. Das sind Pointen, die – nach einer kleinen Pause – auf eine bereits witzige oder ironische Anspielung folgen.
Als Beispiel hier eine Bemerkung, die eine Wirtschaftsfrau zu einem rein männlichen Publikum machen könnte: «Männer lassen sich von Frauen nicht gerne dreinreden. Darum, meine geschätzten Männer im Saal, rede ich Ihnen heute auch nicht drein, sondern nur ins Gewissen. (Pause) Im Wissen, dass das noch viel weniger nützt.»

Vom Speziellen zum Allgemeinen

Um das Publikum vom ersten Moment an abzuholen, können Sie Ihre Rede auch mit der Schilderung eines speziellen Falles oder mit einem konkreten Beispiel beginnen. Erzählen Sie eine Geschichte, die Sie erlebt, gehört oder erfunden haben, und gehen Sie dann von der Schilderung dieses anschaulichen Beispiels zum Allgemeinen über. Konkrete Beispiele können sein: eine Begegnung, die Sie kürzlich hatten; die Situation einer Familie, die Sie kennen; die Schilderung einer Arbeitsplatzsituation usw.
Ein Beispiel: Der folgende Redner möchte in seinem Referat auf die Auswüchse in der Wirtschaft eingehen. Er beginnt mit der Schilderung eines realen Falles:

«Kürzlich schilderte mir ein Freund, was er vor ein paar Wochen an seinem Arbeitsplatz erlebt hat: Einem seiner Kollegen, so erzählte er, sei gekündigt worden. Ohne Vorwarnung, ohne Anzeichen für eine bevorstehende Kündigung. Als Begründung habe der Arbeitgeber angegeben, die Firma habe wirtschaftliche Schwierigkeiten. Der Kollege meines Freundes wurde per sofort freigestellt. Er durfte gerade noch seinen Arbeitsplatz räumen, dann musste er den Firmenbadge abgeben und gehen. Die Firmenleitung fürchtete nämlich, dass er aus Rache gegen sein Unternehmen Informationen und Kundendaten mitnehmen könnte. Meine Damen und Herren, das ist kein Einzelfall. Immer wieder kommt es in jüngster Zeit zu solchen Kündigungen.»

Nach dieser Einleitung führt der Redner nun seine allgemeinen Überlegungen zu den Zuständen in der Arbeitswelt aus.

Die Klammer

Die Klammer ist ein beliebtes Stilmittel, um das Publikum von Anfang bis Schluss aufmerksam zuhören zu lassen. Eine Klammer zu machen bedeutet, dass Anfang und Schluss einer Rede eng miteinander verbunden sind.

5. Rhetorische Kniffe

Klammern lassen sich gut mit Fragen und Geschichten gestalten. Stellen Sie zu Beginn Ihrer Rede zum Beispiel eine Frage, die Sie erst am Schluss, nach Ihren Ausführungen, beantworten. Oder erzählen Sie eine Geschichte, die Sie nicht gleich, sondern erst am Schluss Ihrer Rede auflösen. Damit erhalten Sie die Spannung, denn das Publikum möchte wissen, wie die Antwort auf die Frage lautet bzw. wie die Geschichte ausgegangen ist.

Die Klammer ist auch ein beliebtes Mittel, um Romane, Fernsehreportagen, Zeitungsartikel und Filme dramaturgisch spannend aufzubauen.

Die Wiederholung

Die Wiederholung ist ein beliebter rhetorischer Kniff, um dem Publikum eine Kernbotschaft – möglicherweise versteckt in einer rhetorischen Frage – deutlich zu machen. Stellen Sie sich zum Beispiel vor, ein Umweltpolitiker spricht über die Folgen des Klimawandels. Er schildert die Folgen in verschiedenen Beispielen, unterteilt in einzelne Abschnitte seiner Rede. Am Schluss jedes Abschnittes könnte er die rhetorische Frage stellen: «Wollen wir unseren Kindern wirklich eine solche Welt hinterlassen?»

Ebenfalls geeignet für Wiederholungen sind Zitate, Schlüsselsätze, ironische Bemerkungen – rhetorische Figuren also, die darauf ausgerichtet sind, mit ihrer Prägnanz und Bildhaftigkeit dem Publikum in Erinnerung zu bleiben.

Die Kunstpause

Auch in einer Rede kann Schweigen Gold sein. Machen Sie von Zeit zu Zeit eine kleine Kunstpause, eine bewusst gesetzte Pause also, um einen besonders prägnanten Satz, einen überraschenden Gedanken oder eine raffinierte Pointe wirken zu lassen. Beginnt das Publikum nach ein paar Sekunden zu lachen oder zu raunen, war die Kunstpause richtig gesetzt.

Aufmerksamkeit gewinnen

Kunstpausen helfen auch, die Aufmerksamkeit eines unruhigen oder unaufmerksamen Publikums (wieder) zu erlangen. Dass ein Redner für einen Moment schweigt, ist ungewöhnlich, weshalb ein Publikum auf einen Moment der Stille überrascht oder verblüfft reagiert.

Märchen und Fabeln: die andere Form

Um die Aufmerksamkeit und das Interesse des Publikums zu gewinnen, können Sie Ihre Rede auch in eine dem Publikum vertraute Form packen.

Märchen

Erzählen Sie das, was Sie zu erzählen haben, wie ein klassisches Märchen der Gebrüder Grimm, sind Ihnen Aufmerksamkeit und Lacher garantiert. Und Sie können, so ganz nebenbei, auch ernsthafte Anliegen und Botschaften vordergründig leichtfüssig an Ihr Publikum bringen, ohne dabei moralisierend zu wirken. Versuchen Sie doch einmal, Ihre politische Ansprache mit «Es war einmal» zu beginnen und dann – wie die Aargauer Ständerätin Christine Egerszegi es gelegentlich tut – von den sieben Geissli, die in Bern in einem grossen Stall wohnen, zu erzählen ...

Fabel

Eine Fabel – ein Gleichnis mit Tieren – ist ebenfalls eine gute Form, um ernsthafte Inhalte augenzwinkernd zu vermitteln. Drei Gründe sprechen dafür: Die Struktur ist klar und einfach, die «Hauptpersonen» sind immer Tiere, und es hat immer eine «Moral von der Geschicht'».
Wenn Sie die Form des Märchens oder der Fabel für eine Rede oder Ansprache verwenden wollen, ist es wichtig, dass Sie sich durchgehend an die gewählte Form halten. Ziehen Sie es durch, vom Anfang («Es war einmal ...») bis zum Schluss («Und wenn sie nicht gestorben sind ...»), sonst verpufft die Wirkung.

Tiere als Stellvertreter für Menschen einzusetzen ist auch in der afrikanischen Rhetorik ein beliebtes Mittel, wie die frühere holländische Parlamentarierin und gebürtige Somalierin Ayaan Hirsi Ali erzählt: «In Afrika gibt es einen rhetorischen Kniff, um über heikle Themen zu sprechen: Man spricht nicht die Sache selbst aus, sondern benutzt ein Tier als Stellvertreter.»

Gleichnis

Vor allem aus der Bibel kennen wir das Stilmittel des Gleichnisses oder der Metapher. Dieses kann auch bestens in Reden und Ansprachen angewendet werden. Oft sagt ein Gleichnis viel mehr als eine komplizierte Erklärung.
Überlegen Sie sich zum Beispiel eine einfache Geschichte mit wenigen, idealtypi-

5. Rhetorische Kniffe

DIE GESCHICHTE DES FISCHERS

Ein gutes Beispiel für die Wirkung eines Gleichnisses ist die Geschichte des Fischers, die ich hier sinngemäss zusammenfasse. Sie kann für eine Kritik am Bestreben vieler Wirtschaftsbetriebe stehen, immer weiter zu wachsen. Oder für den Ehrgeiz eines jeden Einzelnen, immer mehr zu wollen. Überlegen Sie sich für Ihre Rede selber ein Gleichnis.

Ein Fischer fuhr jeden Morgen aufs Meer, um für sich und seine Frau Fisch zu fangen. Was vom Fang übrig blieb, verkaufte er. Eines Tages, der Fischer lag zufrieden am Meer, kam ein Mann auf ihn zu und fragte, ob er glücklich sei. «Ja», sagte der Fischer, «ich habe alles, was ich zum Leben brauche. Ich habe eine liebe Frau, genug zu essen und kann hier gemütlich an der Sonne liegen.» «Aber du könntest doch viel mehr aus deinem Leben machen», sagte der Mann. «Wenn du mehr Fische fangen würdest, könntest du viel mehr verkaufen, dann hättest du mehr Geld und könntest dir ein viel besseres Leben leisten. Du könntest den ganzen Tag hier an der Sonne liegen.»

Der Fischer dachte darüber nach, was der Mann gesagt hatte, und fing an, jeden Tag länger aufs Meer hinauszufahren, um mehr Fische zu fangen. Er verdiente jetzt tatsächlich mehr Geld, aber bald schon schaffte er es nicht mehr, der grossen Nachfrage nach seinem Fisch gerecht zu werden. Also kaufte er mit dem Geld, das er verdient hatte, ein zweites Boot und stellte einen Fischer ein. Das Geschäft blühte, und der Fischer kaufte ein drittes und ein viertes Boot und stellte noch einen und noch einen Fischer ein.

Der Fischer verdiente immer mehr Geld, und oft musste er bis spät am Abend arbeiten, um das Geld zu zählen und seine Fischer zu bezahlen. Eines Abends, als er müde von der Arbeit nach Hause kam, sagte seine Frau: «Was ist bloss geschehen? Wir sehen uns fast nie mehr, und wenn du am Abend nach Hause kommst, bist du müde. Weisst du noch, wie du früher am Nachmittag an der Sonne lagst und zufrieden und glücklich nach Hause kamst?» Der Fischer erinnerte sich und wurde traurig.

schen Figuren, um einen komplexen Sachverhalt oder Vorgang allgemein verständlich zu erläutern.

> **Da ein Gleichnis immer bildhaft und einfach verständlich ist, wird sich Ihr Publikum den Inhalt Ihrer Rede sehr gut merken können.**

Das Ceterum censeo

Wie im Eingang zu diesem Kapitel beschrieben, wurde der römische Feldherr Cato vor allem auch durch seine Reden im Senat berühmt, die er jeweils mit dem Satz abschloss: *Ceterum censeo Carthaginem esse delendam* – Und im Übrigen denke ich, dass man Karthago zerstören sollte.
Dieses Ceterum censeo hängte er an jede Rede an, ganz gleich, welches Thema er behandelte. Versuchen Sie es auch einmal: Vielleicht haben Sie eine Botschaft, die Ihnen sehr am Herzen liegt, die aber nicht zum Thema oder in Ihre Rede passt? Hängen Sie sie an den Schluss Ihrer Rede oder Ansprache und führen Sie sie mit dem Satz «Und im Übrigen denke ich …» ein.

Humor wirkungsvoll eingesetzt

Humor ist eines der besten Mittel, um ein Publikum zu erobern. Wer seine Zuhörerinnen und Zuhörer zum Lachen bringt, erzielt höchste Aufmerksamkeit und viel Wohlwollen auch für ernsthafte Anliegen.

Humor ist ein schmaler Grat
Vorsicht: Humor in einer Rede ist immer ein schmaler Grat. Eine falsche Bemerkung, ein schlechter Witz auf Kosten einer Minderheit – und die Stimmung im Saal kann sehr schnell kippen und sich gegen Sie wenden. Darum braucht es für Humor in einer Rede das nötige «Gespür». Hier eine Übersicht, was geht und was nicht.

Von unten nach oben oder von Gleich zu Gleich
Beachten Sie, dass Humor nur von unten nach oben oder von Gleich zu Gleich funktioniert, aber nicht von oben nach unten. Konkret heisst das, dass ein Kommunalpolitiker oder ein Parlamentsmitglied in einer Rede wohl eine Anspielung auf einen Bundesrat machen kann und ein Bundesrat sich auch einen Seitenhieb auf einen anderen Bundesrat erlauben darf, ein Chef sich aber zum Beispiel nicht über eine Angestellte lustig machen darf.

Respektvoll bleiben
Wenn sich ein Redner über Minderheiten, Randständige oder grundsätzlich schwächere Menschen lustig macht, kann er damit kaum punkten. Humor, so die Regel, darf nicht verletzen oder beleidigen.

Keine Witze

Wenn ein Redner einen Witz erzählt, gilt das nicht als humorvoll, ausser er verwendet ihn als Zitat oder Beispiel, um in seiner Rede auf den tieferen Sinn oder Unsinn des Witzes einzugehen.

Keine Insideranspielungen

Insideranspielungen, Anspielungen auf Begebenheiten oder Personen also, die nur von einem kleinen Kreis im Publikum verstanden werden, kommen ebenfalls nicht an. Eine humoristische Bemerkung sollte immer für alle Anwesenden verständlich und lustig sein.

Selbstironische Bemerkungen

Als witzig empfunden werden selbstironische Bemerkungen, wenn also der Redner, die Rednerin sich über sich selber lustig macht. Auch humoristische Anspielungen auf allen im Saal bekannte – und eventuell sogar anwesende – Persönlichkeiten funktionieren, wenn sie nicht verletzend oder herabwürdigend sind.

Narrenfreiheit geniessen

Als Redner kann man es sich – je nach Anlass und Stimmung – natürlich auch erlauben, die Narrenkappe aufzusetzen und augenzwinkernd auf Schwachpunkte einer Institution oder Firmenleitung hinzuweisen. Dazu sollte man allerdings durch sein Amt oder durch seine Position legitimiert sein, sonst wird eine Narretei vom Publikum schnell als überheblich oder einmischend empfunden. Zum Beispiel könnte die Gemeindepräsidentin am Firmenjubiläum zu den Angestellten sagen: «Zum Glück hat sich Ihre Firmenleitung vor zwei Jahren entschieden, die Produktion nun doch nicht ins Ausland auszulagern. Sonst hätte ich als bürgerliche Politikerin zum ersten Mal in meinem Leben eine Arbeiterdemo angeführt.»

6 Der letzte Schliff

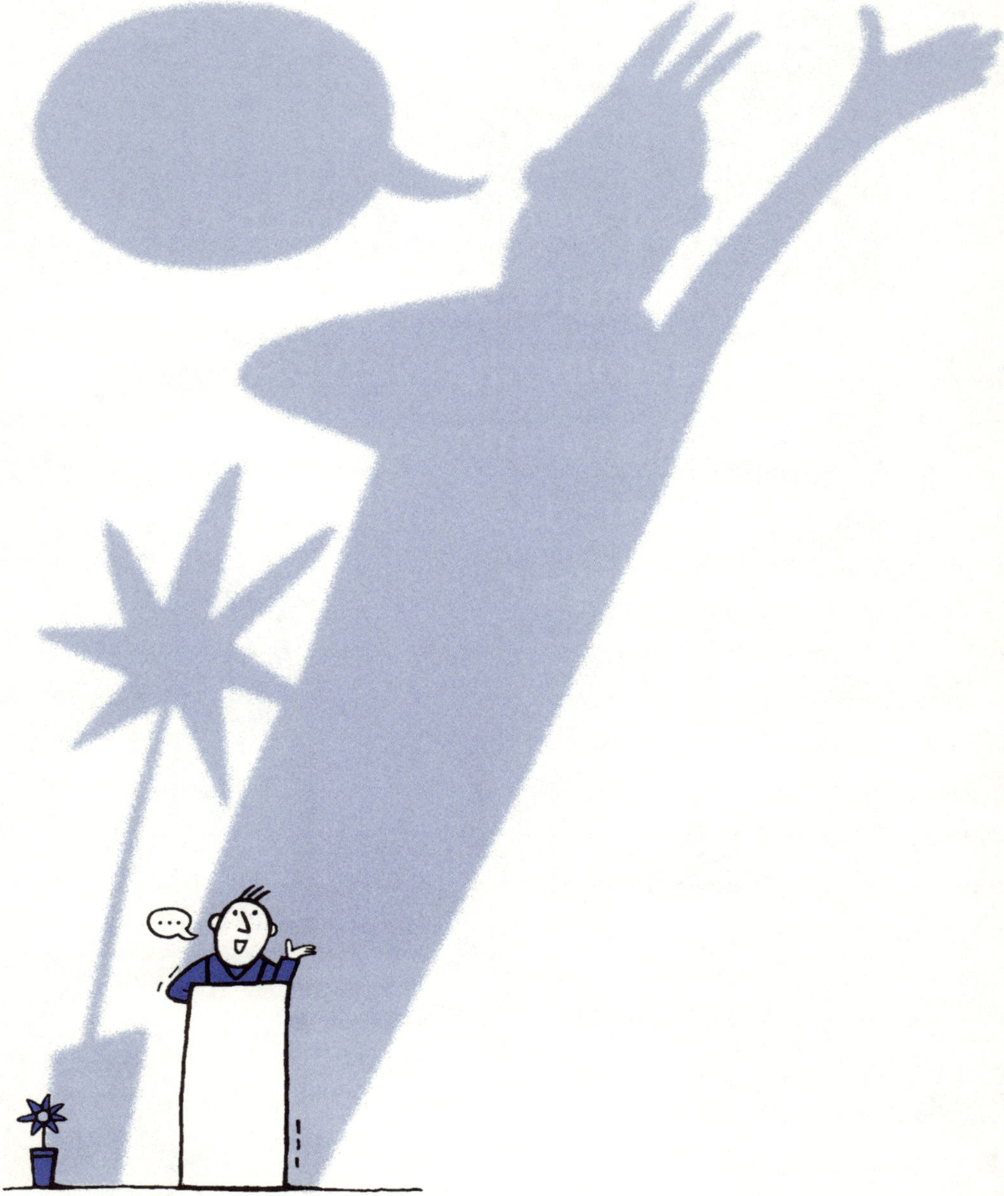

Es ist so weit: Sie sind bereit für Ihren Auftritt. Jetzt geht es nur noch darum, die Nervosität in den Griff zu bekommen und darauf zu achten, dass nichts von Ihrem Inhalt ablenkt.

6.1	**Üben, üben, üben**	**142**	**6.5**	**Die Aufmerksamkeit behalten**	**160**
	Auftritt vor dem Spiegel	142		Selbstbewusste Körperhaltung	160
	Unplanmässiges zulassen	143		Häufiger Blickkontakt	160
				Ruhiger Atem	161
6.2	**Lampenfieber und Nervosität**	**144**		Angemessenes Sprechtempo	162
	Aufgeregt am Abend davor	144			
	Lampenfieber im grossen Moment	144	**6.6**	**Was, wenns schiefgeht?**	**164**
	Das hilft gegen allzu			Black-out	164
	heftigen Stress	145		Versprecher	164
	Angst abbauen	145		Technische Pannen	165
				Störenfriede bändigen	165
6.3	**Vorsicht Ablenkung**	**148**		Unruhe im Publikum	166
	Dezente Kleidung	148			
	Die passende Frisur	149		**Teilnehmen an einer**	
	Die Hände natürlich bewegen	149		**Podiumsdiskussion**	**168**
	Powerpoint-Präsentationen				
	richtig einsetzen	150			
	Das Mikrofon im Griff	151			
6.4	**Richtig beginnen**	**156**			
	Die ersten 30 Sekunden	156			
	Sicher auftreten	156			
	Mut zur Spontaneität	157			
	Wir-Gefühl schaffen	159			

6. Der letzte Schliff

6.1 Üben, üben, üben

Wiederholtes Üben macht Sie sattelfest in Ihren Inhalten und gibt Ihnen ein Grundgefühl von Sicherheit. Üben Sie vor einer vertrauten Person und zuhause vor dem Spiegel, dann kommt Ihr Auftritt auch vor Publikum gut.

Damit Sie sich in Ihrem Auftritt sicher sind, rate ich Ihnen, Ihre Rede zu üben. Am besten lesen Sie Ihren Text zunächst einer vertrauten Person vor. Bitten Sie diese, Ihnen ein ehrliches Feedback zu geben: Hat sie alles verstanden, sind Ihre Schlüsse logisch und nachvollziehbar, kommen die Pointen an? Eine vertraute Person wird Ihnen aufrichtig sagen, wo Ihre Rede allenfalls Schwachpunkte hat. Nehmen Sie diese Anregungen ernst, denn Ihr Publikum wird unter Umständen noch viel härter sein in seinem Urteil als eine Ihnen nahestehende Person. Überlegen Sie sich, wo die Kritik berechtigt ist und wie Sie sie umsetzen könnten, und überarbeiten Sie die besprochenen Punkte noch einmal in aller Ruhe.

Auftritt vor dem Spiegel

Nun geht es um den Gesamtauftritt. Stellen Sie sich am besten vor einen grossen Spiegel, auf dem Sie Ihren ganzen Körper sehen können, und tragen Sie sich Ihr Referat, Ihre Ansprache oder Ihre Rede vor. Beobachten Sie sich dabei gut:

> Wie oft schauen Sie in den Spiegel?
> Wie wirkt Ihre Körperhaltung?
> Was machen Sie mit Ihren Händen?

Jeder Blick in den Spiegel bedeutet, dass Sie während Ihres Auftritts zum Publikum schauen würden. Der Blickkontakt ist wichtig, um die Aufmerksamkeit der Zuhören-

Die Checkliste «Kurz vor dem Auftritt» im Anhang listet alles auf, was Sie wenige Tage und Stunden vor Ihrem Auftritt erledigen sollten.

den zu erreichen. Je mehr Sie also in den Spiegel schauen, desto stärker ist Ihr Publikumskontakt.

Sie werden sehen, dass Sie nach ein paar Übungsdurchgängen vor dem Spiegel die Rede schon fast frei halten können. Beim Vorlesen bzw. Vortragen Ihres Textes verinnerlichen Sie diesen automatisch.

Lernen Sie Ihren Text nicht auswendig, wie früher Gedichte in der Schule. Wer einen auswendig gelernten Text aufsagt, ist zu sehr damit beschäftigt, diesen vor seinem inneren Auge abzurufen. Für das Publikum ist das spür- und sichtbar, es fühlt sich durch diesen Blick nicht angesprochen. Ihr Blick sollte immer nach aussen, also zu den Zuhörenden gerichtet sein – und nicht nach innen, also zum im Kopf gespeicherten Manuskript. Es ist deshalb besser, einen Text durch mehrmaliges Lesen zu verinnerlichen, als ihn auswendig zu lernen. Das gibt Ihnen auch die Möglichkeit, den Text spontan noch umzuformulieren oder umzugestalten.

Unplanmässiges zulassen

Lassen Sie beim Üben vor dem Spiegel Versprecher und spontane – eventuell auch neue – Formulierungen zu. Sie werden sich auch bei Ihrem Auftritt versprechen oder einzelne Sätze und Gedanken anders formulieren, als sie im Manuskript stehen. Es ist deshalb von Vorteil, wenn Sie die Sicherheit im Umgang damit bereits beim Üben bekommen.

Spontane Formulierungen sind meist nicht schlechter als die ursprünglich erdachten, weil sie aus der Situation heraus entstehen und damit authentisch sind.

6. Der letzte Schliff

6.2 Lampenfieber und Nervosität

Ein bisschen Herzklopfen verhilft oft zu einem erfolgreichen Auftritt. Denn wenn Sie aufgeregt sind, sind Sie wach und aufmerksam – und damit zu höchster Konzentration fähig.

Wenn Sie vor Ihrem Auftritt ein bisschen Lampenfieber spüren, ist das völlig normal. Selbst die geübtesten Redner sind in dieser Situation aufgeregt. Weniger günstig ist, wenn die Nervosität zu Angst führt, denn Angst blockiert und verhindert, dass Sie zu Höchstleistungen fähig sind.

Aufgeregt am Abend davor

Auch wenn Sie sich gut und mit einem genügend grossen Vorlauf auf Ihren Auftritt vorbereitet haben, kann es sein, dass Sie kurz vor dem grossen Moment von Nervosität geplagt werden. Das ist nicht aussergewöhnlich und eigentlich ein gutes Zeichen, denn es zeigt, dass Sie Ihre Aufgabe ernst nehmen.

Den Weg zum Ziel überprüfen

Damit Sie am Abend vor dem Auftritt trotzdem gut schlafen, empfehle ich Ihnen, Ihre Rede in Gedanken noch einmal durchzuspielen. Am besten tun Sie das ohne Manuskript. Überlegen Sie sich einfach noch einmal gut, wie Ihre Kernaussage, Ihre zentrale Botschaft, lautet und wie Sie dorthin gelangen wollen. Formulieren Sie Ihr Ziel und gehen Sie in Gedanken Schritt für Schritt den Weg dahin. Sie können auch ein Blatt Papier zu Hilfe nehmen und sich auf dieses zuerst das Ziel und dann den Weg zum Ziel notieren. Wenn Ihnen das gut gelingt, haben Sie Ihre Rede im Griff und können beruhigt einschlafen.

Lampenfieber im grossen Moment

Der grosse Tag ist da und mit ihm auch das Lampenfieber. Ein Schauspieler sagte mir einmal: «An dem Tag, an dem ich vor einem Auftritt nicht mehr aufgeregt bin, muss ich aufhören, denn dann bin ich schlecht.» Ich denke, auch aus eigener Erfahrung, dass er Recht hat.

Höchstleistungen dank Adrenalin

Die kleine Aufgeregtheit vor einem Auftritt ist durchaus wünschenswert. Durch das Lampenfieber schüttet unser Körper Adrenalin aus, was zur Folge hat, dass wir hellwach und zu Höchstleistungen fähig sind. Lassen Sie Ihre Nervosität also zu, geniessen Sie das Kribbeln vor dem Auftritt.

Das hilft gegen allzu heftigen Stress

Wenn Sie merken, dass Ihre Aufgeregtheit allzu gross wird und Sie vor lauter Herzrasen zu keinem normalen Gedanken mehr fähig sind, dann ist das gesunde Mass an Lampenfieber überschritten.

Atemübungen

Versuchen Sie, die Ruhe wieder zu finden, indem Sie eine ganz einfache Atemübung machen: Stehen Sie mit beiden Füssen fest auf dem Boden, schliessen Sie die Augen und atmen Sie ganz tief ein, bis zuunterst in Ihren Bauch. Wiederholen Sie diese Übung ein paarmal, und Sie werden sehen, dass Sie schon viel ruhiger werden.

Leere im Kopf zulassen

Vielleicht haben Sie im Moment vor Ihrem Auftritt das Gefühl, dass Sie alles, was Sie sagen wollten, vergessen haben. Keine Angst, dieses Gefühl ist völlig normal. Ihr Kopf scheint Ihnen im Moment vielleicht leer, aber vertrauen Sie darauf: Ihr Wissen, Ihr Text – alles ist noch da.

Die Leere vor dem Auftritt ist sogar ein gutes Zeichen: Sie werden während Ihres Auftritts klarer denken und kein «Gnuusch im Fadechörbli» haben, was bei einem Kopf voller wirrer Gedanken eher die Gefahr ist. Nach ein paar Auftritten wird Ihnen dieses Gefühl vertraut sein, und die Angst vor der Leere wird verschwinden.

Angst abbauen

Angst lähmt und blockiert. Es ist deshalb ungünstig, wenn Nervosität, Aufgeregtheit und Lampenfieber das gesunde Mass überschreiten.

Die Angst, vor einer Gruppe Menschen aufzutreten und zu reden, ist einfach zu erklären: Es ist die Angst, sich zu blamieren und ausgelacht zu werden. Grund sind häufig negative Erfahrungen in der Kindheit (siehe Kasten Seite 146).

6. Der letzte Schliff

> **SCHMERZHAFTE ERFAHRUNGEN IN KINDERJAHREN**
>
> Die Angst vor einer Blamage liegt häufig in der Kindheit begründet: Kinder sind echt und unverdorben von äusseren Einflüssen und Erwartungen; sie sagen, was ihnen einfällt, ohne Rücksicht auf andere.
> Irgendwann machen jedoch fast alle die Erfahrung, dass sie ausgelacht oder zurechtgewiesen werden: etwa weil sie in der Schule auf die Frage des Lehrers eine falsche Antwort geben oder beim Vorlesen einen Fehler machen. Oder sie werden im Turnunterricht, wenn sie sich ungeschickt bewegen, von den Klassenkameraden nachgeäfft.
> Solche Erfahrungen sind schmerzhaft und setzen sich häufig tief in der Seele fest. Um sie nicht noch einmal machen zu müssen, sind betroffene Menschen im Erwachsenenleben sehr darauf bedacht, sich keine Blösse mehr zu geben. Die Folge davon: Sie haben nicht mehr den Mut, spontan zu sein. Sie versuchen, sich so zu benehmen, wie sie meinen, dass man es von ihnen erwartet – und wirken dabei verkrampft.

Die Angst führt dazu, dass man sich stark auf die Aussenwirkung konzentriert, also darauf, wie man bei anderen Menschen ankommt. Dabei rückt das, was man sagen will, in den Hintergrund, und die Fixierung auf die Aussenwirkung führt zu einer Verkrampfung.
Verkrampfte Redner wirken angstvoll und blockiert, was sie erst zur dankbaren Beute macht. Das Publikum spürt nämlich, wenn jemand nicht frei ist, und konzentriert sich im selben Mass auf die Verkrampfung, wie der Redner sich auf seine Aussenwirkung konzentriert. Ein klassischer Teufelskreis also, denn erst jetzt besteht tatsächlich die Gefahr einer Blamage.

Den Teufelskreis durchbrechen

Um diesen Teufelskreis der Angst zu durchbrechen, gibt es nur eines: sich von den Gedanken an die Aussenwirkung lösen und völlig natürlich sein. Am besten veranschaulicht diese Haltung der folgende Satz: «Sollen die doch von mir denken, was sie wollen. Ich bin gut so, wie ich bin.»
Wenn Ihnen das gelingt, treten Sie angstfrei vor Ihr Publikum und bieten ihm auch keinen Anlass, Sie auszulachen. Ein bisschen nervös werden Sie immer noch sein, denn Sie möchten ja einen möglichst guten Auftritt machen. Aber das schadet nicht, wie oben gezeigt wurde.

Andere Auftretende beobachten

Sie glauben nicht, dass Menschen, die bei einem Auftritt sich selber sind, in den seltensten Fällen ausgelacht werden? Beobachten Sie einmal Ihre eigenen Reaktionen: Wie verhalten Sie sich, wenn Sie jemandem bei einer Rede zuschauen und zuhören? Beschäftigen Sie sich in einer solchen Situation stark mit dem Auftretenden? Warten Sie nur darauf, dass er einen Fehler macht? Dass er stolpert, sich verspricht oder ihm eine Panne passiert? Würden Sie ihn bei einem Versprecher auslachen?

Ich bin überzeugt: Solange diese Person in ihrem Auftreten echt ist, haben Sie keinen Anlass, sich solche Gedanken zu machen, und Sie beschäftigen sich nicht mit der Person, sondern ausschliesslich mit dem, was sie sagt.

Erst wenn Sie spüren, dass mit dem Redner etwas nicht stimmt, er zum Beispiel verkrampft ist, vor lauter Angst viel zu leise spricht oder mit den Augen nervös einen unbestimmten Punkt sucht, wird er für Sie zum Thema. Sie leiden mit ihm, schmunzeln über seine Unbeholfenheit oder langweilen sich ob des monoton vorgetragenen Referats. Wenn er sich dann noch laufend verspricht oder nach jedem zweiten Satz «äh» sagt, wächst vermutlich auch Ihr Unmut und Sie sind nicht mehr bereit, dem Redner zuzuhören.

Das zeigt: Erst die Angst vor der Blamage führt zur Blamage. Deshalb lohnt es sich, sich mit der Angst auseinanderzusetzen und den erwähnten Teufelskreis zu durchbrechen.

DER TEUFELSKREIS DER ANGST

1. Angst vor Blamage
2. Fixierung nach aussen
3. Verkrampfung
4. Blamage

1. Angst, sich zu blamieren; manchmal aufgrund von früheren schlechten Erfahrungen
2. Fixierung auf die Aussenwirkung im Bestreben, nichts falsch zu machen, um nicht wieder ausgelacht zu werden
3. Verkrampfung, weil die Fixierung ein gelöstes, entspanntes Auftreten verhindert
4. Verkrampfung führt zur Blamage

6. Der letzte Schliff

6.3 Vorsicht Ablenkung

Wenn Sie vor Publikum auftreten, werden Sie als ganzer Mensch wahrgenommen. Sprache, Körperhaltung, Mimik, Stimme, Atmung und Blickkontakt müssen im Einklang sein. Ist das nicht der Fall, ist das Publikum abgelenkt und kann sich nicht mehr auf Ihre Inhalte konzentrieren.

Der Gesamteindruck, den Sie erwecken, entscheidet zu zwei Dritteln und mehr darüber, ob das, was Sie sagen wollen, beim Publikum auch wirklich ankommt, also ob Sie mit Ihren Inhalten die gewünschte Wirkung erzielen. Bereits eine falsch gebundene Krawatte, ein verwirrender Hintergrund, ein unpassendes Kleid, eine unsichere Körperhaltung, ein nervöses Gefuchtel mit den Händen oder ein unruhiges Wippen mit Ihrem Fuss kann das Publikum von dem, was Sie sagen wollen, ablenken. Denn das Auge nimmt viel stärker wahr als das Ohr.

Dezente Kleidung

Ihre Kleidung sollte zum Anlass und zu Ihnen als Person passen, dann wird sie auch nicht zum Thema. Machen Sie bei einem Auftritt vor Publikum keine Experimente. Suchen Sie sich ein Stück aus Ihrem Kleiderschrank aus, das Sie gerne tragen und mit dem Sie für den Anlass weder zu schick noch zu nachlässig gekleidet sind.

Vorsicht bei der Wahl der Krawatte: Verzichten Sie auf originelle Stücke, also Krawatten mit Sujets wie Comicfiguren, Tieren oder Batikdrucken. Sie lenken unnötig von Ihnen und Ihren Inhalten ab. Das Gleiche gilt bei Frauen für die Wahl der Ohrringe, der Halskette, des Foulards oder Schals: Wagen Sie keine auffälligen Experimente, sonst wird schon während Ihres Auftrittes mehr über Ihre grossen Federohrringe statt über Ihre provokative These diskutiert.

Ideal für Auftritte sind unifarbene Kleider ohne wilde Muster. Bei Männern kommt ein Anzug mit Hemd mit oder ohne Krawatte – je nach Anlass – immer gut.

Die passende Frisur

Die falsche Frisur kann ebenfalls verunsichern: Der Stil sollte zu Ihrem Typ passen. Wenn Sie am Tag Ihres Auftritts die Haare machen lassen, dann bitte nur beim Friseur Ihres Vertrauens. Machen Sie auch bei ihm keine Experimente. Ein neuer, gewagter oder falscher Haarschnitt verunsichert Sie möglicherweise unnötig. Das wäre, wie wir beim Thema «Angst» gesehen haben, auf dem Podium spürbar und würde wiederum stark von Ihren Inhalten ablenken.

Denken Sie bei einem Auftritt im Freien ausserdem daran, dass Ihre Frisur wetterfest sein muss. Ich habe schon gestandene Politiker erlebt, die eine Ansprache lang damit beschäftigt waren, die ursprünglich sorgfältig über die Glatze gekämmten Haare nach jedem Windstoss wieder an ihren Platz zu legen. In einer solchen Situation kann sich das Publikum auf fast nichts anderes mehr konzentrieren.

Die Hände natürlich bewegen

Denken Sie am besten gar nicht darüber nach, was Sie mit Ihren Händen machen sollen. Im Moment, wo Sie sich diese Frage

---

MARIO CORTIS HAARSTRÄHNE

Äussere Faktoren können stark von Inhalten ablenken. Dafür lieferte Mario Corti bei einem seiner ersten Auftritte als neuer Swissair-Chef im März 2001 ein gutes Beispiel.
Während seiner Ansprache vor Mitarbeitenden und Medien löste sich von der Mitte seiner Stirn immer wieder eine Haarsträhne und fiel ihm in die Augen. Mario Corti war in der Folge während seines ganzen Vortrags damit beschäftigt, sich die Haare aus dem Gesicht zu streichen. Mit der Zeit konzentrierten sich die Anwesenden nur noch darauf, wann sich die Strähne wohl wieder lösen würde. Den Beleg dafür lieferte die Zeitung Blick, die am nächsten Tag titelte: «Mario Corti, was ist Ihr Coiffeur von Beruf?»

---

stellen, bewegen Sie sie nämlich unnatürlich und bieten damit Ihrem Publikum eine Angriffsfläche. Hat es erst einmal herausgefunden, dass Sie krampfhaft nach der idealen Position für Ihre Hände suchen, wird es sich nur noch darauf konzentrieren.

Die Hände beschäftigen

Eine gute Beschäftigung für Ihre Hände während eines Auftritts kann auch sein, das Manuskript, die Stichwortkarte, ein Mikro-

6. Der letzte Schliff

fon oder einen Laserpointer zu halten. Denken Sie aber daran: Sie haben nur zwei Hände. Manuskript, Mikrofon *und* Laserpointer in den Händen halten zu wollen, wäre zu viel. Spätestens beim Versuch, das Manuskript umzublättern, wäre das Publikum wieder abgelenkt.

> **Machen Sie es wie sonst im Leben auch, wenn Sie einem Menschen gegenüberstehen: Lassen Sie Ihre Hände sprechen oder hängen, ganz wie Ihnen der Sinn steht. Dann wirken Sie natürlich und unverkrampft.**

Powerpoint-Präsentationen richtig einsetzen

Das Auge reagiert stärker als das Gehör: Dieser Tatsache müssen Sie sich bewusst sein, bevor Sie eine Powerpoint-Präsentation anfertigen. Eine Präsentation mit vielen Zahlen, Tabellen und unübersichtlichen Grafiken verwirrt mehr, als sie nützt. Wilde Animationen und bewegte Bilder lenken ebenfalls stark von Ihren Inhalten ab. Es ist für das Publikum im Übrigen auch verwirrend, wenn etwas auf der Powerpoint-Präsentation zwar dargestellt, aber nicht besprochen wird.

> **Wenden Sie für die sorgfältige Erstellung Ihrer Powerpoint-Präsentation genügend Zeit auf (Checkliste im Anhang). Eine Präsentation, die für den firmeninternen Gebrauch gut ist, ist möglicherweise für eine Ansprache vor einem breiten Publikum wertlos.**

Idealerweise sind in der Powerpoint-Präsentation die Struktur Ihrer Rede und allenfalls wichtige Kernsätze oder -aussagen enthalten. In diesem Fall kann die Präsentation durchaus die Stichwortkarte ersetzen. Ein ruhiges und klar lesbares Bild unterstützt Ihre Aussage.

Bei Fachreferaten können Sie zusätzlich ein Hand-out (Informationsunterlage) verteilen, zum Beispiel einen Ausdruck Ihrer Powerpoint-Präsentation (auf dem sich die Zuhörer auch selber Notizen machen können) oder eine stichwortartige Zusammenfassung der wichtigsten Punkte Ihres Referats.

Bedienung beherrschen

Wichtig ist beim Einsatz einer Powerpoint-Präsentation, dass Sie die Bedienung des Computers während des Redens beherrschen. Das, was Sie in Ihrer Rede sagen, und das, was auf der Powerpoint-Präsentation zu sehen ist, muss jederzeit übereinstimmen. Wenn Sie vergessen zu blättern oder in der Hitze des Gefechtes zu schnell umblättern, stimmen Wort und Bild nicht mehr überein, was das Publikum verwirrt.

Das Mikrofon im Griff

Der gute Ton gehört – im wahrsten Sinne des Wortes – zu einem gelungenen Auftritt. Eine Tonprobe und die richtige Bedienung sind das A und O für einen souveränen Umgang mit dem Mikrofon.

Sie können Pech haben und der Tonmeister vergisst im entscheidenden Moment, Ihr Mikrofon zu öffnen. Oder es kommt, weil die Zeit für eine Tonprobe fehlte, zu einer sogenannten Rückkoppelung, wodurch in den Lautsprechern ein hässliches und schrilles Pfeifen ertönt. Eine Rückkoppelung kann entstehen, wenn Sie zum Beispiel direkt neben oder unter einem Lautsprecher stehen oder die Anlage schlecht eingestellt ist.

In diesem Fall muss der Ton- oder Saaltechniker den Lautsprecherton zurückdrehen oder den Ton neu regulieren. Sie selber können auf der Bühne Ihre Position so verändern, dass Sie genügend weit von den Lautsprechern entfernt bzw. hinter der Position stehen, an der das Pfeifen begann. Manchmal reicht es auch schon, die Distanz des Mikrofons zu Ihrem Mund leicht zu verändern.

Zwischenfälle mit dem Mikrofon sind grosse Störfaktoren während einer Rede. Sie lassen sich durch eine gute Absprache und eine Tonprobe vor dem Auftritt verhindern.

Ausserhalb des Einflussbereichs der Techniker sind Tonpannen oder eine schlechte Tonqualität, die Sie selber – durch eine unsachgemässe Bedienung des Mikrofons – verursachen. Achten Sie bei Ihrem Auftritt unbedingt auf die richtige Handhabung, andernfalls erzeugen Sie beim Publikum Unmut oder verlieren seine Aufmerksamkeit, weil man Sie schlecht hört. Damit Ihnen das nicht passiert, hier eine Übersicht über die verschiedenen Mikrofontypen und den richtigen Umgang mit diesen.

Headset/Bügelmikrofon

Immer öfter werden heute in Aulas und Konferenzsälen sogenannte Headsets mit einem drahtlosen Sender eingesetzt. Sie bestehen aus einem Bügelmikrofon, das am

6. Der letzte Schliff

Kopf befestigt wird, und einem Kästchen, das entweder in die Innentasche der Jacke oder an den Gurt gesteckt wird.

Wenn Sie bei Ihrem Auftritt ein Headset erhalten, achten Sie darauf, dass der Bügel mit dem Mikrofon optimal vor Ihrem Mund platziert ist. Je nach Mikrofontyp liegt er entweder eng an Ihrer Wange oder er steht – auf der Höhe Ihres Mundes – vom Gesicht ab.

Drehen oder knicken Sie diesen Bügel nicht ab, wenn er vom Tontechniker einmal gerichtet ist, denn wenn er nur schon ein paar wenige Zentimeter ausserhalb des optimalen Bereichs liegt, ist die Tonqualität massiv schlechter.

Der Vorteil des Bügelmikrofons: Sie haben Ihre Hände frei und können den Kopf drehen und wenden, wie Sie wollen.

Das Ansteckmikrofon

Etwas anders verhält es sich, wenn Sie ein sogenanntes Ansteckmikrofon erhalten. Sie haben zwar noch immer Ihre Hände frei, aber die Bewegungsfreiheit ist bereits ein bisschen eingeschränkt.

Ein Ansteckmikrofon ist ein kleiner Knopf, der Ihnen an den Kragen Ihrer Jacke oder Ihres Pullovers, an Ihr Hemd oder Ihre Krawatte gesteckt wird. Auch zu diesem Mikrofon gehört ein kleines Kästchen, das den Ton überträgt und das Sie entweder in einer Jackentasche verstauen oder am Gürtel befestigen können.

Anders als beim Bügelmikrofon wird der Ton bei einem Ansteckmikrofon bereits bei einer kleinen Kopfbewegung weg vom Mikrofon schlechter. Wenn Sie also zum Beispiel rechts von sich eine Präsentation haben, zu der Sie sich immer wieder wenden werden, achten Sie darauf, dass Sie das Mikrofon nicht links am Kragen befestigen.

Ist ein Tontechniker im Saal anwesend, besprechen Sie mit ihm die verschiedenen Möglichkeiten. Er wird dafür sorgen, dass Ihr Mikrofon optimal befestigt ist.

Das Handmikrofon

Der Mikrofontyp, der auf Bühnen am häufigsten verwendet wird – und leider auch am schwierigsten zu bedienen ist –, ist das sogenannte Handmikrofon (oder der «Knochen», wie Tontechniker es in ihrem Jargon nennen).

6.3 Vorsicht Ablenkung

Handmikrofone sind meist sogenannte Richtmikrofone. Das bedeutet, dass man ein solches Gerät präzis auf die Tonquelle, im Fall einer Ansprache also auf den Mund, richten muss. Es muss auch sehr nah beim Mund sein, idealerweise nicht mehr als ein bis zwei Fingerbreit weit entfernt. Korrekt bedient, erzeugen diese Mikrofone einen schönen, vollen Ton.

> **Denken Sie daran: Wenn das Handmikrofon an einem Kabel festgemacht ist, haben Sie keine unbeschränkte Bewegungsfreiheit.**

Die Position des Mikrofons dürfen Sie während Ihres Auftritts nie verändern, auch nicht, wenn Sie den Kopf oder den Oberkörper wegdrehen. Geübten Rednerinnen und Rednern gelingt das meist problemlos. Redner dagegen, die den Umgang mit Handmikrofonen nicht gewohnt sind, drehen häufig zwar den Kopf (zum Beispiel zu einer Präsentation hin), lassen das Mikrofon aber an seiner alten Position. Das führt dazu, dass man sie nur noch bruchstückhaft oder gar nicht mehr versteht.
Ein ähnliches Problem haben Leute, die auch mit den Händen reden und vergessen, dass Sie ein Mikrofon in der einen Hand halten: Man hört sie immer wieder schlecht oder nur bruchstückhaft, was im Publikum Unmut erzeugt.

Mikrofone auf dem Stativ

Mikrofone, die auf einem Stativ, einem Ständer, montiert werden, sind meist Handmikrofone. Für den richtigen Umgang mit einem solchen Mikrofon gilt die gleiche Faustregel wie bei einem Handmikrofon: Achten Sie darauf, dass die Distanz zum Mund immer gleich bleibt (maximal ein bis zwei Fingerbreit entfernt).

Wenn das Mikrofon auf einem Stativ befestigt ist, haben Sie noch etwas weniger Bewegungsfreiheit, als wenn Sie das Mikrofon in der Hand halten: Sie dürfen nämlich weder vom Mikrofon weggehen noch den Kopf abdrehen.

Sollten Sie den Kopf trotzdem abdrehen wollen, weil Sie auch zum Publikum auf der Seite Blickkontakt herstellen möchten, drehen Sie sich mit dem ganzen Körper um das Stativ herum, und achten Sie darauf, dass der Mund unverändert nah beim Mikrofon bleibt.

Das Pultmikrofon

Wenn Sie an einem Rednerpult auftreten, hat es dort meist fix installierte, leicht biegbare Pultmikrofone. Diese sind sehr empfindlich, das heisst, Sie brauchen sie nicht so nah an den Mund zu nehmen wie Richtmikrofone.

6. Der letzte Schliff

Achten Sie bei einem Pultmikrofon darauf, dass Sie es zu sich, also in Sprechrichtung, biegen und es möglichst nahe beim Mund ist. Wenn Pultmikrofone in eine andere Richtung als zu Ihrem Mund hin gebogen sind, übertragen sie den Ton schnell viel schlechter.

TIPP: MIT DEM TONTECHNIKER REDEN

Ein Gespräch mit dem Tontechniker kann Ihnen viel Ärger auf der Bühne ersparen. Erkundigen Sie sich vor Ihrem Auftritt bei ihm nach der Art des Mikrofons. Fragen Sie ihn, ob Sie auf Besonderheiten (wie zum Beispiel eine Rückkoppelung ab einem bestimmten Ort) achten müssen.

Ist kein eigentlicher Tontechniker für den Ton verantwortlich, sondern ein Saaltechniker oder Abwart, kann es sein, dass dieser mit der Anlage nicht sehr vertraut ist. In diesem Fall können Sie ihn – aufgrund der Beschreibungen in diesem Kapitel – selber auf die unterschiedlichen Möglichkeiten und Risiken der verschiedenen Mikrofontypen hinweisen. Er wird Sie gerne unterstützen.

6. Der letzte Schliff

6.4 Richtig beginnen

Wie bei einem Wett- oder Skirennen ist auch bei einer Rede der gute Start entscheidend. Er gibt den Takt vor und sorgt für Sicherheit.

Für Ihren Auftritt gilt: Je besser Sie starten, desto besser wird er Ihnen gelingen. Natürlich können Sie auch nach einem verpatzten Start wieder Tritt fassen. Es braucht dazu Ihre ungeteilte Aufmerksamkeit und eine gehörige Portion Geistesgegenwart.

Die ersten 30 Sekunden

Wir Menschen entscheiden bei der Begegnung mit einer bisher unbekannten Person in den ersten 10 bis 30 Sekunden, ob diese uns sympathisch ist oder nicht. Diese Erkenntnis der Wirkungsforschung bedeutet übertragen auf Sie und Ihren Auftritt: Sie haben höchstens eine halbe Minute Zeit, Ihr Publikum für sich zu gewinnen. Gelingt Ihnen dies nicht, wird es später schwierig sein, diesen Mangel an Sympathie aufzuholen. Natürlich können wir gegen eine grundsätzliche Ablehnung im Grunde nur wenig ausrichten. Trotzdem gibt es einige Faktoren, die Sympathie und Antipathie stark beeinflussen. Dazu gehören Körperhaltung, Blickkontakt, Stimmführung und rhetorisches Geschick.

Sicher auftreten

Wichtig ist, dass Sie den Raum, in dem Sie auftreten, und die Bühne, auf der Sie stehen, von allem Anfang an mit Ihrer Präsenz füllen. Stehen Sie dazu von Beginn an mit aufrechter Körperhaltung und festem Blick zum Publikum auf die Bühne.

Schreiten Sie die Bühne vor Ihrem Auftritt ab. Das hilft Ihnen, den Raum in seinen Dimensionen zu erfassen und damit Vertrauen in die Umgebung zu bekommen, in der Sie sich während der nächsten Minuten vor einem Publikum «ausstellen».

Keine Tonchecks vor Publikum

Vertrauen Sie darauf, dass man Sie hört und sieht. Klopfen Sie nicht vor dem Start Ihrer Rede aufs Mikrofon und fragen Sie auch nicht in den Saal, ob man Sie hört. Ein solcher Einstieg ist zähflüssig, wirkt unbeholfen und signalisiert dem Publikum einzig, dass Sie noch nicht bereit sind.

Sollte man Sie tatsächlich nicht hören, weil das Mikrofon ausgeschaltet oder noch nicht geöffnet ist, werden Sie das schnell genug merken. Es reicht vollauf, wenn Sie frühestens in einer solchen Situation einen kurzen Toncheck machen, bis alles funktioniert.

Eingerichtet sein

Es kommt auch nicht gut an, wenn Sie sich auf der Bühne jetzt erst einzurichten beginnen. Manuskript hervorholen, Pultlampe einstellen, Powerpoint-Präsentation laden – all das sollten Sie schon vor Ihrem Auftritt erledigt haben. Einzig dem Mikrofon darf Ihr Augenmerk in diesem Moment noch gelten. Nehmen Sie sich ein paar Sekunden Zeit, um es gut zu positionieren, denn es soll – wie oben beschrieben – Ihre Rede in optimalem Ton übertragen.

Die ersten Worte

Ihre ersten Worte auf der Bühne sollten nicht «Eins, zwei, eins, zwei – hallo, kann man mich hören?» sein. Auch ein Räuspern oder Verlegenheitsfloskeln wie «Also ...» sind als Einstieg schlecht. Atmen Sie besser tief ein, richten Sie Ihren Blick zum Publikum und beginnen Sie mit fester Stimme und Ihrem geplanten oder spontan formulierten Einstieg.

Mut zur Spontaneität

Wenn Sie auf der Bühne stehen, merken Sie vielleicht plötzlich, dass der Einstieg so, wie Sie ihn geplant haben, überhaupt nicht zur Stimmung oder zum Anlass passt. Wagen Sie in diesem Fall einen anderen Einstieg, der besser aufs Publikum und den Anlass abgestimmt ist: eine Bemerkung zur aufgeräumten Stimmung im Saal, eine Anspielung auf das Wetter, eine selbstironische Bemerkung zu Ihrer Aufgabe, hier eine Rede zu halten.

Sich selber positionieren

Ein guter – spontaner oder geplanter – Einstieg ist auch, wenn Sie sich selber kurz positionieren. Sagen Sie, was Ihr persönlicher

> **Biedern Sie sich beim Publikum nicht an. Übertreiben Sie also nicht, achten Sie auf die Wortwahl und die Tonalität. Ein persönlicher Einstieg sollte auch möglichst kurz sein.**

6. Der letzte Schliff

> **BEISPIELE FÜR EINEN SPONTANEN EINSTIEG**
>
> Hier ein paar Ideen, wie ein spontaner Einstieg, der zu Publikum, Stimmung und Anlass passt, aussehen könnte:
>
> «Wenn ich gewusst hätte, wie warm es heute hier drinnen ist, hätte ich wohl ein weniger heisses Thema für mein Referat gewählt. Aber nun gut – da müssen wir jetzt durch. Und trotz der Hitze freue ich mich auf eine hitzige Debatte im Anschluss an dieses Referat.»
>
> «Wenn ich die Stimmung hier im Saal richtig interpretiere, scheint die Meinung zu dieser Abstimmungsvorlage gemacht. Das macht es nicht leicht für mich, aber ich danke Ihnen schon jetzt, dass Sie trotzdem ein offenes Ohr für eine gegenteilige Ansicht haben.»
>
> «Meine Hochachtung, sehr verehrte Damen und Herren, dass Sie trotz des prächtigen Wetters heute hier an diese Veranstaltung gekommen sind. Das verpflichtet mich jetzt natürlich umso mehr, etwas Gescheites zu sagen – ich hoffe, dass ich Sie nicht enttäuschen werde.»

> **BEISPIELE FÜR EINE EIGENE POSITIONIERUNG**
>
> Hier ein paar Eröffnungen, mit denen Sie sich dem Publikum näherbringen:
>
> «Ich erinnere mich noch gut, wie ich zum ersten Mal in diesem Saal stand. Damals waren die Stühle noch sehr unbequem, und von der Decke hing ein schwerer, samtener Vorhang.»
>
> «Meine Damen und Herren, wer geht schon freiwillig in die Höhle des Löwen. Ich hätte es auch nie getan, hätte mich Ihre Präsidentin nicht so charmant und hartnäckig bearbeitet.»
>
> «Es ist mir fast ein bisschen peinlich, das vor Ihnen als gestandenen Schwingern zugeben zu müssen – aber ich bin das, was man einen unsportlichen Menschen nennen würde. Wo ich hingegen mitreden kann, ist … usw.»

6.4 Richtig beginnen

Bezug zu diesem Ort, zum Veranstalter, zum Publikum ist. Das macht Sie greifbarer und glaubwürdiger.

Wir-Gefühl schaffen

Auch mit einem Wir-Gefühl schaffen Sie es, Ihr Publikum von Beginn an zu gewinnen. Wahrscheinlich sind Sie ja in der gleichen Situation wie das Publikum, wenn Sie zum Beispiel kurz vor dem angekündigten Mittagessen auftreten müssen: «Ich stelle mir vor, es geht Ihnen jetzt gerade gleich wie mir: Riechen Sie auch das herrliche Buffet, das in ein paar Minuten auf uns wartet? Ich verspreche Ihnen, wir müssen nicht mehr lange darben – danke, dass Sie mir vor dem Essen trotzdem noch kurz Ihre Aufmerksamkeit schenken.» Auch mit einem Einstieg wie dem folgenden schaffen Sie ein Wir-Gefühl: «Finden Sie es auch ziemlich kalt hier drin? Ich schlage vor, dass wir alle schnell aufstehen und uns ein bisschen bewegen, bevor unsere Glieder alle steif werden!»

6.5 Die Aufmerksamkeit behalten

Ist der Anfang gelungen, geht es darum, die Aufmerksamkeit des Publikums bis zum Schluss Ihrer Rede oder Ihrer Ansprache zu behalten. Das schaffen Sie mit ein paar Tricks.

Neben der Körperhaltung sind Ihr Sprechtempo und Ihr Blickkontakt mit den Zuhörerinnen und Zuhörern entscheidend. Achten Sie auf die folgenden Punkte, sie helfen Ihnen, gelassen und präsent zu bleiben.

Selbstbewusste Körperhaltung

Ihre Körperhaltung sollte während des ganzen Auftritts aufrecht und ausgeglichen sein. So wirken Sie selbstbewusst und überzeugt von dem, was Sie sagen. Versuchen Sie, vor allem auf die Schulter- und Kopfhaltung zu achten: Eingezogene Schultern und ein gesenkter Blick bzw. Kopf vermitteln den Eindruck eines verunsicherten und nervösen Menschen.

Beine und Füsse ruhig halten

Besonderes Augenmerk sollte auch Ihren Beinen und Füssen gelten: Wenn Sie ständig von einem Fuss auf den anderen treten, wenn Sie schwanken oder stets mit einem Fuss wippen, überträgt sich diese Unruhe auf das Publikum. Sie wirken zudem unsicher. Stehen Sie mit beiden Beinen fest auf dem Boden.

Häufiger Blickkontakt

Damit die Zuhörenden sich angesprochen fühlen, muss Ihr Blick möglichst während des ganzen Auftritts beim Publikum sein. Natürlich dürfen Sie zwischendurch kurz auf Ihr Manuskript, Ihre Stichwortkarte oder Ihre Powerpoint-Präsentation schauen, um sich zu orientieren. Versuchen Sie danach aber so schnell wie möglich wieder, Kontakt mit dem Publikum aufzunehmen. Besonders wichtig ist, dass Sie das Publikum dann anschauen, wenn Sie es direkt ansprechen.

Wenn Sie Ihre ganze Rede vornehmlich ablesen, schaffen Sie es nicht, einen Kontakt zu den Zuhörenden herzustellen, und man wird Ihnen weniger oder gar nicht zuhören.

Aufmerksamen Zuhörern in die Augen schauen

Viele Leute fürchten sich davor, in die Gesichter der Anwesenden zu schauen, weil sie durch den direkten Blick eines Zuhörenden unter Umständen verunsichert werden könnten. In diesem Fall kann man in die Menge schauen, ohne wirklich zu schauen, indem man den Blick nicht direkt auf einen Zuhörenden richtet, sondern gewissermassen durch mehrere Menschen «hindurchschaut». Probieren Sie es aus, es funktioniert wirklich!

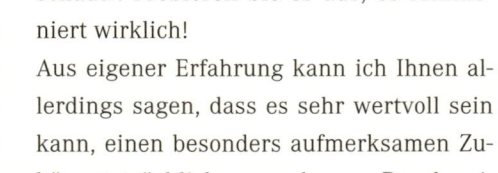

Aus eigener Erfahrung kann ich Ihnen allerdings sagen, dass es sehr wertvoll sein kann, einen besonders aufmerksamen Zuhörer tatsächlich anzuschauen. Durch seine Mimik oder sogar ein Kopfnicken erhalten Sie die Bestätigung, dass das, was Sie sagen, auch tatsächlich ankommt.

> **Schauen Sie unaufmerksame oder desinteressierte Leute im Publikum besser nicht an. Diese verunsichern und können Sie aus dem Redefluss bringen.**

Ruhiger Atem

Atmen Sie während Ihrer Rede ruhig und ausgeglichen. Wenn Sie eine einfache Sprache mit kurzen Sätzen sprechen (siehe Kapitel «Geschriebene oder gesprochene Spra-

---

DIESE ATEMÜBUNGEN HELFEN

Es gibt einige kurze und einfache Atemübungen, um die Nervosität und damit die Atmung und das Sprechtempo kurz vor einem Auftritt in den Griff zu bekommen:

> Stellen Sie sich mit beiden Füssen fest auf den Boden, schliessen Sie die Augen und atmen Sie ein paarmal hintereinander durch die Nase ruhig und bis zuunterst in Ihren Bauch ein und dann langsam wieder aus.
> Ebenfalls eine gute Übung – mit Vorteil allerdings in einem geschlossenen Raum zu machen: laut «Ooooooh» sagen und sich dabei mit beiden Händen auf die Brust schlagen. Diese Übung lockert das Zwerchfell und macht die Atmung ruhig und regelmässig.
> Um den Mund zu lockern, können Sie laute Brabbeltöne von sich geben und dabei mit der Zunge flattern.

6. Der letzte Schliff

che: die Unterschiede», Seite 98), sollte Ihnen das auch nicht schwerfallen. Achten Sie darauf, dass Sie gegen Ende eines Satzes genug Luft haben, um ihn bis zuletzt gut betonen zu können, und holen Sie jeweils Luft, nachdem Sie ihn beendet haben.

Bewusste Atempausen

Es ist auch absolut zulässig, zwischendurch eine kurze Atempause einzulegen und wieder einmal richtig Luft zu holen. Längere Atempausen machen Sie am besten am Ende eines Abschnitts oder einer Gedankeneinheit, sonst verwirren sie.

Angemessenes Sprechtempo

Versuchen Sie, auf einer Bühne nicht schneller zu sprechen als sonst im Leben. Die Zeit läuft Ihnen nicht davon – höchstens das Publikum, wenn es Sie nicht versteht oder wenn Sie es mit Ihrem Sprechtempo überfordern.

Sprechen Sie klar und deutlich und verschlucken Sie keine Silben, Wort- und Satzendungen. Wenn Sie ruhig und ausgeglichen atmen, bereitet Ihnen das richtige Sprechtempo keine Mühe.

Sprechpausen machen

Setzen Sie während Ihres Referats immer wieder ganz gezielt kurze Sprechpausen. Das gibt Ihnen – wie oben beschrieben – die Möglichkeit, Luft zu holen, ermöglicht aber auch Ihrem Publikum, das soeben Gehörte einsinken zu lassen.

6. Der letzte Schliff

6.6 Was, wenns schiefgeht?

Ihnen passiert trotz bester Vorbereitung eine Panne? Sie haben einen kleinen Aussetzer? Wenn Sie gelassen und charmant mit einem Zwischenfall umgehen, kann er eine willkommene Abwechslung sein. Vielleicht sorgt er gar für Heiterkeit – und damit auch für Sympathie.

Kleine Störungen sind menschlich – ob sie nun von Ihnen, einer Drittperson oder durch die Technik verursacht werden. Das Publikum verzeiht sie in den meisten Fällen. Die Frage ist nur, wie Sie reagieren: Je souveräner Sie einer solchen Situation begegnen, desto mehr Sympathie gewinnen Sie bei Ihrem Publikum.

Black-out

Die grösste Angst eines jeden Redners ist die Angst vor dem Black-out, dem Totalausfall. Es kann sein, dass Sie durch die Anspannung und Konzentration auf Ihre Rede plötzlich vergessen, was Sie sagen wollten. In einem solchen Fall ist es das Beste, diesen Ausfall zu thematisieren. Zu sagen, dass Sie nun überhaupt nicht mehr wissen, was Sie sagen wollten, ist besser, als gelähmt auf dem Podium zu stehen wie das Kaninchen vor der Schlange. Eine mögliche Formulierung wäre zum Beispiel: «Jetzt ist mir gerade das passiert, wovor sich jeder Redner insgeheim fürchtet – ich habe ein Black-out. Jetzt gibt es zwei Möglichkeiten: wegrennen oder den Anschluss wieder finden. Ich entscheide mich für Letzteres – einen kleinen Moment bitte, ich muss mich schnell sammeln.»

Das Publikum wird Ihren Aussetzer mit einem Schmunzeln quittieren, und Sie haben Zeit, sich in Ihrem Manuskript oder auf Ihrer Stichwortliste zu orientieren und wieder Tritt zu fassen.

Versprecher

Kleine Versprecher sind völlig normal. Sie mögen für die Rednerin selber zwar irritierend und ärgerlich sein, für das Publikum sind sie hingegen, wenn sie nicht gerade in Serie auftreten, überhaupt kein Problem. Korrigieren Sie sich nötigenfalls und fahren

Sie fort, wie wenn nichts gewesen wäre. Das ist der natürlichste Umgang mit Versprechern, denn so reagieren wir auch im täglichen Gespräch mit einem oder mehreren Menschen.

> **Ist der Versprecher besonders witzig oder absurd, können Sie sich ruhig auch darüber lustig machen. Das zeigt dem Publikum, dass Sie sich selber nicht allzu ernst nehmen, und verschafft Ihnen Sympathie.**

Atempause einlegen

Wenn Versprecher in Serie auftreten und Sie es nicht mehr schaffen, in einen normalen und ruhigen Sprechfluss zurückzufinden, machen Sie eine kleine Pause: Nehmen Sie einen Schluck Wasser, atmen Sie tief und ruhig durch und setzen Sie dann Ihre Rede fort. Auch das können Sie thematisieren. Transparenz ist immer besser als nichts zu sagen – und verschafft ausserdem Wohlwollen.

Technische Pannen

Technische Pannen sind ärgerlich, können aber vorkommen. Versuchen Sie auch damit souverän umzugehen. Insbesondere ist es unangebracht, bei einem Ton- oder Lichtausfall die zuständigen Techniker im Saal zurechtzuweisen.

Versuchen Sie, eine technische Störung mit Ironie aufzufangen, zum Beispiel indem Sie sagen: «Sobald ich wieder etwas Licht habe, finde ich auch meine Worte wieder.»

Improvisieren

Ist eine technische Störung so gross, dass sie nicht sofort behoben werden kann, ist Ihr Improvisationstalent gefragt. Bevor Sie wertvolle Minuten damit verlieren, den Computer mit Ihrer Powerpoint-Präsentation wieder zum Funktionieren zu bringen, sprechen Sie besser ohne Präsentation weiter. Fällt das Mikrofon aus, können Sie, wenn der Saal nicht zu gross ist, versuchen, einfach mit etwas lauterer Stimme fortzufahren.

Störenfriede bändigen

Ärgerlicher als kleine technische Pannen oder Versprecher sind Störungen, die von aussen kommen, also vom Publikum. Vielleicht stört ein betrunkener Gast im Publikum Ihre Rede mit dümmlichen Sprüchen, oder eine Zuhörerin ist mit dem, was Sie sagen, nicht einverstanden und stört Ihren Auftritt immer wieder mit Zwischenrufen.

Den Störenfried ansprechen

Einen Zwischenrufer kann man getrost eine Zeitlang ignorieren, meist wird er ohnehin

6. Der letzte Schliff

von seinen Nachbarn im Publikum zurechtgewiesen. Geschieht das nicht oder lässt sich ein Zwischenrufer trotz Zurechtweisung nicht stoppen, müssen Sie selber aktiv werden: Sprechen Sie den Störenfried an, sagen Sie ihm, dass Sie froh wären, wenn Sie jetzt in Ruhe fertig reden könnten, und bieten Sie ihm, wenn Ihnen der Sinn danach steht, an, sich nach Ihrem Auftritt mit ihm persönlich zu unterhalten.

Das Publikum wird Sie – möglicherweise sogar mit einem Applaus – unterstützen, denn es ist auf Ihrer Seite: Auch es möchte gerne Ihre Rede ungestört zu Ende hören.

Um Unterstützung bitten

In krassen Fällen, wenn ein Zwischenrufer ausfällig wird oder Sie sogar bedroht, können Sie auch von der Bühne aus den Veranstalter oder anwesendes Sicherheitspersonal bitten, sich um ihn zu kümmern.

Unruhe im Publikum

Ein unruhiges Publikum wieder für sich zu gewinnen ist keine leichte Aufgabe. Unruhe kann aus verschiedenen Gründen entstehen. Möglicherweise haben Sie das Pech, als Letzter in einer langen Reihe von Rednerinnen und Rednern auftreten zu müssen, und das Publikum möchte keine weitere Rede mehr hören, sondern lieber endlich zum versprochenen Apéro schreiten. Oder die Luft im Saal ist inzwischen – im wahrsten Sinn des Wortes – so dick, dass die Zuhörenden schlicht nicht mehr aufnahmefähig sind. Es kann aber auch sein, dass das Servierpersonal just während Ihrer Rede die Anweisung bekommt, mit dem Abräumen der Tische zu beginnen.

Für diese Umstände sind Sie nicht verantwortlich, und Sie können die Störungen

Möglicherweise verärgern Sie mit dem, was Sie sagen, einen Teil des Publikums, und einzelne Zuhörende verschaffen sich mit Zwischenrufen Luft. Mehreren Zwischenrufern werden Sie nur Herr, wenn Sie diese direkt ansprechen: Sagen Sie ihnen, dass Sie damit leben können, dass nicht alle Anwesenden mit Ihnen einverstanden sind, bitten Sie sie aber gleichzeitig um Anstand und Ruhe, damit Sie ungestört fortfahren können. Bieten Sie der störenden Gruppe gegebenenfalls an, später im kleinen Kreis weiterzudiskutieren.

auch nur schlecht beheben, trotzdem haben Sie den Auftrag, mit Ihrer Rede weiterzufahren und sie zu Ende zu führen.

Das Publikum überraschen

Ein Mittel, um die Aufmerksamkeit des Publikums trotzdem zu erhalten, sind längere Redepausen, die Sie gezielt einsetzen. Wenn Sie einen Moment lang nichts sagen, ist das Publikum überrascht oder verunsichert und hört Ihnen höchstwahrscheinlich wieder zu.

Sie können auch versuchen, mit Ihrer Stimme zu arbeiten, also einmal lauter und dann wieder leiser zu sprechen. Als Faustregel gilt: Je lauter der Geräuschpegel im Saal, desto leiser sollten Sie sprechen. Wenn Sie versuchen, den Geräuschpegel zu übertönen, bleiben Sie chancenlos. Je lauter Sie sprechen, desto lauter werden nämlich auch die Leute im Publikum sprechen – wie in einer Bar, in der die Musik sehr laut ist. Idealerweise werden Sie leiser und dann wieder lauter, modulieren also Ihre Stimme. Damit haben Sie die grösste Chance, vom Publikum als Redner (wieder) wahrgenommen zu werden.

Ein schnelles Ende finden

Helfen diese Tricks nicht weiter, bitten Sie das Publikum ein-, höchstens zweimal um Ruhe. Wenn auch das nichts nützt, gibt es nur eines: Ihre Rede möglichst schnell zu einem Ende zu bringen, allerdings ohne dabei das Gesicht zu verlieren. Sagen Sie also nicht: «Ich komme jetzt zu einem Ende, weil sich sowieso niemand für das interessiert, was ich hier erzähle», denn so ziehen Sie den Unmut oder den Spott des Publikums erst recht auf sich. Kürzen Sie einfach Ihre Rede um ganze Abschnitte, ziehen Sie den Schluss vor und setzen Sie einen Punkt.

Teilnehmen an einer Podiumsdiskussion

Eine spezielle Form des Auftritts ist die Podiumsdiskussion: Sie sind eingeladen, mit anderen Gästen unter der Führung einer Gesprächsleiterin zu einem vorgegebenen Thema zu diskutieren.

Grundregeln

Die Regeln für die Teilnahme an einer Podiumsdiskussion sind zunächst die gleichen, wie wenn Sie als Einzelredner vor einem Publikum auftreten:

> Sprechen Sie eine Sprache, die allgemein verständlich ist: Verzichten Sie auf Fremdwörter und Fachausdrücke, machen Sie einfache Sätze.
> Verwenden Sie eine konkrete Sprache: Nennen Sie die Dinge beim Namen, füllen Sie inhaltsleere Floskeln und Wörter mit Inhalt, und machen Sie möglichst viele nachvollziehbare Beispiele und Vergleiche.
> Achten Sie auf Ihre Körperhaltung: Mit eingezogenen Schultern und gesenktem Blick wirken Sie unglaubwürdig und wenig überzeugend. Sitzen oder stehen Sie aufrecht, schauen Sie den Anwesenden in die Augen.
> Tragen Sie keine Kleider und Accessoires, die von Ihnen und Ihrem Inhalt ablenken: keine wild gemusterten Hemden, Anzüge oder Röcke, keine originellen Krawatten und Foulards, keinen allzu auffälligen Ohr- und Halsschmuck. Am besten sind ruhige, unifarbene Kleidungsstücke.

So gelingts

Anders als bei einer Rede, die Sie vorgängig strukturieren und formulieren, können Sie den Verlauf und den Inhalt einer Podiumsdiskussion nur bedingt selber bestimmen. Sie müssen dem von der Gesprächsleiterin vorgegebenen Gesprächsverlauf folgen und auf die Voten der anderen Gesprächsteilnehmer eingehen. Das verlangt von Ihnen hohe Aufmerksamkeit und Flexibilität. So bereiten Sie sich vor:

> Legen Sie zunächst Ihre Kernbotschaft, Ihre zentrale Aussage, fest. Diese gibt das Ziel vor, das Sie während der Diskussion erreichen wollen.
> Setzen Sie sich mit den Gegenargumenten auseinander und überlegen Sie sich, welche Fragestellungen diskutiert werden könnten: Welche Antworten, die zu Ihrem Ziel führen, könnten dazu passen?
> Überprüfen Sie, ob Ihre Antworten in sich stimmig, also kongruent sind.
> Antworten Sie immer zuerst auf die Frage des Gesprächsleiters, bevor Sie möglicherweise ein eigenes Thema lancieren.

Das sollten Sie während einer Podiumsdiskussion nicht tun

> Nehmen Sie keine Unterlagen mit zum Gespräch. Sie werden keine Zeit haben, nach der richtigen Zahl oder dem entscheidenden Zitat zu suchen. Notieren Sie sich vorgängig allenfalls die wichtigsten Zahlen, Daten und Fakten, die in der Diskussion ein Thema sein könnten, auf eine kleine Karte.
> Machen Sie sich während der Diskussion keine Notizen von den Voten anderer Gesprächsteilnehmer. Sonst verpassen Sie möglicherweise Schlüsselsätze oder Kernaussagen eines anderen Teilnehmers.
> Versuchen Sie nicht, auf ein bereits früher diskutiertes Thema einzugehen, wenn Ihnen vom Gesprächsleiter eine Frage zu einem neuen Thema gestellt wird. Beantworten Sie immer zuerst die aktuelle Frage, Sie können anschliessend immer noch eine kurze Ergänzung zu einem vorgängig diskutierten Thema machen.
> Stellen Sie Ihren Gesprächspartnern keine Fragen. Sie geben damit eigene Redezeit aus der Hand und dem Gegenüber eine Möglichkeit zur Profilierung.

7 Selber moderieren

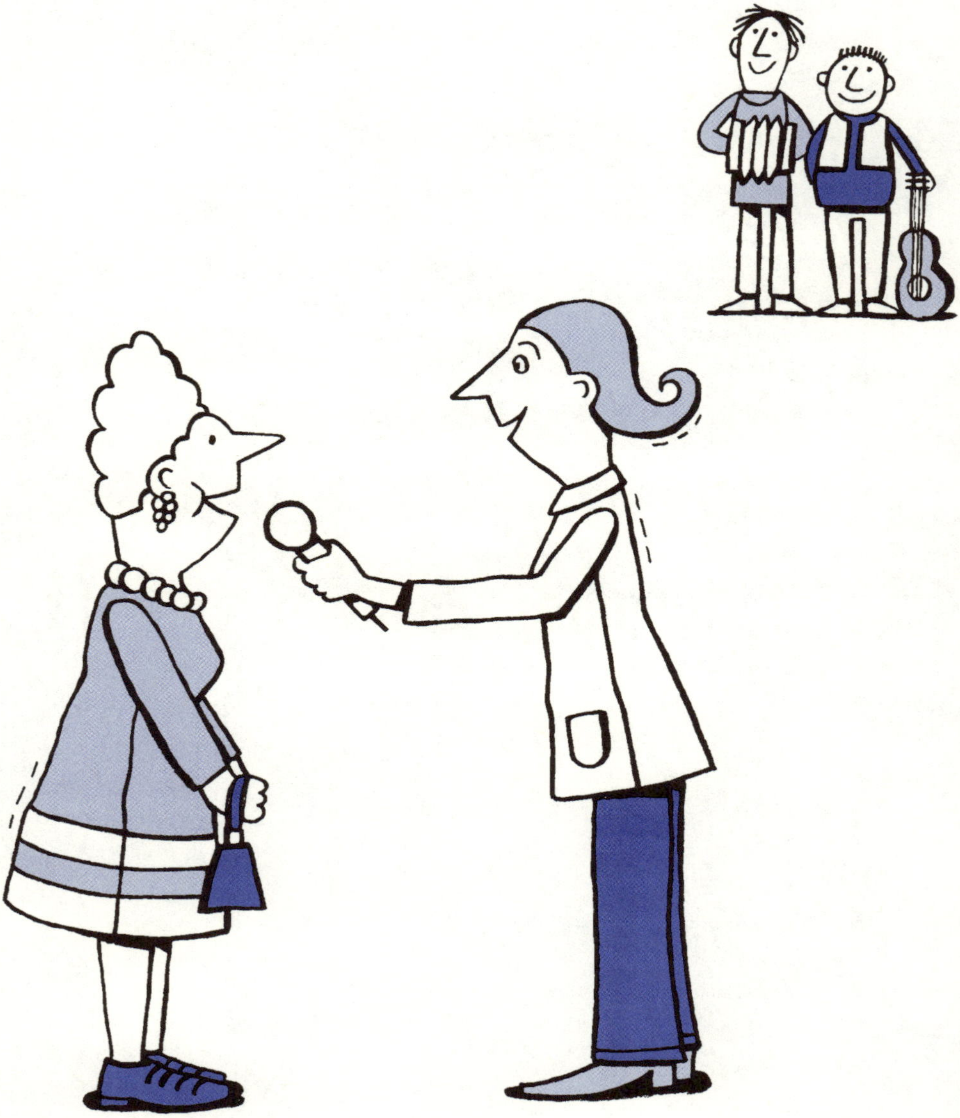

Ihr Verein gestaltet einen «Bunten Abend», Ihre Firma feiert das Firmenjubiläum, Ihre beste Freundin heiratet. Was jetzt noch fehlt, ist ein Moderator, eine Moderatorin – Sie. In diesem Kapitel finden Sie alle Tipps, damit Sie sich optimal auf die Aufgabe vorbereiten können.

7.1	**In eine neue Rolle schlüpfen**	**174**
	Vor und hinter den Kulissen wirken	174
	Das Programm verstehen	175
	Informationen besorgen	175
	Den Anlass gestalten	176
	Das Publikum einbinden	178
	Auf der Bühne ein Interview führen	178
	Die besten Fragetechniken	179

Den Auftritt richtig abschliessen — **184**

7. Selber moderieren

7.1 In eine neue Rolle schlüpfen

Als Moderator eines Anlasses haben Sie mehrere Aufgaben gleichzeitig: Sie sorgen für einen straffen Ablauf und die richtige Atmosphäre, Sie sind Ansprechperson für die Auftretenden und den Veranstalter. Und doch stehen nicht Sie, sondern die anderen im Mittelpunkt.

Aus Erfahrung darf ich Ihnen sagen: Einen Anlass zu moderieren ist ein schönes Erlebnis – wenn alles rund läuft und das Publikum mitzieht. Wenn der Funke aber nicht überspringt, weil man zum Beispiel schlecht vorbereitet oder in der falschen Stimmung ist, wenn eine Panne die nächste jagt oder das Programm unsorgfältig vorbereitet wurde, dann kann die Moderation eines Anlasses auch zu einem Erlebnis werden, das man lieber schnell wieder vergisst.

Vor und hinter den Kulissen wirken

Als Moderatorin schlüpfen Sie in eine neue Rolle. Sie sind weder Zuschauerin, wie Sie es vielleicht bisher an solchen Anlässen waren, noch Teil eines Programms, wie wenn Sie zum Beispiel als Rednerin auftreten. Sie sind nun diejenige, die durch das Programm führt und die anderen Auftretenden ankündigt.

Dabei schlüpfen Sie nicht nur in eine neue Rolle, sondern gleich in mehrere: Als Moderatorin eines Anlasses sind Sie zu einem

> **ÜBERSICHT: DIE AUFGABEN EINES MODERATORS**
>
> > Durch das Programm führen
> > Stimmung schaffen
> > Für eine gute Atmosphäre vor, auf und hinter der Bühne sorgen
> > Ansprechperson sein für die Auftretenden
> > Ansprechperson sein für Veranstalter bzw. Organisator
> > Auftretende in den Mittelpunkt stellen

grossen Teil mitverantwortlich für die Stimmung im Publikum, Sie müssen für einen reibungslosen Ablauf sorgen, sind Ansprechperson für den Organisator und rücken die Auftretenden ins richtige Licht. Eine anspruchsvolle Aufgabe, die Sie am besten bewältigen, wenn Sie sich zunächst einmal dieser vielen verschiedenen Rollen bewusst werden.

Das Programm verstehen

Als Moderator gestalten Sie in den wenigsten Fällen das Programm selber. Dies ist in der Regel die Aufgabe des Veranstalters oder eines zusätzlich engagierten Organisators. Gehen Sie mit dem Veranstalter oder Organisator (oder beiden) das Programm vorgängig sorgfältig durch.

Versuchen Sie zu verstehen, weshalb dieser Programmpunkt hier und jener dort geplant ist – fragen Sie nach. Versuchen Sie das Programm zu verstehen und zu «erfühlen»: Stimmt es im Rhythmus, sind Stimmungs- und Atmosphärenwechsel in der geplanten Reihenfolge möglich?

Finden Sie während dieses Vorbereitungsgesprächs auch heraus, was das Ziel der jeweiligen Programmpunkte ist: Soll ein Element eher unterhalten oder informieren? Ist die Stimmung der Rede eher fröhlich oder eher ernsthaft? Zu wissen, was geplant ist, hilft Ihnen, mit Ihrer Moderation immer den richtigen Ton zu treffen.

Informationen besorgen

Zur guten Vorbereitung für eine gelungene Moderation gehört, dass Sie sich alle nötigen inhaltlichen Informationen besorgen. Das gibt Ihnen die Sicherheit, dass Sie nichts Falsches erzählen und möglicherwei-

> **Teilen Sie Veranstalter und Organisator mit, wenn Sie den Eindruck haben, dass das Programm an der einen oder anderen Stelle nicht «fliesst», oder wenn Sie finden, dass zwischen zwei langen Reden ein Unterhaltungselement eine willkommene Auflockerung wäre. Sie sind diejenige Person, die durch das Programm führt, und deshalb muss es vor allem auch für Sie stimmen.**

> **Eine Checkliste mit Tipps für die Vorbereitung Ihrer Moderation finden Sie im Anhang. Hilfreich sind auch die sechs «W-Fragen» im Kasten auf Seite 176.**

se auf der Bühne von einem Redner korrigiert werden.

Eine gute Vorbereitung macht Ihre Moderationen gehaltvoll, Sie wirken kompetent und können das Publikum vielleicht sogar mit der einen oder anderen Information überraschen. Dabei spielt es keine Rolle, ob Sie einen Firmenanlass oder einen Unterhaltungsabend moderieren – sattelfest zu sein, lohnt sich in jedem Fall.

Den Anlass gestalten

Das Wort «moderieren» kommt aus dem Lateinischen (*moderare*) und heisst in seiner ursprünglichen Bedeutung «gestalten». Als Moderator sind Sie also ein Gestalter. Sie gestalten nicht nur, indem Sie durch das Programm führen, sondern auch mit der Art, wie Sie dies tun, nämlich mit der Sprache. So, wie in Kapitel 4.1 («Schriftdeutsch oder Dialekt», Seite 94) beschrieben, müssen Sie auch bei einer Moderation darauf achten, dass Sie eine gesprochene Sprache sprechen.

Wenn Sie im Dialekt moderieren, lohnt es sich, die Moderationskärtchen in Dialekthochdeutsch zu schreiben, also in einer Schriftsprache, die die Eigenheiten des Schweizerdeutschen berücksichtigt (mehr dazu Seite 95). Für Moderationskärtchen ist das Format A6 am besten geeignet.

ZUR VORBEREITUNG: SECHS W-FRAGEN

Haben Sie alle Informationen, die Sie für Ihre Moderation brauchen? Ein gutes Mittel, um dies zu überprüfen, sind die sechs W-Fragen. Wenn Sie diese beantworten können, kennen Sie die wichtigsten Fakten:

> **Wer?** Wer tritt auf?
> **Was?** Was zeigt, macht, spricht er?
> **Wie?** Wie gestaltet er seinen Auftritt?
> **Warum?** Warum tritt er auf, was ist das Ziel seines Auftritts, warum ist er der Richtige?
> **Woher?** Woher kommt der Auftretende, was ist sein Hintergrund?
> **Womit/mit wem?** Mit wem tritt er auf? Allein, zu zweit, als Gruppe? Womit tritt er auf? Mit einem Instrument, einem originellen Kostüm?

MODERATIONEN, DIE NEUGIERIG MACHEN

Moderation für ein Referat:
«Wird man in zwanzig Jahren in unseren Wintersportorten noch Ski fahren können? Diese Frage, sehr geehrte Damen und Herren, haben Sie sich vielleicht auch schon gestellt – nach all den Schreckensmeldungen, die wir in letzter Zeit über den Zustand unseres Klimas vernehmen mussten. Jemand, der sich diese Frage von Berufs wegen gestellt hat, ist der Klimaforscher Peter Ehrendinger. Die Antwort, die er gefunden hat, gibt er uns jetzt. Herzlich willkommen, Peter Ehrendinger.»

Moderation für eine Verabschiedung:
«23 Jahre hat er für diese Firma gearbeitet. 23 Jahre lang stand er Werktag für Werktag am Morgen früh bereits im Einsatz, damit wir bei Arbeitsbeginn in ein sauberes und aufgeräumtes Büro gehen konnten. Jetzt hat er seinen Dienst quittiert. Freiwillig. Denn er hat sich entschieden, zwei Jahre früher in Pension zu gehen, damit er, wie er sagt, noch etwas vom Leben hat. Ein Entscheid, den wir sehr gut verstehen können. Und doch möchten wir den Koni nicht einfach so ziehen lassen – denn ein bisschen Anerkennung für einen so langen Einsatz muss sein. Also, Konrad Bühler, komm bitte auf die Bühne – unter dem herzlichen Applaus deiner Kollegen.»

Moderation für einen Beitrag an einer Hochzeit:
«Wenn zwei sich trauen, dann trauen sie sich wirklich ... etwas zu: nämlich für den Rest ihres Lebens zusammenzubleiben, füreinander da zu sein und füreinander zu sorgen. Ob sich Martin und Karin da wohl zu viel zutrauen, das versuchen wir jetzt herauszufinden. Martins Geschwister laden das Brautpaar nämlich zum ultimativen Paartest ein. Martin und Karin, kommt bitte auf die Bühne.»

Eine Moderation sollte die Zuhörerinnen und Zuhörer «gluschtig» machen auf das, was kommt, und das schaffen Sie am besten, wenn Sie mit jeder Ansage das Publikum von neuem überraschen oder zumindest neugierig machen:

> Stellen Sie eine Frage zum Einstieg.
> Verraten Sie nicht schon zu Beginn der Moderation, wer jetzt auftritt, sondern erzeugen Sie Spannung.
> Steigen Sie mit einer Anekdote, einem Wortspiel, einer Redewendung ein.

7. Selber moderieren

Aufzählende Moderationen wirken schnell monoton und einfallslos und vermögen das Publikum nicht zu packen. Versuchen Sie also, Formulierungen wie «Und jetzt kommen wir …» oder «Als Nächstes kommen wir …» nicht zu oft zu verwenden.

Das Publikum einbinden

Um das Publikum bei der Stange bzw. bei Laune zu halten, müssen Sie es während Ihrer Moderation immer wieder «abholen». Das schaffen Sie am besten, indem Sie es direkt ansprechen.
Fragen Sie die Leute im Saal, ob der Hauptgang gut geschmeckt hat, ob sie gerne noch eine Zugabe der soeben aufgetretenen Künstler sehen würden oder ganz einfach, wie es ihnen geht.
Ein gutes Mittel sind auch Formulierungen in Ihren Ansagen wie:

> «Haben Sie sich auch schon immer gefragt, warum …?»
> «Möchten Sie auch gerne wissen, wie …?»
> «Stellen Sie sich einmal vor, Ihnen wäre … passiert.»

Auf der Bühne ein Interview führen

Vielleicht entscheiden Sie sich, als Auflockerung oder für wertvolle Zusatzinformationen zwischendurch kurze Gespräche mit den Auftretenden zu führen. Möglicherweise hat aber auch der Veranstalter bewusst einige Gesprächsblöcke ins Programm aufgenommen, um den Rhythmus zu durchbrechen oder eine spannende Dramaturgie zu erzeugen.

Ein Gespräch zur Auflockerung

Ein Interview kann ein gutes Mittel sein, um die Dramaturgie einer Veranstaltung aufzulockern oder einen starren Ablauf aufzubrechen. Es kann nach einer Darbietung auf der Bühne oder nach einer Rede auch wertvolle Zusatzinformationen liefern.

Interview statt Ansprache

Wenn zum Beispiel ein Veranstalter in seinem Programm Reden in Serie plant, fragen Sie ihn, ob Sie nicht allenfalls mit der einen oder anderen Rednerin ein Interview führen könnten statt sie reden zu lassen. Oft sind Redner sogar dankbar, wenn sie keine Rede vorbereiten müssen, sondern ihre wichtigsten Botschaften in einem Gespräch vermitteln können. Und auch für das Publikum ist es zwischendurch entspannend, einem Dialog statt einem Monolog zuhören zu können.

Überlegen Sie auch, ob Sie mit der Band nach deren Auftritt ein kurzes Gespräch führen möchten, zum Beispiel zu einem neuen Album oder zu den Zukunftsplänen. Auch das lockert ein Programm auf.

Klare Zielsetzung

Ein Interview muss eine klare Zielsetzung haben und richtig geführt werden. Überlegen Sie sich also gut, mit wem Sie warum ein Gespräch führen möchten und welchen Mehrwert das Gespräch liefern soll. Machen Sie ein Interview erst, wenn Sie sich über diese Fragen im Klaren sind.

Als Interviewer schlüpfen Sie neben Ihrer Moderatorenrolle noch in eine zusätzliche Rolle, nämlich in die des Fragestellers bzw. Gesprächsleiters. Ein Gespräch zu leiten bedeutet: echtes Interesse zeigen, neugierig sein, aufmerksam zuhören und nachfragen.

Die besten Fragetechniken

Versuchen Sie, in Ihrem Interview möglichst zwischen verschiedenen Fragetechniken abzuwechseln. Das macht das Gespräch weniger gleichförmig und damit lebendiger.

ÜBERBLICK: DIE VERSCHIEDENEN FRAGETECHNIKEN

Fragetechnik:	Beispiel:
Offene Frage	Warum haben Sie das gemacht?
Geschlossene Frage	Würden Sie es heute wieder tun?
Step down	Was heisst das konkret, können Sie ein Beispiel nennen?
Step up	Was bedeutet das nun, was sind Ihre Folgerungen daraus?
Aufmerksam zuhören, nachfragen	Warum?, Wie?, Was heisst das?
Recherchefragen vermeiden	Was machen Sie genau?

7. Selber moderieren

Offene und geschlossene Fragen

Eine gute Möglichkeit, Spannung in ein Gespräch zu bringen, ist der Wechsel zwischen sogenannt offenen und geschlossenen Fragen. Offen sind jene Fragen, die dem Gegenüber die Möglichkeit geben, sich auszubreiten. Geschlossene Fragen lassen als Antwort im Prinzip nur ein «Ja» oder ein «Nein» zu.

Ein Interview mit nur offenen Fragen kann schnell langfädig und monoton werden. Ein Interview mit nur geschlossenen Fragen ist kaum ergiebig. Ideal ist, wenn Sie in Ihrem Gespräch zwischen offenen und geschlossenen Fragen abwechseln.

Die Technik des *Step down*: konkretisieren

Antworten in einem Interview sind dann am spannendsten, wenn sie konkret sind, wenn der Interviewte also nicht einfach Allgemeinplätze behandelt, sondern auf Ihre Frage möglichst beispielhaft und verbindlich antwortet. Leider haben viele Menschen, auch weil sie es nicht gewohnt sind, die Tendenz, in Interviews unverbindliche und allgemeingültige Antworten zu geben. In dieser Situation eignet sich die Interviewtechnik des *Step down*, was wörtlich übersetzt bedeutet, einen «Schritt hinunter» zu machen. Praktisch heisst das, das Gegenüber nach seinen allgemeinen Ausführungen nach einem Beispiel oder nach dem konkreten Umsetzungsplan zu fragen.

Die Technik des *Step up*: verallgemeinern

Auch das Umgekehrte ist möglich: Wenn der Interviewte sich in allzu vielen Details verliert, können Sie ihn danach fragen, was das – in einem grösseren Zusammenhang gesehen – bedeutet. Diese Technik, mit der man einen «Schritt hinauf» macht, heisst in der Fachsprache *Step up*.

> **Versuchen Sie, in Ihren Interviews – genau wie zwischen offenen und geschlossenen Fragen – auch zwischen *Step-down*- und *Step-up*-Fragen abzuwechseln. Das macht das Interview abwechslungsreich und sorgt für einen Rhythmuswechsel.**

Nachfragen

Im weitesten Sinne gehört auch das Nachfragen zur Fragetechnik des *Step down/ Step up*. Versuchen Sie, so aufmerksam wie möglich zuzuhören und nicht schon an die nächste geplante Frage zu denken, wäh-

OFFENE UND GESCHLOSSENE FRAGE IM WECHSEL

So können Sie offene und geschlossene Fragen einsetzen:

«Warum haben Sie diesen beruflichen Wechsel damals gemacht?»

Auf diese Frage wird Ihnen Ihre Gesprächspartnerin zum Beispiel erzählen, warum die berufliche Herausforderung am alten Ort nicht mehr attraktiv war, warum sie sich schon lange nach einem neuen Beruf gesehnt hat und was am Schluss den Ausschlag gegeben hat, den Wechsel zu vollziehen.
Nach dieser Antwort, die vermutlich eher lang und ausführlich ausfällt, können Sie diesen Teil des Gesprächs beispielsweise mit folgender geschlossener Frage abschliessen:

«Haben Sie den Entscheid je bereut?»

Auf diese Frage wird die Antwort eher kurz ausfallen, möglicherweise sagt Ihr Gegenüber nämlich nur:

«Nein!»

BEISPIELE: *STEP DOWN* UND *STEP UP*

Sagt Ihnen der Interviewte, zum Beispiel ein Kommunalpolitiker, auf die Frage, was seine dringendsten politischen Ziele sind: «Wir müssen endlich etwas gegen die Jugendgewalt unternehmen», können Sie ihn – nach dem Prinzip des *Step down* – fragen: «Woran denken Sie da konkret, wie wollen Sie dieses Problem lösen?»

Antwortet er hingegen: «Es ist unglaublich, was in letzter Zeit in unserem Dorf passiert: Überfälle auf offener Strasse, Erpressungen auf dem Pausenplatz, Schlägereien – so kann das nicht weitergehen!», dann können Sie die Technik des *Step up* anwenden: «Was bedeutet das für Sie?» Er wird Ihnen dann zum Beispiel sagen: «Dass wir dringend etwas gegen die Jugendgewalt unternehmen müssen.»

7. Selber moderieren

rend Ihr Gegenüber am Reden ist, sondern entwickeln Sie Ihr Gespräch aus den Antworten, die Sie erhalten.

Oft reicht ein einfaches «Warum?», und Sie erhalten nach einer allgemein gehaltenen eine konkrete Antwort. Auch die Frage nach dem «Wie?» zwingt Ihren Gesprächspartner, konkret zu sagen, was er zu tun gedenkt.

Lieber nicht: Recherchefragen

Eine Frageform gilt es zu vermeiden: die sogenannten Recherchefragen, Fragen also, auf die Sie sich hätten vorbereiten können. Die Antworten sind meist langweilig und unergiebig.

Wenn Sie sich auf Ihre Moderationsaufgabe gut vorbereitet haben, sind Sie auf Recherchefragen auch gar nicht angewiesen, Sie wissen nämlich, wer Ihr Gesprächspartner ist und was seine wichtigsten Stationen sind. Aus diesem Wissen lassen sich in fast allen Fällen spannende Fragen ableiten.

ALTERNATIVEN ZUR RECHERCHEFRAGE

Eine Recherchefrage ist zum Beispiel die folgende:

«Was haben Sie bisher gemacht, was arbeiten Sie heute genau?»

Die Antwort darauf wird eine lange Aufzählung verschiedener beruflicher Stationen Ihres Gegenübers sein. Wenn Sie nur einen Teil Ihres Wissens in die Frage einfliessen lassen, ist bereits eine ganz andere Antwort möglich:

«Sie haben als Ingenieur gearbeitet, bevor Sie sich entschlossen haben, Kunsthändler zu werden. Was hat Sie zu diesem doch speziellen beruflichen Wechsel motiviert?»

Auf diese Frage werden Sie eine viel spannendere Antwort erhalten, weil Ihr Gegenüber aufgefordert ist, etwas über seine Motivation und damit auch über seine Person preiszugeben.

Den Auftritt richtig abschliessen

Weiter vorne in diesem Buch habe ich beschrieben, wie wichtig ein guter Start für einen erfolgreichen Auftritt vor Publikum ist. Ihre Zuschauerinnen und Zuhörer entscheiden in den ersten paar Sekunden der Begegnung intuitiv, ob Sie ihnen sympathisch sind oder nicht. Sie sollten deshalb bereits mit sicherem Schritt und selbstbewusst auf die Bühne treten, mit offenem Blick ins Publikum schauen und von Anfang an mit fester Stimme reden.

Der letzte Eindruck bleibt

Genauso wichtig wie der Beginn ist auch der Abschluss Ihres Auftritts – ganz gleich, ob Sie als Moderator oder als Rednerin auf der Bühne stehen. Dazu ein Beispiel: Stellen Sie sich vor, Sie besitzen in den Bergen eine kleine Ferienwohnung, die Sie auch an Gäste vermieten. Über Internet meldet sich eine Familie, Ihr erster Eindruck ist gut, und Sie entscheiden sich spontan, ihr die Wohnung zu überlassen. Als Sie eine Woche später – die Familie ist am Vormittag abgereist – wieder zu Ihrer Wohnung fahren, trifft Sie fast der Schlag: Überall herrscht grosse Unordnung, die Wände im Wohnzimmer sind mit Kinderzeichnungen verschmiert, und in der Küche stapelt sich ungewaschenes Geschirr. Klar, dass Ihr anfänglich positiver Eindruck blitzartig verblasst und Sie dieser Familie die Wohnung nie mehr vermieten werden.

Wie in diesem Beispiel verhält es sich auch mit Ihrem Auftritt: Sie können nach einem gelungenen Anfang einen guten Auftritt haben – doch wenn Sie den Abgang verpatzen, wird dieser letzte Eindruck dem Publikum nachhaltig in Erinnerung bleiben.

Die Rede inhaltlich abrunden

Das können Sie tun, um Ihre Rede mit einem guten Schluss abzurunden:

> Zählen Sie die wichtigsten Punkte Ihrer Rede oder Ihres Referats noch einmal kurz auf.
> Leiten Sie mit einer Formulierung wie «… und deshalb bin ich der Meinung, dass …» oder «… woraus klar wird, dass …» den Schluss Ihrer Rede ein.
> Fassen Sie nach dieser einleitenden Formulierung Ihre Kernbotschaft noch einmal mit wenigen Worten zusammen, so bleibt sie dem Publikum besser in Erinnerung.
> Bedanken Sie sich mit einem Satz, der den Schluss Ihres Auftritts markiert (zum Beispiel «Ich danke Ihnen für Ihre Aufmerksamkeit.»).

So wirken Sie bis zum Schluss sympathisch

Auch wenn Sie ganz erleichtert sind, dass Sie Ihren Auftritt hinter sich haben, vermeiden Sie einen übereilten Abgang. So klappts:

> Reden Sie bis ganz zum Schluss mit fester Stimme.
> Behalten Sie Ihren Blick nach den letzten Worten noch einen Augenblick lang beim Publikum und büscheln Sie erst dann in Ruhe Ihre Unterlagen.
> Wenn das Publikum applaudiert, geniessen Sie den Applaus, rennen Sie nicht gleich von der Bühne; schauen Sie nach allen Seiten und bedanken Sie sich mit einem Kopfnicken.
> Gehen Sie entschlossen und mit sicherem Schritt von der Bühne, vermeiden Sie es, von der Bühne zu schleichen.

Mit den Medien reden

8

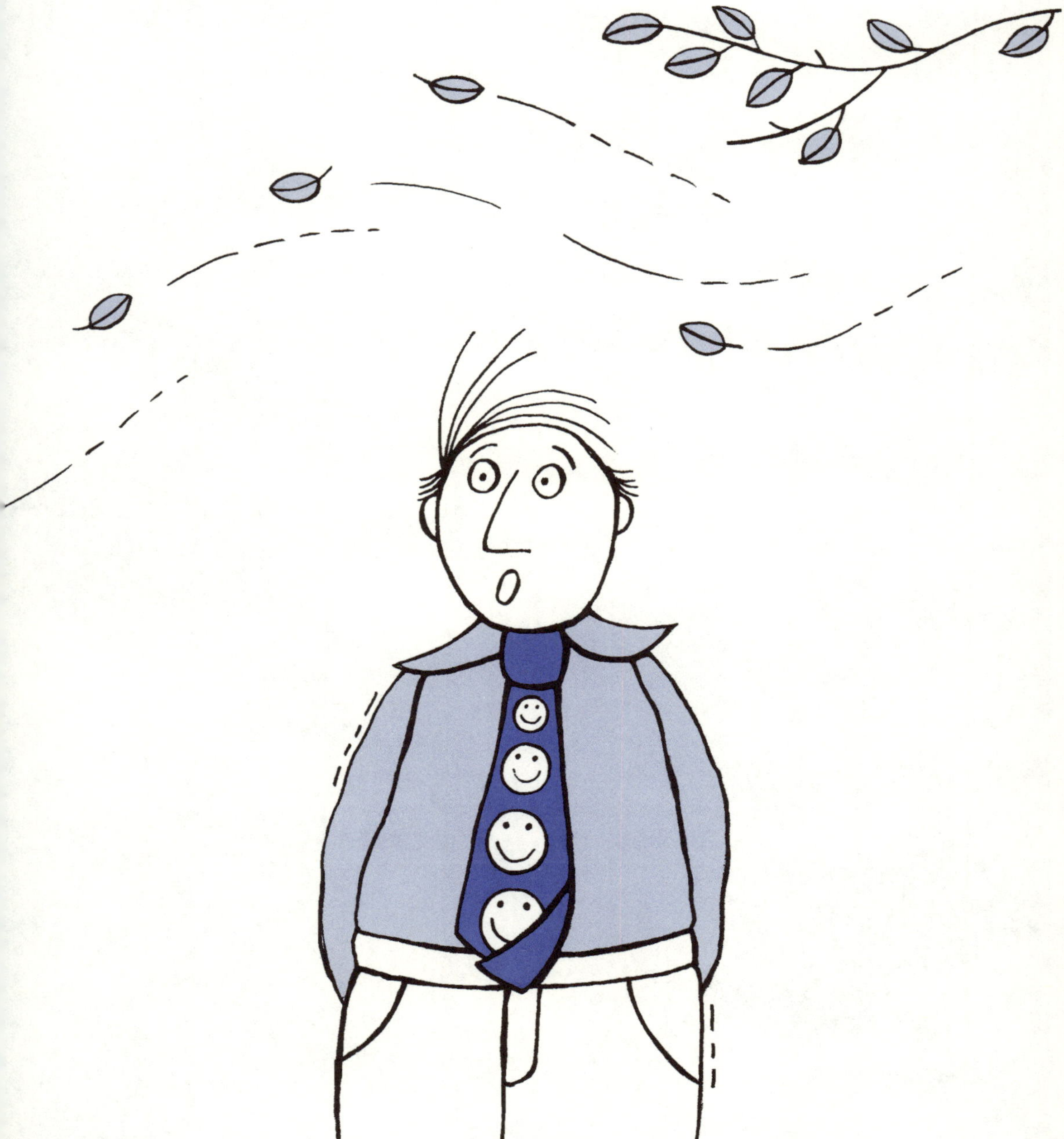

Vor einem Radiomikrofon oder einer Fernsehkamera zu reden ist anspruchsvoll. Wenn Sie gut gewappnet sind, können Sie die Chance eines Medienauftritts optimal nutzen.

8.1	**Vielfältige Medienlandschaft**	**190**	8.4 **Die Sprache wirksam**	
	Wachsendes Angebot	190	**einsetzen**	**206**
	Die Aufgabe der Journalistinnen		Keine Fachausdrücke oder	
	und Journalisten	193	Fremdwörter	206
	Ihre Rechte im Umgang		Gesprochene statt	
	mit den Medien	194	geschriebene Sprache	207
			Dialekt – aber richtig	207
8.2	**So arbeiten Journalisten**	**196**	Konkret, einfach, bildhaft	207
	Klassisch: der Bericht	196		
	Beobachtend: die Reportage	197	8.5 **Wenn das Radio kommt**	**210**
	Vielfältig: das Interview	197	Bilder im Kopf erzeugen	210
	Kurz und knapp: das Statement	199		
	Hintergründig:		8.6 **Wenn das Fernsehen kommt**	**212**
	das Recherche-Gespräch	201	Kleidung, Frisur, Schmuck	212
			Ruhiger Blick	213
8.3	**Die Botschaft anbringen**	**202**	Vertrauen erweckende Haltung	213
	Sind Sie die richtige Person?	202	Idealer Hintergrund	213
	Zeit ausbedingen	202	Vorteilhafte Kameraposition	214
	Fragestellung klären	202		
	Zusammenhängend antworten	203	**Streitgespräch und**	
	Mit Überraschungen		**Diskussionssendung**	**216**
	zurechtkommen	203		
	Dos and Don'ts im Umgang			
	mit Journalisten	205		

8. Mit den Medien reden

8.1 Vielfältige Medienlandschaft

Immer mehr Medien buhlen im Kampf um Aufmerksamkeit und Quoten um Interviewpartner. Es kann sein, dass Sie als Vereinspräsidentin, Gemeinderätin oder Firmeninhaber schon morgen von einem Journalisten für ein Statement oder Interview angefragt werden.

Der Auftritt vor einem Publikum hat – im Vergleich zu einem Medienauftritt – einen unbestreitbaren Vorteil: Als Auftretender spürt man jederzeit und unmittelbar, ob und wie eine Rede oder eine Ansprache bei den Zuhörenden ankommt. Je nach Improvisationstalent und Redefertigkeit kann man den Fortgang der Rede und die Aufmerksamkeit der Zuhörenden beeinflussen und auch einen Auftritt, der nicht ganz so glatt angelaufen ist, noch zu einem guten Ende bringen.

Völlig anders verhält es sich bei einem Auftritt in den Medien: Hier spricht man zwar zu einem meist sehr grossen Publikum, doch man sieht und spürt es nicht. Die Möglichkeit, bei einem misslungenen Auftritt das Publikum doch noch zu seinen Gunsten zu beeinflussen, besteht also nicht. Es lohnt sich deshalb, sich bereits vor dem ersten Medienauftritt mit den Gesetzmässigkeiten und Regeln der Medienwelt auseinanderzusetzen und sich auf einen Auftritt vor Mikrofon oder Kamera vorzubereiten.

> **Eine Aufzählung aller wichtigen Punkte, an die Sie bei einem Auftritt vor den Medien denken sollten, finden Sie in der entsprechenden Checkliste im Anhang.**

Wachsendes Angebot

In der deutschen Schweiz gibt es rund 40 Radiosender. Dazu gehören die öffentlich-rechtlichen wie die DRS-Ketten 1, 2, 3 und

4, Virus und Musigwälle sowie zahlreiche private Lokal- und Regionalsender. Ähnlich eindrücklich ist die Zahl der Fernsehsender: In der Deutschschweiz strahlen rund vier Dutzend Regional- und Lokalfernsehstationen ihre Programme aus. Mit den öffentlich-rechtlichen Sendern SF 1 und SF 2 sowie verschiedenen kommerziellen Anbietern kommen noch einmal mehrere sprach- bzw. überregionale Fernsehsender dazu.

Auch der Printbereich ist mit rund 50 Tageszeitungen in der deutschen Schweiz gut vertreten. Dazu gehören überregionale Publikationen wie Blick und Neue Zürcher Zeitung, aber auch Gratiszeitungen wie 20 Minuten und Blick am Abend sowie zahlreiche Lokal- und Regionalzeitungen. Hinzu kommen die Sonntagszeitungen und eine Vielzahl von periodisch erscheinenden Publikums-, Fach- und *Special-interest*-Zeitschriften wie Beobachter, Schweizer Illustrierte, Annabelle und Tierwelt, um nur einige wenige zu nennen.

Boomendes Internet

Eine immer grössere Bedeutung im Informationsbereich erhält das Internet: Die meisten Zeitungsverlage, Radiostationen und Fernsehsender bieten als Ergänzung zu ihrem eigentlichen Angebot News-Portale an, auf denen sie mit Newstexten, Live-Streams, Web-TV-Beiträgen und Audiofiles in kürzester Zeit über aktuelle Themen berichten.

Auf der Suche nach Informationen

Der Bedarf an Interviewpartnern ist gross, denn alle diese Medien müssen ihre Leserinnen und Leser, ihre Zuschauerinnen und Zuschauer und ihre Hörerinnen und Hörer tagtäglich und oft rund um die Uhr mit Informationen versorgen. Das bedeutet, dass Sie als Mitglied einer Behörde (Gemeinderat, Schulpflege) oder eines Parlaments, als Präsidentin oder Vorstandsmitglied eines Vereins oder eines Verbandes (Feuerwehr, Turnverein, Gewerkschaft) oder als Inhaber eines Unternehmens oder Geschäfts jederzeit ins Zentrum des medialen Interesses rücken können.

Stellen Sie sich vor, es brennt auf Ihrem Firmengelände oder der Bus, der Ihre Turnerinnen zum Turnfest bringen soll, verunglückt. Oder es kommt unter den Schülerinnen und Schülern der Schule, die Sie leiten, zu sexuellen Übergriffen. So sehr Sie in einer solchen Situation wahrscheinlich mit der Bewältigung des Ereignisses beschäftigt wären – in kurzer Zeit würden auch Zeitungs-, Radio- und Fernsehjournalisten mit ihren Schreibblöcken, Mikrofonen und Kameras vor der Tür stehen und eine Stellungnahme oder ein kritisches Interview von Ihnen wollen.

Es lohnt sich deshalb, sich bereits vor dem Ernstfall mit solchen Szenarien auseinanderzusetzen. Die richtige Kommunikation ist in einem Krisenfall fast ebenso wichtig wie die Bewältigung des Ereignisses selbst,

8. Mit den Medien reden

und sie kann zudem den weiteren Verlauf des Ereignisses stark beeinflussen. Stehen Sie als verantwortliche Person zum Beispiel nicht bereits in einer sehr frühen Phase den Medien Red' und Antwort, kann es sein, dass man Ihnen im Verlauf der Berichterstattung vorwirft, Sie nähmen Ihre Verantwortung nicht wahr.

> **Kommunikation geschieht nicht einfach, Kommunikation lässt sich ein Stück weit steuern. Wenn Sie sich diese Tatsache nicht zunutze machen, besteht die Gefahr, dass die Kommunikation eine Eigendynamik annimmt, die sich tatsächlich nicht oder nur mehr schwer beeinflussen lässt. Das hat unter Umständen für Ihren Ruf oder den Ruf der Institution, die Sie vertreten, verheerende Folgen.**

Lokale Ereignisse, nationale Ereignisse

Je nach Nachrichtenlage kann auch ein lokales Ereignis schnell zum nationalen Ereignis (gemacht) werden. Bei folgenden Beispielen rückten Kommunalpolitiker, Mitglieder von Behörden, Rettungskräfte und Armeekader unversehens ins nationale Rampenlicht:

> Sexuelle Übergriffe an Schulen
> Junger Mann schiesst mit Sturmgewehr an einer Bushaltestelle Mädchen tot
> Soldaten ertrinken bei Schlauchbootunfall auf der Kander
> Schweizer Jugendliche schlagen in München Mann halbtot
> Zwei Kinder ertrinken während Unwetter in reissendem Fluss – Schlamperei der Sozialbehörde?

Nicht in allen Fällen verlief die Kommunikation optimal, und manchmal nahm sie eine Eigendynamik an, die für alle Betroffenen höchst unangenehm war. Das zeigt, wie wichtig es ist, dass man sich beispielsweise auch als Behördenmitglied auf Gemeindeebene auf den Umgang mit den Medien in Ernst- und Krisenfällen vorbereitet.

Die Aufgabe der Journalistinnen und Journalisten

«Die Medien kommen doch sowieso nur, wenn es etwas über einen Skandal oder eine Katastrophe zu berichten gibt.» Dieser Satz, den Journalistinnen und Journalisten bei ihren Einsätzen immer wieder hören, stimmt – und stimmt nicht. Journalisten berichten über das, was ihr Publikum interessieren könnte. Und uns Menschen interessiert das, was von der Norm, vom Alltag abweicht, viel mehr als das Gewöhnliche und Alltägliche.

Ein Beispiel: Die Schlagzeile «An der Schule Bubendorf läuft alles normal» würde, ausser vielleicht die betroffene Schulleitung, die Lehrerschaft und die beruhigten Eltern, kaum jemanden interessieren. Die Schlagzeile «An der Schule Bubendorf läuft *wieder* alles normal» macht hingegen bereits einen grösseren Kreis neugierig, weil an der Schule Bubendorf offensichtlich eine Zeitlang etwas nicht normal gelaufen ist. Der Leser, die Leserin fragt sich: Was?

Ganz klar auf ein breites Interesse würde die Schlagzeile «An der Schule Bubendorf läuft nichts normal» stossen, weil sie einen Bericht über Vorgänge verspricht, die von der Normalität abweichen.

Informationen vermitteln

Es ist Aufgabe und Pflicht eines Journalisten, über das zu berichten, was seine Leserinnen, Hörer oder Zuschauerinnen interessiert. Ebenso gehört es zu den Aufgaben des Journalisten, Sachverhalte (kritisch) zu hinterfragen, Ereignisse einzuordnen und mit möglichst allen direkt und indirekt Betroffenen zu reden.

Natürlich achtet ein Journalist auch darauf, dass die Nachrichten, die er vermittelt, von einer gewissen Relevanz sind. Dies kann sich jedoch – je nach Nachrichtenlage und allgemeiner Stimmung in der Bevölkerung – schnell ändern: Läuft zum Beispiel in den Medien gerade eine «Abzocker»-Debatte, rückt ein bisher unbescholtener Pensionskassenverwalter mit Millionenboni viel eher ins Zentrum des Interesses, als wenn die Managerlöhne gerade kein Thema sind.

Die Arbeit der Medienschaffenden respektieren

Dass diese Gesetzmässigkeiten für die Betroffenen nicht immer angenehm sind, liegt auf der Hand. Trotzdem ist es wichtig und richtig, den Journalisten in seiner Aufgabe und Rolle zu respektieren: Er macht «nur» seinen Job. Wenn es Ihnen gelingt, diese Haltung einzunehmen, dann können Sie einem Journalisten auch in einer Krisensituation als gleichberechtigtem Partner gegenübertreten. Das entspannt die Situation und erleichtert die Arbeit für beide Seiten.

8. Mit den Medien reden

Ihre Rechte im Umgang mit den Medien

Selbstverständlich sind Sie den Medien trotz allem Verständnis für deren Aufgabe nicht einfach ausgeliefert. Sie haben Rechte, die Sie geltend machen können.

Rechte am eigenen Wort

Sie haben ein Anrecht darauf zu wissen, wie, wo und in welchem Zusammenhang Sie zitiert werden. Fragen Sie die Journalistin, die Sie interviewen möchte, in welchem Medium und in welchem Kontext Ihre Aussagen erscheinen. Sie dürfen auch wissen, ob Sie die einzige Person sind, die zitiert wird, oder ob noch andere Personen interviewt werden. Falls Gegenstimmen geplant sind, fragen Sie, wer diese sind und welche Positionen sie vertreten.

Falls Sie für eine Zeitung interviewt werden, sagen Sie der Journalistin, dass Sie Ihre Aussagen gerne gegenlesen würden. In der Schweiz wird diese Möglichkeit grundsätzlich immer zugestanden. Es kann vorkommen, dass bei der nachträglichen Bearbeitung eines Interviews – ohne böse Absicht – Aussagen zu stark verkürzt oder missverständlich wiedergegeben werden. Wenn Ihnen die Journalistin Ihre Aussagen vor der Veröffentlichung per E-Mail zuschickt oder am Telefon vorliest, können

Unklarheiten aus dem Weg geräumt und nachträgliche Streitigkeiten verhindert werden.

Missbrauchen Sie das Recht, Ihre Aussagen gegenzulesen, nicht dazu, diese zurückzuziehen oder nachträglich inhaltlich zu verändern.

Sollten Sie falsch oder ohne Ihr Wissen zitiert worden sein, können Sie eine Gegendarstellung verlangen. Eine weitere Möglichkeit, um nach der Veröffentlichung eines irreführenden Zitats zu Ihrem Recht

Bei Fernseh- und Radiointerviews ist die Möglichkeit, Antworten vor der Ausstrahlung noch einmal zu sehen oder zu hören, nicht oder nur begrenzt möglich. Sprechen Sie mit dem Journalisten am besten schon vor Ort ab, welche Antworten für eine Ausstrahlung geeignet sind.

zu kommen, bietet eine Beschwerde beim Presserat oder – falls ein Unternehmen einen solchen hat – beim Ombudsmann. Bei einer krassen Verletzung Ihrer Rechte können Sie auch die Unabhängige Beschwerdeinstanz für Radio und Fernsehen (UBI) oder ein Gericht anrufen.

Rechte am eigenen Bild

Sie haben grundsätzlich auch das Recht zu wissen, ob und was für ein Bild von Ihnen in der Zeitung oder im Fernsehen erscheint. In der Praxis ist dieses Recht allerdings schwer durchzusetzen. So können Sie zum Beispiel bei öffentlichen Auftritten unmöglich kontrollieren, wer von Ihnen in welcher Situation was für ein Bild macht.

Allerdings haben Sie, auch wenn Sie eine Person von öffentlichem Interesse sind, Anrecht auf den Schutz Ihrer Privatsphäre. Das heisst, wenn Sie sich in privater Umgebung oder in privatem Raum bewegen, haben Sie das Recht auf Schutz der eigenen Persönlichkeit und dürfen dort weder fotografiert noch gefilmt werden.

Auf öffentlichem Grund und bei einer öffentlichen Veranstaltung, zum Beispiel an einer Medienkonferenz, muss allerdings jede Person, die sich dort aufhält, damit rechnen, auch ohne Einverständnis abgebildet zu werden.

Sollte mit der Veröffentlichung eines Bildes Ihre Privatsphäre verletzt worden sein, haben Sie ähnliche Beschwerdemöglichkeiten, wie wenn Sie falsch zitiert worden sind.

Personen von öffentlichem Interesse können, je nach Situation, auch Behördenmitglieder auf Gemeindeebene, Feuerwehrkommandanten etc. sein.

8. Mit den Medien reden

8.2 So arbeiten Journalisten

Es lohnt sich, die wichtigsten journalistischen Formen zu kennen. Damit lassen sich Unstimmigkeiten und Missverständnisse verhindern. Und wenn Sie wissen, worauf es ankommt, holen Sie das Beste für sich heraus.

Wenn Sie von einem Journalisten kontaktiert werden, wird er in der Regel ein Interview, ein Statement oder eventuell ein Recherchegespräch von Ihnen wollen. Daraus entsteht je nachdem ein Bericht oder eine Reportage, oder aber das Interview wird als solches ganz oder auszugsweise wiedergegeben. Ein Statement wird, wenn Sie es geschickt formulieren, zumeist unverändert gesendet bzw. abgedruckt.

In diesem Kapitel erhalten Sie einen Überblick über die verschiedenen journalistischen Formen. Beachten Sie, dass Journalismus keine exakte Wissenschaft ist – die einzelnen Formen können sich vermischen.

Klassisch: der Bericht

Der Bericht ist die häufigste Form der Informationsvermittlung. Im Zusammenhang mit Zeitungen kann von einem Artikel die Rede sein, bei Fernsehen oder Radio von einem Beitrag: Auch in diesen Fällen ist meist die Form des Berichts gemeint.

Ein Bericht stellt Zusammenhänge her, ordnet ein und zitiert eine oder mehrere Personen. Grundlage des Berichts ist die sogenannte Recherche. Dafür schaut der Journalist in Zeitungsarchiven nach, was zum Thema bereits geschrieben wurde. Er ruft Websites ab, konsultiert offizielle Verlautbarungen, liest Statistiken und Jahresberichte und führt Gespräche.

Die Zitate in einem Zeitungstext (und die sogenannten Originaltöne in einem Fernseh- oder Radiobeitrag) entstehen entweder aus diesen Gesprächen oder aus zusätzlichen Interviews mit ausgewählten Protagonisten. Oft braucht der Journalist auch nur ein Statement (siehe Seite 199), um seinen Bericht mit einem Zitat anzureichern.

Beobachtend: die Reportage

Die Reportage ist eine beobachtende Form der Berichterstattung. Der Journalist begleitet einen oder mehrere Protagonisten, spürt Stimmungen nach, filmt oder beschreibt, was er sieht und was geschieht.
Interviews bzw. Gespräche entstehen meist aus der Situation heraus. Sie geben in einer Reportage im Normalfall die momentane Stimmungslage und unmittelbare Wahrnehmung der Protagonisten wieder.

Vielfältig: das Interview

Das Interview ist ein Wechselspiel zwischen Frage und Antwort und wird ganz oder in Teilen – zum Beispiel in einem Bericht oder in einer Reportage – veröffentlicht bzw. ausgestrahlt. Für die Zeitung wird ein Interview nach dem Gespräch durch den Journalisten bearbeitet: Er strafft die Antworten und ordnet möglicherweise den Ablauf neu. Auch Radio- und Fernsehinterviews werden bearbeitet, zum Beispiel gekürzt oder neu strukturiert.
Es gibt – je nach Form der Berichterstattung und Medium – verschiedene Formen des Interviews. Beachten Sie auch hier, dass sich diese Formen vermischen können.

Das integrale Interview

Oft werden in Zeitungen und elektronischen Medien Interviews integral, das heisst mit den Fragen des Journalisten und Ihren Antworten darauf, abgedruckt bzw. ausgestrahlt.
Zeitungsinterviews werden immer bearbeitet. Mündliche Antworten sind nämlich, wenn man sie wörtlich niederschreibt, meistens sehr umständlich, auch wenn sie weder besonders lang noch besonders un-

---

DER KOMMENTAR

Auf den Kommentar haben Sie als Person oder als Vertreter der Institution, über die geschrieben wird, keinen Einfluss. Der Kommentar gibt die persönliche Meinung oder Haltung eines Journalisten wieder und muss darum, im Unterschied zu einem Bericht, nicht ausgewogen sein. In der Zeitung wird der Kommentar deutlich gekennzeichnet, entweder durch den Titel «Kommentar», eine Umrandung oder durch eine eigene, zum Beispiel kursive Schrift. In Radio und Fernsehen kommen Kommentare eher selten vor, und dann vor allem bei Grossereignissen wie zum Beispiel Wahlen.

8. Mit den Medien reden

geschickt formuliert sind. Zu den Aufgaben des Zeitungsjournalisten gehört es, sie für die schriftliche Wiedergabe – also für das gedruckte Interview – zu reduzieren. Dieser Vorgang ist anhand eines Beispiels im Kasten dokumentiert.

WIE AUS EINER GESPROCHENEN ANTWORT EINE GESCHRIEBENE WIRD

Ich interviewte einst für eine Zeitung einen sehr redegewandten Politiker. Auf die Frage «Weshalb machen Sie Politik?» antwortete er wörtlich:

«Also, ich mache Politik, weil ich das Gefühl habe, wir leben in einer wunderbaren Welt, in der man gestalten muss, und ich möchte das nicht einfach anderen überlassen. Das ist meine Welt, die Welt meiner Kinder. Das ist eine Welt, der man Sorge tragen kann, doch dann musst du dich engagieren; und dann ist die Politik eines der möglichen Felder, wo du dich engagieren kannst – es ist nicht das Einzige, aber es ist eines – und das ist der Grund, dass ich … Ich möchte nicht die Faust in den Sack stecken und es den anderen überlassen, wie man die Welt gestaltet. Das kannst du nicht nur in der Politik, das kannst du auch in der Religion, in der Kunst sowie auch an anderen Orten machen. Mir war die Politik aufgrund der Familie, der Diskussionen, schon als Kind einfach näher als mögliches Feld, einen kleinen Einfluss auf diese Gesellschaft zu haben, die mir wichtig ist.»

In der gedruckten Form lautete die Antwort so:

«Wir leben in einer wunderbaren Welt. Doch diese Welt muss man gestalten, und das möchte ich nicht anderen überlassen. Gestaltungsmöglichkeiten gibt es viele, zum Beispiel in der Religion, in der Kunst. Mir lag, weil ich in einem sehr politischen Elternhaus aufgewachsen bin, die Politik näher als andere Gebiete.»

Inhaltlich unterscheidet sich die bearbeitete Antwort nicht vom Original, doch sie ist kürzer, geraffter, präziser und verständlicher. Der zitierte Politiker erkannte sie als seine Antwort wieder und akzeptierte sie beim Gegenlesen in dieser Form.

Interview-Ausschnitte

Meist werden für Radio-, Fernseh- oder Zeitungsberichte längere Gespräche geführt, die dann nur auszugsweise wiedergegeben werden, zum Beispiel als Zitate oder Statements in einem Bericht oder Beitrag. Schauen Sie deshalb auch in einem längeren Interview darauf, dass Ihre Antworten klar, strukturiert und zusammenhängend sind und im Idealfall Statementlänge (maximal 25 Sekunden) nicht überschreiten.

Kurz und knapp: das Statement

Ein Statement ist die kürzeste und meistgebrauchte Form des Interviews, wenn es darum geht, jemanden in einem Radio- oder Fernsehbericht zu zitieren. Ein Statement ist im Normalfall die Antwort auf eine Frage und nicht länger als 15 bis 25 Sekunden. Hier können persönliche Meinungen oder Haltungen wiedergegeben, aber auch Ereignisse zusammengefasst oder weitere Schritte angekündigt werden (zum Beispiel bei einem Unglück oder einer Katastrophe). Statements können auch gesondert gesendet werden, zum Beispiel, wenn Parlamentsmitglieder zu einem Regierungsbeschluss, der in einem vorgängigen Bericht erläutert wurde, befragt werden.

Drei Schritte – keine Zahlen, keine Details

Ein Statement zu formulieren ist anspruchsvoll. In kurzer Zeit müssen unter Umständen komplexe Sachverhalte korrekt und trotzdem verständlich wiedergegeben werden. Es ist deshalb ratsam, sich eine kurze Vorbereitungszeit auszubedingen, bevor Sie ein Statement abgeben. Im Normalfall

> **Wenn Sie nach einem Unglück ein Statement abgeben müssen, schildern Sie am besten, was geschehen ist, was jetzt gerade geschieht und wie die nächsten Schritte aussehen.**

> **Verzichten Sie in einem Statement auf (zu viele) Zahlen, Details und komplizierte Erklärungen. Seien Sie in Ihren Formulierungen möglichst konkret und arbeiten Sie mit bildhaften Beispielen und stimmigen Vergleichen. Dann bleibt das, was Sie sagen, beim Publikum haften.**

8. Mit den Medien reden

erfahren Sie vom Journalisten auch bereits bei seiner Anfrage, welche Frage er Ihnen stellen wird.

Überlegen Sie sich kurz, was Ihre Kernbotschaft sein soll und wie Sie diese herleiten möchten. Wie bei einer Rede ist es auch bei einem Statement am besten, wenn Sie es in drei Schritte unterteilen. In einer knappen Einleitung sagen Sie, worum es Ihnen geht, im Hauptteil führen Sie Ihre Überlegungen aus, und in einem kurzen Schluss ziehen Sie die Folgerungen aus diesen Überlegungen.

GELUNGENE STATEMENTS

Die Politikerin
(1) «Den Beschluss des Regierungsrates findet unsere Partei völlig daneben.
(2) Seit Jahren klagt die Regierung, dass zu wenig Geld in der Kasse liegt. Jetzt will man plötzlich wieder Geld ausgeben. Woher soll dieses Geld denn kommen, wenn die Kasse schon fast leer ist?
(3) Aus diesem Grund werden wir den Regierungsbeschluss mit allen Mitteln bekämpfen.»

Der Feuerwehrmann
(1) «Es ist im Moment schwierig, eine genaue Übersicht über die Folgen des Grossbrandes zu geben.
(2) Zurzeit können wir sagen, dass drei Wohnhäuser im Dorfkern sowie zwei angrenzende Ställe in Brand stehen. Menschen und Tiere konnten glücklicherweise evakuiert werden. Es wird zurzeit niemand vermisst.
(3) Jetzt geht es in erster Linie darum zu verhindern, dass das Feuer auf weitere Gebäude übergreifen kann.»

Die Klimaforscherin
(1) «Durch die starke Luftverschmutzung entsteht über den grossen Städten Asiens eine Art Deckel.
(2) Dieser Deckel verhindert einerseits, dass die Sonne durchdringen kann.
(3) Andererseits entsteht unter dem Deckel gleichzeitig eine sehr hohe Feuchtigkeit, die nicht mehr entweichen kann und sich deshalb in immer grösseren Regenfällen entlädt.»

Hintergründig: das Recherche-Gespräch

Recherche-Gespräche helfen der Journalistin, Zusammenhänge zu verstehen und Hintergrundinformationen zu bekommen. Solche Gespräche können unter Umständen recht lang sein und sind im Normalfall nicht dazu gedacht, veröffentlicht zu werden. Fragen Sie aber zur Sicherheit, ob es sich um ein reines *Off-the-record*-Gespräch handelt, das nicht dazu gedacht ist, in Zitatform veröffentlicht zu werden, oder ob die Absicht besteht, Teile daraus zu zitieren. In letzterem Fall hätten Sie das Recht, Ihre Aussagen vor der Veröffentlichung gegenzulesen (mehr dazu Seite 194).

Im Unterschied zum Statement und zum Interview sind im Recherche-Gespräch möglichst viele Zahlen, Daten und Fakten gefragt. Auch haben Sie hier die Gelegenheit, komplexe Zusammenhänge detailliert zu beschreiben.

Reden Sie auch in einem Recherche-Gespräch so verständlich und nachvollziehbar wie möglich und in einer einfachen Sprache. Sie können damit Missverständnisse und Unklarheiten verhindern, denn die Journalistin hat möglicherweise erst wenig Fachwissen. Fragen Sie zur Sicherheit zwischendurch nach, ob alles klar und verständlich ist.

8.3 Die Botschaft anbringen

Sie haben es zu einem grossen Teil in der Hand, Ihre Botschaft in Ihrem Sinne in den Medien zu platzieren. Wenn Sie sich kurz, knapp und klar ausdrücken, kann an Ihren Antworten kaum mehr etwas verändert werden.

Wenn Sie von einem Journalisten für ein Interview oder Statement angefragt werden, fragen Sie als Erstes, worum es genau geht. Sie dürfen wissen, für welches Medium und in welchem Zusammenhang Sie interviewt werden und ob im geplanten Beitrag neben Ihnen auch noch andere Personen zu Wort kommen. Fragen Sie auch, welche Stossrichtung der Beitrag oder Artikel hat und welche Rolle Sie darin spielen.

Sind Sie die richtige Person?

Wenn Sie wissen, für welches Medium, für was für einen Beitrag und in welchem Zusammenhang Sie interviewt werden, lohnt es sich zu überprüfen, ob Sie für dieses Gespräch die richtige Person sind. Falls Sie zum Schluss kommen, dass dies nicht der Fall ist, dürfen Sie den Journalisten selbstverständlich auch an einen geeigneten Gesprächspartner verweisen.

Zeit ausbedingen

Auch wenn Journalistinnen und Journalisten oft unter grossem Zeitdruck arbeiten und ihre Abschlusszeiten einhalten müssen, dürfen Sie sich bei einer Anfrage etwas Zeit ausbedingen. Eine Journalistin kann von Ihnen nicht verlangen, dass Sie gleich beim ersten Anruf Red' und Antwort stehen. Fragen Sie, bis wann spätestens sie von Ihnen eine Antwort braucht, und machen Sie mit ihr verbindlich einen Zeitpunkt aus, an dem Sie ihr ein Interview oder ein Statement geben.

Fragestellung klären

Klären Sie bereits bei der ersten Kontaktaufnahme des Journalisten die Grundfragestellung des Interviews. Wenn Sie diese kennen, können Sie sich inhaltlich auf das Gespräch vorbereiten. Überlegen Sie sich, was Ihre Kernaussage, Ihre Botschaft sein soll, und bereiten Sie sich argumentativ darauf vor.

> **Vom Journalisten zu verlangen, dass er Ihnen seine Fragen gibt, ist nicht ideal, denn möglicherweise fallen ihm auf dem Weg zu Ihnen noch andere Themen ein, oder es ergeben sich während des Gesprächs aus Ihren Antworten neue Fragen. In einer solchen Situation darauf zu beharren, dass Sie nur die ursprünglich formulierten Fragen beantworten wollen, ist einem angenehmen Gesprächsklima abträglich und erweckt den Eindruck, dass Sie auf spontane Fragen nicht antworten können oder wollen.**

Fragen nicht beantworten

Sollten Sie im Gespräch mit Fragen konfrontiert werden, die Sie nicht beantworten können (weil Sie dafür zum Beispiel die falsche Person sind), weisen Sie den Journalisten im Gespräch darauf hin. Sagen Sie nicht: «Dazu sage ich nichts» oder «No comment», sondern erläutern Sie, weshalb Sie auf diese Frage nichts sagen können. Eine korrekte Begründung ist auch für den Journalisten einsichtig.

Die erste Frage klären

Fragen Sie den Journalisten unmittelbar vor Beginn des Gesprächs, wie die erste Frage lautet. Er wird sie Ihnen in der Regel sagen, denn auch er hat ein Interesse an einem guten Start. Wenn Sie die erste Frage kennen, können Sie sich noch einen Moment lang überlegen, was Sie antworten werden.

Zusammenhängend antworten

Damit der Journalist nach dem Gespräch mit Ihnen nicht gezwungen ist, Antworten zu kürzen oder massiv zu straffen, versuchen Sie Ihre Antworten so kurz, präzis und zusammenhängend wie möglich zu halten. Am besten teilen Sie Ihre Antworten, wie eine Rede, in Dreierschritte ein, wobei der zweite Schritt aus dem ersten folgt und der dritte aus dem zweiten. Ist die Antwort dann noch kurz und ohne grosse Ausschweifungen formuliert, haben Sie die Gewähr, dass der Journalist sie nicht oder nicht stark bearbeiten wird, weil das gar nicht möglich wäre, ohne sie zu entstellen.

Mit Überraschungen zurechtkommen

Sollten Sie von einer Frage derart überrascht werden, dass Sie noch nicht genau

8. Mit den Medien reden

> **ZEIT GEWINNEN**
>
> Hier zwei Beispiele, wie Sie mit Hilfsstrukturen den Rank finden:
>
> **Vergangenheit/Gegenwart**
>
> (1) «Noch in den 60er- und 70er-Jahren war der Arbeitsfriede nicht gefährdet: Die Sozialpartner hielten sich an die gesamtarbeitsvertraglichen Vereinbarungen.
>
> (2) Seit die Wirtschaftswelt immer stärker globalisiert ist, interessieren sich immer weniger Unternehmen für diese von Land zu Land verschiedenen Vereinbarungen.
>
> (3) Aus diesem Grund müssen wir als Gewerkschaft in Zukunft noch viel mehr für die Rechte der Arbeitnehmerinnen und Arbeitnehmer kämpfen, sonst gehören sie zu den grossen Verlierern der Globalisierung.»
>
> **Einerseits/Andererseits**
>
> (1) «Das Auto ist einerseits ein hervorragendes Transportmittel, um schnell und flexibel von A nach B zu gelangen.
>
> (2) Andererseits ist das Auto einer der grössten CO_2-Verursacher.
>
> (3) Wir müssen uns in Zukunft also sehr wohl überlegen, ob wir das Auto wie bisher bedenkenlos gebrauchen können, oder ob wir nicht mehr auf Modelle wie den kombinierten Verkehr Schiene – Auto setzen sollten.»

wissen, was Ihre Kernbotschaft sein wird, können Sie sich mit einer Hilfsstruktur Zeit verschaffen. Hilfsstrukturen können die «Einerseits/Andererseits»-, die «Vergangenheit/Gegenwart»- oder die «Vorteil/Nachteil»-Struktur sein.

Schildern Sie auf eine überraschende Frage beispielsweise zunächst, wie es bisher war und wie es heute ist (Vergangenheit und Gegenwart) oder was die Vorteile und die Nachteile sind, bevor Sie eine Folgerung oder eine Forderung für die Zukunft formulieren. Das verschafft Ihnen Zeit und Sie können sich, während Sie das Vertraute schildern, die Folgerung, also Ihre Kernaussage, in aller Ruhe überlegen.

Dos and Don'ts im Umgang mit Journalisten

Hier finden Sie zusammenfassend die wichtigsten Verhaltensregeln im Umgang mit Medienschaffenden.

Das sollten Sie tun
> Sorgen Sie für eine angenehme, partnerschaftliche und offene Atmosphäre.
> Respektieren Sie den Journalisten in seiner Rolle: Er macht, wie Sie, seinen Job.
> Zeigen Sie auch in unangenehmen Situationen Gesprächs- und Informationsbereitschaft.
> Die ideale Grundhaltung im Umgang mit den Medien ist: dankbar zu sein für die Möglichkeit, sich bzw. die Institution, die Sie vertreten, in der Öffentlichkeit präsentieren zu können.

Das sollten Sie vermeiden
> Verzichten Sie auf Floskeln wie: «Ich bin glücklich, dass ich heute hier mit Ihnen reden kann.»
> Sprechen Sie den Journalisten in einem Interview für ein elektronisches Medium nicht mit Namen an («Ja, Herr Müller, das ist so, weil wir …»), denn der Journalist ist im Regelfall nicht sicht- und hörbar.
> Weisen Sie den Journalisten im Interview nicht zurecht und belehren Sie ihn nicht. Er steht für das Publikum, und dieses lässt sich nicht gerne belehren.
> Qualifizieren Sie die Fragen des Journalisten nicht («Das ist eine gute Frage», «Das ist die falsche Frage»). Es gibt keine «richtigen» und «falschen» Fragen.
> Stellen Sie dem Journalisten keine Gegenfragen: Ihre Rolle ist die des Antwortgebers, seine ist die des Fragenstellers.
> Bieten Sie dem Journalisten nicht schon bei der ersten Kontaktnahme das Du an. Das wirkt anbiedernd und macht misstrauisch.
> Verzichten Sie auf Ausweichstrategien («Das ist eine interessante Frage, aber eine Frage, die noch viel mehr interessiert, ist …»). Sie werden durchschaut und wirken unsympathisch, und ausserdem wird ein aufmerksamer Journalist sowieso auf seine Frage zurückkommen.
> Verzichten Sie in Streitgesprächen oder Diskussionssendungen darauf, Fragen ans Gegenüber zu stellen («Ich möchte gerne einmal wissen, wie Sie das lösen wollen?»). Damit geben Sie ihm eine Plattform und verlieren eigene Redezeit.

8.4 Die Sprache wirksam einsetzen

Wenn Sie mit einem Journalisten reden, reden Sie gewissermassen bereits mit Ihrem Publikum. Ihr Publikum ist die Gesamtheit aller Menschen, die das entsprechende Medium konsumieren, und von dieser breiten Masse müssen Sie verstanden werden, wenn Sie Ihr Ziel erreichen wollen.

Im Umgang mit den Medien sollten Sie eine Sprache sprechen, die von allen Menschen verstanden wird, die Ihnen zuhören oder Ihre Aussagen lesen. Verzichten Sie auf Fachausdrücke und Fremdwörter, sprechen Sie die Sprache, die Sie auch in Ihrem Alltag sprechen, und seien Sie in Ihren Ausführungen möglichst einfach, konkret und bildhaft.

Keine Fachausdrücke oder Fremdwörter

Verzichten Sie, wenn Sie mit einem Journalisten reden, auf Fachausdrücke, nicht geläufige Abkürzungen und Fremdwörter. Sollte Ihnen das nicht gelingen, versuchen Sie, Fremdwörter unmittelbar zu übersetzen, Abkürzungen auszuformulieren und Fachausdrücke zu erläutern. Sobald ein Medienkonsument bei einer Formulierung, die ihm nicht im ersten Moment klar ist, hängen bleibt, verpasst er den Rest und damit möglicherweise auch die Kernbotschaft Ihrer Aussage.

> **ZUM AUSPROBIEREN:**
> **TESTEN SIE IHRE WORTWAHL**
>
> Sie können mit einem einfachen Trick prüfen, ob Ihre Aussage auch von einem breiten Publikum verstanden würde: Erklären Sie Ihrem Kollegen im Fussballclub, Ihrer Ehepartnerin, Ihrem Partner oder Ihrer Tochter, was Sie sagen möchten. Versteht eine dieser Personen auch nur ein Wort Ihrer Erklärung nicht, müssen Sie vor einem Medienkontakt noch einmal über die Bücher und Ihre Wortwahl überdenken.

Besonders in der Wirtschaftswelt finden sich viele Fachausdrücke, die ein breites und nicht speziell wirtschaftsinteressiertes Publikum kaum versteht, zum Beispiel Finanzindustrie, Risikoanlagen, Überschussanteile, Leistungsversprechen, Umwandlungssatz, Gewinnwarnung etc. Trotzdem werden diese Wörter in Interviews oft selbstverständlich verwendet. Versuchen Sie in Ihren eigenen Aussagen, solche Ausdrücke zu vermeiden.

Gesprochene statt geschriebene Sprache

Wie bei einer Rede oder Ansprache ist es auch im Umgang mit den Medien wichtig, eine gesprochene und nicht eine geschriebene Sprache zu reden. Da wir anders reden als wir schreiben, sind wir es gewohnt, die gesprochene Sprache zu hören (und die geschriebene zu lesen). Wenn Sie bei einem Medienauftritt in einer geschriebenen Sprache reden, zum Beispiel, indem Sie ein schriftliches Communiqué – eine Pressemitteilung – vorlesen oder auswendig aufsagen, ist die Gefahr gross, dass Sie nicht verstanden werden.

Was die gesprochene von der geschriebenen Sprache unterscheidet, steht detailliert im Kapitel «Geschriebene oder gesprochene Sprache: die Unterschiede» auf Seite 98.

Dialekt – aber richtig

Wenn Sie ein Interview im Dialekt geben, achten Sie darauf, dass Sie auch wirklich Dialekt reden. Viele Menschen neigen dazu, in Medienauftritten eine möglichst geschliffene, stark ans Hochdeutsche angelehnte Sprache zu sprechen, weil Sie Angst haben, im Dialekt zu plump zu wirken. Diese Haltung ist falsch, denn der Dialekt ist die gesprochene Sprache aller Deutschschweizer Regionen und unterscheidet sich, wie im Kapitel «Schriftdeutsch oder Dialekt» (Seite 94) ausführlich beschrieben, deutlich vom Hochdeutschen.

Konkret, einfach, bildhaft

Könnten Sie nach einer «Tagesschau», einem «10vor10» oder einem «Rendez-vous am Mittag» sagen, über was in den rund 20 Minuten alles berichtet wurde und wer in den zahlreichen Statements was gesagt hat? Am ehesten werden Sie sich an die Beiträge mit den eindrücklichsten Bildern und an die Aussagen mit den konkretesten, einfachsten und bildhaftesten Formulierungen erinnern.

Das bedeutet für Ihr eigenes Interview: Sprechen Sie eine möglichst konkrete Sprache, nennen Sie Beispiele, machen Sie Vergleiche. Nur so wird man sich in der Informationsflut an Sie und Ihre Aussagen erinnern.

8. Mit den Medien reden

ZUM AUSPROBIEREN: DAS COMMUNIQUÉ IM DIALEKT

Schriftlich formulierte Communiqués (Pressemitteilungen) eignen sich schlecht, um im Dialekt vorgetragen zu werden. Sie müssten in den meisten Fällen überarbeitet werden. Trotzdem hört man immer wieder Sprecher von Firmen, Verbänden oder von der Polizei, die schriftdeutsch formulierte Communiqués in holprigem Dialekt vorlesen.

Wie das klingen kann, können Sie an untenstehendem Beispiel selber testen. Lesen Sie das Communiqé in korrektem Dialekt laut vor. Versuchen Sie in einem zweiten Schritt, das Communiqé in verständliches Schweizerdeutsch zu übersetzen.

«Gestern Dienstagnachmittag, kurz vor 17 Uhr, gerieten vor einem Geschäft an der Winkelstrasse 52 zwei Männer mit einem Unbekannten in einen verbalen Streit. Nach einem kurzen Wortgefecht verliess der Unbekannte die Örtlichkeit.
Die beiden Männer bestiegen ihr Auto und fuhren davon. Plötzlich tauchte der fremde Mann wieder auf dem Trottoir auf und warf einen Stein gegen die Frontscheibe des fahrenden Autos. Anschliessend flüchtete er in unbekannte Richtung. Die beiden Insassen des Autos blieben unverletzt, es entstand ausschliesslich Sachschaden.
Der Täter kann wie folgt beschrieben werden: Der Mann ist ca. 30 Jahre alt und ungefähr 175 cm gross. Er hat dunkelbraune, kurze Haare und ein kleines ‹Bockbärtchen›. Zur Tatzeit trug er eine grüne Winterstoffjacke. Gesucht werden Zeugen, die Angaben zum Vorfall machen können.»

Mögliche Dialektversion in Dialekthochdeutsch, wie ab Seite 95 beschrieben:

«Gestern Nachmittag kurz vor den Fünfen haben vor einem Geschäft an der Winkelstrasse 52 zwei Männer Streit mit einem unbekannten dritten Mann bekommen. Sie haben sich einen Moment lang angeschrieen, dann ist der dritte Mann weggelaufen. Die anderen beiden sind in ihr Auto gestiegen und haben wollen wegfahren. In dem Moment ist der fremde Mann wieder gekommen und hat vom Trottoir aus einen Stein gegen die Frontscheibe vom Auto geworfen. Die beiden Männer im Auto haben sich nicht verletzt, aber die Scheibe ist kaputt gegangen. Die Polizei sucht jetzt einen ungefähr 30-jährigen, 1 Meter 75 grossen Mann mit dunkelbraunen Haaren und einem Bockbärtli. Er hat eine grüne Winterstoffjacke angehabt. Zeugen sollen sich bitte melden.»

Keine Worthülsen und hohlen Phrasen

Vermeiden Sie in Ihren Medienauftritten Wörter, Ausdrücke und Sätze, die nichts aussagen – ausser sie werden mit Inhalten gefüllt. Leider ist es gerade in Politik und Wirtschaft üblich, mit vielen leeren Worten nichts zu sagen. Ich empfehle, das nicht zu tun, denn wer keine verbindlichen Aussagen macht, wird auf die Dauer unglaubwürdig. Vermeiden Sie also Formulierungen wie die folgenden:

> «Jetzt ist eine Gesamtschau nötig.»
> «Es besteht Handlungsbedarf.»
> «Die Menschen müssen mehr Eigenverantwortung übernehmen.»
> «Wir brauchen eine nachhaltige Politik.»
> Das ist eine Frage des politischen Willens.»
> «Menschen mit Migrationshintergrund»
> «Wir brauchen eine tragfähige Lösung.»
> «Jetzt brauchen wir eine aktive Wirtschaftsförderung.»
> «Wir sprechen eine Gewinnwarnung aus.»

ZUM AUSPROBIEREN: DAS TV-SPIEL

Um zu überprüfen, wie viel Sie nach einer Fernsehsendung vom Inhalt noch wissen, können Sie ein kleines Spiel machen:

Schauen Sie sich mit einer kleineren Gruppe Menschen, zum Beispiel mit Ihrer Familie, eine Ausgabe von «Schweiz aktuell», der «Tagesschau» oder «10vor10» an. Eine Person wird zum Spielleiter bestimmt: Er protokolliert den Sendungsablauf, schreibt sich Kernaussagen aus den Moderationen und Berichten auf und notiert sich, wer in den einzelnen Beiträgen spricht. Die Mitspieler dürfen sich nichts notieren.

Nach der Sendung fragt der Spielleiter die Mitspielenden, was sie in der Sendung in welcher Reihenfolge gesehen haben, wer alles gesprochen hat und welche wichtigen Eckdaten (Anlass, Ort, Zeit, Beteiligte) sie noch wissen. Zur Kontrolle können Sie sich die Sendung nach deren Ausstrahlung noch einmal gemeinsam in der Wiederholung auf SFinfo oder im Internet anschauen. Sie werden überrascht sein, wie wenig man sich in der grossen Flut von Informationen wirklich merken kann!

Noch schwieriger wird das Spiel, wenn die anderen Leute in der Gruppe nicht wissen, dass Sie sie testen.

8. Mit den Medien reden

8.5 Wenn das Radio kommt

In einem Radiointerview gibt es nur zwei Instrumente, um das Publikum zu erreichen: Ihre Stimme und Ihre Worte. Beides können Sie – in unterschiedlichem Mass – beeinflussen.

Wenn Sie den Umgang mit Medienschaffenden nicht gewohnt sind, ist wohl das Gespräch mit einem Zeitungsjournalisten am einfachsten zu bewältigen: Sie haben Zeit, Ihre Gedanken zu entwickeln und zu formulieren, Sie können nachfragen, ob alles klar ist, und Sie können Ihre Aussagen im Nachhinein noch einmal gegenlesen.

Schwieriger wird es, wenn ein elektronisches Medium mit einer Interviewanfrage an Sie herantritt, zum Beispiel eine Radiostation.

Bilder im Kopf erzeugen

Im Radio haben Sie genau eine Chance, Ihre Aussage zu formulieren. Ist sie gesendet, ist sie vorbei. Für den Hörer, die Hörerin gibt es keine Möglichkeit, sie bei einer Unklarheit noch einmal zu hören. Kommt dazu, dass Sie Ihr Publikum nur über ein Sinnesorgan erreichen, nämlich übers Ohr. Das Auge, das Sinnesorgan des Menschen, das am stärksten wirkt, wird - anders als beim Fernsehen - im Radio nicht angesprochen. In einem Radiointerview erreichen Sie die Zuhörerinnen und Zuhörer über Ihre Stimme und Ihre Worte. Tiefe, ruhige Stimmen werden besser akzeptiert als hohe, schrille.

Natürlich können Sie Ihre Stimme für ein Radiointerview nicht verändern. Aber Sie können sie beeinflussen, indem Sie ruhig atmen, langsam und deutlich sprechen und klare Pausen setzen.

Einen grossen Einfluss haben Sie auf Ihre Wortwahl. Wenn Ihnen schon kein Bild dabei hilft, Ihre Aussagen zu untermalen, erzeugen Sie selber Bilder im Kopf des Zuhörers: Benennen Sie Dinge konkret und bildhaft, nennen Sie Beispiele und machen Sie Vergleiche.

BEISPIEL FÜR BILDHAFTES REDEN

In einem Interview hörte ich einmal einen Befürworter des Beitritts der Schweiz zur EU reden. Sein Votum illustriert optimal, wie man mit geschickten Bildern und Vergleichen abstrakte Themen konkretisieren kann:

«Die EU ist wie eine grosse Familie, die sich immer wieder zum Essen an einem grossen Tisch trifft. An diesem Tisch werden Gespräche geführt und Entscheidungen getroffen. Wie in einer guten Familie üblich, dürfen bei diesen Gesprächen alle mitreden und mitentscheiden, die Grossen und die Kleinen. Anders verhält es sich mit den Gästen, die gelegentlich mit am Tisch sitzen: Die dürfen wohl mitreden, aber sie dürfen nicht mitentscheiden. Die Schweiz ist einer dieser Gäste am grossen EU-Tisch: Sie darf wohl mitessen, darf auch mal etwas stehen lassen, das ihr nicht schmeckt. Aber sie darf nicht mitentscheiden, wenn es zum Beispiel darum geht, ob das Essen etwas mehr kosten soll oder ob man in Zukunft auf Fleisch verzichten will. Will die Schweiz ewig Gast bleiben?»

Diese Formulierungen helfen

Damit Sie immer daran denken, dass Sie im Radio in Bildern reden sollten, können Sie sich folgende Formulierungen merken: «Das kann man sich so vorstellen …», «Das ist wie …». Wenn Sie diese oder ähnliche Wendungen gebrauchen, sobald Sie ein abstraktes Thema anschneiden, wird Ihnen auch ein passendes Bild, ein stimmiger Vergleich einfallen. Hier ein Beispiel aus der Bankenwelt:

«Dass dieser Fonds nicht mehr in unserem Portefeuille ist, ist nicht weiter tragisch. Der Fonds war keiner unserer eigenen, wir verwalteten ihn lediglich. Man kann sich das so vorstellen wie eine Hausverwaltung: Die besitzt ein Haus auch nicht, sie verwaltet es nur. Wird ihr die Verwaltung entzogen, verliert sie ein paar tausend Franken Entschädigungskosten, aber nicht die Millionen, die das Haus wert ist.»

8.6 Wenn das Fernsehen kommt

Das Fernsehen hat im Vergleich mit allen anderen Medien einen grossen Vorteil: Es kann mit Bildern arbeiten und erreicht damit den Menschen über das Sinnesorgan, das am stärksten wirkt: das Auge.

«Ein Bild sagt mehr als tausend Worte», heisst es im Volksmund. Das bedeutet, dass ein Bild ein Wort gewissermassen «erschlagen» kann. Sich dessen bewusst zu sein ist im Umgang mit dem Medium Fernsehen oberstes Gebot.

Natürlich zählt auch bei einem Fernsehauftritt in erster Linie das, was Sie sagen. Damit Ihre Botschaft jedoch haften bleibt, darf das Bild nicht von Ihren Inhalten ablenken. Sie können bei einem Fernsehauftritt zu einem grossen Teil selber dafür sorgen, dass das nicht passiert.

Kleidung, Frisur, Schmuck

Achten Sie bei einem Fernsehauftritt darauf, dass Ihre Kleidung nicht zum Thema wird. Am besten wählen Sie klassische, einfarbige Kleidungsstücke. Verzichten Sie auf wilde Muster, sie ziehen das Auge an und lenken stark vom Inhalt ab. Kleine Muster sind ebenfalls nicht ideal, sie flimmern am Bildschirm und machen das Auge nervös.

Weiss und Schwarz sind keine idealen Farben für Fernsehauftritte, die Kamera kann diese Extreme nur schlecht ausgleichen.

Bei Männern besonders wichtig ist die Krawattenwahl: Verzichten Sie auf originelle Motive wie Comicfiguren und Tiere sowie auf wilde, kleine Muster. Achten Sie darauf, dass der Krawattenknopf sitzt und das spitze Ende Ihrer Krawatte genau bis zur Mitte der Gurtschnalle reicht.

Gut frisiert

Ihre Frisur sollte zu Ihnen passen. Machen Sie vor einem Fernsehauftritt keine Experimente. Bei einer kunstvoll hochgesteckten oder toupierten Frisur warten die Zuschauerinnen und Zuschauer möglicherweise während Ihres ganzen Auftritts darauf, dass sie in sich zusammenfällt. Dass sie sich gleichzeitig auch noch auf den Inhalt Ihrer Aussagen konzentrieren, ist leider nicht möglich.

Ähnlich verhält es sich, wenn Glatzenträger die verbliebenen Haare auf der einen Seite länger tragen und über die kahlen Stellen kämmen. Bei einem Auftritt im Freien muss nur ein leichter Wind wehen – und die Zuschauer können es kaum erwarten, dass die Glatze freigelegt wird.

Dezenter Schmuck

Grosse und farbige Ohrringe, aufwändig gestaltete Broschen mit vielen kleinen Details und Halsketten mit auffälligen Anhängern sind für Fernsehauftritte nicht geeignet. Am besten ist, wenn Sie keinen oder nur diskreten Schmuck tragen.

Ruhiger Blick

Richten Sie Ihren Blick immer auf die Augen des Interviewenden. Vermeiden Sie Blicke in die Kamera. In die Kamera schauen nur Moderatorinnen und Moderatoren – und allenfalls der Bundespräsident bei der Neujahrs- und 1.-August-Ansprache. In einer Interviewsituation geht der Zuschauer davon aus, dass es ein Gegenüber gibt, und würde es als unhöflich empfinden, wenn Sie ihn statt des Interviewers anschauen würden.

> **Achten Sie darauf, dass Ihr Blick ruhig bleibt – auch wenn Sie nach Worten und Gedanken suchen.**

Vertrauen erweckende Haltung

Stehen Sie aufrecht, ruhig und nicht mit eingezogenen Schultern vor der Kamera. Vorsicht: Neigen Sie Ihren Kopf zu stark nach hinten, kann das im Fernsehen schnell überheblich wirken. Eine leicht schräge, allenfalls nach vorne geneigte Kopfhaltung hingegen wirkt interessiert und Vertrauen erweckend.

Idealer Hintergrund

Die optimale Positionierung für ein Interview wählt im Normalfall der Kameramann aus. Es kann sich aber trotzdem lohnen, wenn Sie einen kurzen Kontrollblick auf das werfen, was hinter Ihnen zu sehen ist. Passt der Hintergrund zu Ihrer Aussage? Lenkt er möglicherweise zu stark ab? Ablenkungen können heftige Bewegungen (zum Beispiel vorbeifahrende Autos oder winkende Kinder) sein, aber auch das Firmenschild eines Konkurrenzunternehmens, ein anderer Namenszug – oder ein schicker Luxuswagen, wenn Sie gerade über Ihren Einsatz für sozial benachteiligte Mitmenschen reden.

Vorteilhafte Kameraposition

Auch die Wahl der Kameraposition ist grundsätzlich Aufgabe des Kameramannes. Aber denken Sie daran: Die Wahl der Kameraposition kann einen – unter Umständen beabsichtigten – Einfluss auf Ihre Wirkung am Bildschirm haben. Werden Sie von oben gefilmt, wirken Sie am Bildschirm klein und schwach. Filmt der Kameramann Sie von unten, wirken Sie mächtig, arrogant oder überheblich.

Sollte die Kamera also stark über oder unter Ihnen positioniert sein, fragen Sie beim Kameramann nach, weshalb das so ist. Es kann durchaus eine gut gemeinte Absicht dahinterstecken, wenn der Kameramann zum Beispiel möchte, dass das Logo Ihrer Firma hinter Ihnen im Bild sichtbar ist.

Für eine neutrale Bildaussage ist es ideal, wenn die Mitte der Kameralinse auf der Höhe Ihrer Augen positioniert ist.

Streitgespräch und Diskussionssendung

Die Teilnahme an einem Streitgespräch oder in einer Diskussionssendung verlangt von Ihnen besondere Fertigkeiten: Sie müssen einem – vom Gesprächsleiter und den anderen Diskussionsteilnehmern – vorgegebenen Gesprächsverlauf folgen und an der Entwicklung des Gesprächs teilnehmen können. Ausserdem müssen Sie Ihre Kernbotschaft platzieren und dürfen sich im Verlauf der Diskussion nicht widersprechen.

Sich Zeit nehmen für die Vorbereitung

Bereiten Sie sich sorgfältig vor:

> Legen Sie zunächst Ihre Kernbotschaft fest. Diese gibt das Ziel vor, das Sie während der Diskussion erreichen wollen.
> Überlegen Sie sich, welche Fragestellungen während des Gesprächs diskutiert werden könnten. Was könnten Sie dazu beitragen?
> Überlegen Sie sich, was für Argumente die Gegenseite ins Feld führen könnte. Bereiten Sie Gegenargumente vor.
> Überprüfen Sie, ob alle Ihre Antworten in sich stimmig, also kongruent sind. Nehmen Sie als Massstab Ihre Kernbotschaft.

Während des Auftritts

Achten Sie während Ihres Auftritts auf die folgenden Punkte:

> Folgen Sie dem Gesprächsverlauf. Antworten Sie auf die Fragen des Gesprächsleiters, nehmen Sie Bezug auf die Aussagen der anderen Gesprächsteilnehmerinnen und -teilnehmer.
> Bringen Sie sich ins Gespräch ein. Am elegantesten geht das, indem Sie den Gedanken Ihrer Vorrednerin aufnehmen und weiterführen.

> Sollte sich eine Person in ihrem Redefluss nicht unterbrechen lassen, sprechen Sie sie mit dem Namen an – sie wird überrascht innehalten.
> Mit eingezogenen Schultern und gesenktem Blick wirken Sie wenig überzeugend. Sitzen oder stehen Sie aufrecht, schauen Sie den anderen Anwesenden beim Sprechen immer in die Augen.

Das sollten Sie vermeiden
Das sollten Sie während einer Podiumsdiskussion nicht tun:

> Unterbrechen Sie die anderen nicht zu oft und vor allem nicht mitten in einer interessanten Ausführung. Das wirkt unhöflich.
> Verhöhnen Sie die anderen Teilnehmer nicht, lachen Sie sie nicht aus.
> Weichen Sie nicht aus. Formulierungen wie «Das ist eine Frage, die sich hier nicht stellt» oder «Das ist eine gute Frage, doch die Frage, die sich vielmehr stellt, ist …» werden als Ausweichstrategie durchschaut und weder vom Publikum noch vom Moderator goutiert.
> Nehmen Sie nicht einen Stapel Unterlagen zum Gespräch mit. Notieren Sie sich vorgängig die wichtigsten Zahlen, Daten und Fakten, die in der Diskussion ein Thema sein könnten, auf eine kleine Karte.
> Machen Sie sich während der Diskussion keine Notizen. Wenn die Kamera Sie zeigt, während Sie Notizen machen, wirken Sie unaufmerksam. Möglicherweise verpassen Sie Schlüsselsätze oder Kernaussagen der anderen Teilnehmer.
> Antworten Sie auf eine Frage nicht: «Ich möchte zuerst noch etwas zu dem sagen, was vor ein paar Minuten diskutiert wurde.» Sie stören damit den Gesprächsverlauf. Versuchen Sie, Ihr Anliegen auf elegantere Weise einzuflechten.
> Stellen Sie Ihren Gesprächspartnern keine Fragen. Sie geben damit eigene Redezeit aus der Hand und dem Gegenüber eine Möglichkeit zur Profilierung.

Anhang

Checklisten: 9-Punkte-Programm zur optimalen Vorbereitung	**220**
Abklärungen vor der Zusage	220
Informationen sammeln	221
Abklärungen nach der Zusage	222
Die Rede schreiben	224
Kurz vor dem Auftritt	226
Powerpoint-Präsentation: Dos and Don'ts	227
Fragerunde nach dem Referat	228
Auftritt in den Medien	229
Anlässe und Gesprächsrunden moderieren	230
Musterreden	**232**

Checklisten:
9-Punkte-Programm zur optimalen Vorbereitung

ABKLÄRUNGEN VOR DER ZUSAGE

Sie werden angefragt, ob Sie eine Rede halten möchten. Diese Frage entscheiden Sie unter anderem aufgrund des Themas.

Das Thema ist vorgegeben

Stellen Sie sich folgende Fragen:

> Habe ich die Kompetenz, um zu diesem Thema zu reden?
> Kann ich mir fehlendes Fachwissen in nützlicher Zeit aneignen?

→ Falls Sie eine dieser Fragen mit Nein beantworten müssen, lehnen Sie den Auftrag ab oder suchen Sie in Absprache mit dem Veranstalter ein anderes Thema. Falls Sie auf beide Fragen mit Ja antworten, klären Sie zusätzlich Folgendes:

> Wie stehe ich zu diesem Thema, welche Haltung habe ich?
> Kann ich meine Haltung frei äussern?

→ Falls Sie die letzte Frage mit Nein beantworten müssen, Auftrag ablehnen oder in Absprache mit dem Veranstalter ein anderes Thema suchen.

Das Thema ist frei wählbar

> Für welches Thema entscheide ich mich?
> Bin ich für dieses Thema kompetent genug?
> Kann ich mir fehlendes Fachwissen in nützlicher Zeit aneignen?
> Bin ich frei in der Gestaltung und in der Aussage?

→ Falls Sie eine der drei letzten Fragen mit Nein beantworten müssen, wählen Sie ein anderes Thema oder lehnen Sie den Auftrag ab.

INFORMATIONEN SAMMELN

Damit Sie bei Ihrem Auftritt kompetent und glaubwürdig sind, ist eine gute Vorbereitung unabdingbar. Hier können Sie Informationen sammeln:

Internet

> Suchmaschinen (google.ch, search.ch, altavista.ch, yahoo.ch)
> Wikipedia (wikipedia.org, wikipedia.ch)
> Websites (z. B. von Bundesämtern, Vereinen, Organisationen, Firmen etc.)

→ Beschränken Sie sich auf zwei, drei zuverlässige Quellen. Prüfen Sie bei Personenangaben und aktuellen Ereignissen immer mehrere Quellen.

Presse

> Zeitungsarchive
   → Zugriff auch elektronisch möglich (sogenanntes E-Paper); oft gratis für Abonnentinnen und Abonnenten
> Pressebeobachtungsdienst «Argus der Presse AG» (kostenpflichtig)

Weitere Quellen

> Jahresberichte von Vereinen, Firmen etc.
> Firmenporträts
> Vereins- und Firmenarchive
> Gespräche mit Verantwortlichen
> Bücher (evtl. aus Bibliotheken)

ABKLÄRUNGEN NACH DER ZUSAGE

Zielpublikum

> Ich spreche zu einem breiten Publikum – niemand oder nicht alle Zuhörerinnen und Zuhörer verfügen über Vorwissen.
> → keine Fachsprache verwenden, Fachausdrücke immer erklären

> Ich spreche zu einem Fachpublikum.
> → Fachsprache und Fachausdrücke sind erlaubt, beachten Sie aber die allgemeinen Regeln für Ihre Rede (siehe Checkliste «Die Rede schreiben», Seite 224).

> Das Publikum hat keine speziellen Erwartungen an mein Referat.
> → Wenn Sie Überraschungsgast sind und/oder keine Ahnung haben, wie sich Ihr Publikum zusammensetzt, versuchen Sie mit der nötigen Flexibilität Themen aufzugreifen, die ankommen, oder bereiten Sie sich sehr breit vor.

Weitere Redner und Rednerinnen

> Treten noch andere Redner oder Rednerinnen auf?
> Zu welchem Thema/zu welchen Themen reden sie?
> Wie ist die Reihenfolge der Auftretenden, wann bin ich dran?

Zeitrahmen

Wie viel Zeit steht für die Rede zur Verfügung?

Richtwerte, falls keine klare Zeitvorgabe:
> Begrüssungsrede: 3 – 5 Minuten
> Grussbotschaft: 5 Minuten
> Festansprache: 20 Minuten
> Überraschungsrede: 5 Minuten
> Laudatio: 10 – 15 Minuten
> Dienstjubiläum/Beförderung: 10 Minuten
> Verabschiedungsrede: 10 Minuten
> Abdankungsrede: 20 Minuten
> Fachreferat: 30 – 45 Minuten, in Ausnahmefällen bis 60 Minuten
> Referat im Rahmen einer Ausbildung: 10 Minuten

Örtlichkeit

Wo findet die Rede statt?
> grosser Saal, Aula, Konferenzsaal
→ starke Bühnenpräsenz wichtig, den Raum «füllen»; am besten nicht hinter einem Rednerpult stehen, sondern hin- und hergehen
> kleiner Saal
→ meist keine Mikrofonanlage, starke Stimmpräsenz nötig
> Halle, Zelt
→ Aufmerksamkeit oft durch Getränke- und Mahlzeitenservice gestört, sich also auf eher unaufmerksames Publikum einstellen; Rede kurz, einfach und prägnant halten
> im Freien
→ Publikum kann kommen und gehen, wie es will; Rede am besten holzschnittartig, unterhaltsam und einprägsam formulieren
> Bühne vorhanden
→ Bühne ausnützen, indem Sie sich bewegen, Sichtkontakt zu allen Anwesenden herstellen

Hat es ein Rednerpult?
> Ja: grosses Manuskript möglich
> Nein: kleine Handzettel, Kärtchen empfehlenswert

Welche (technischen) Hilfsmittel stehen zur Verfügung?
> Tonanlage
  > Ist sie bedient?
> Beamer
> Visualizer
> PC/Laptop
> Hellraumprojektor
> Flipchart
> Wandtafel
> andere

DIE REDE SCHREIBEN

Gehen Sie schrittweise vor, um vom Grob- zum Feinkonzept und schliesslich zum fertigen Manuskript zu gelangen.

Grobkonzept

> Kernaussage, zentrale Botschaft festlegen (1 Satz!)
> Brainstorming zum Thema machen, Stichwörter festhalten
> Stichwörter zu Themenkreisen ordnen
> Themenkreise in eine Reihenfolge bringen, die zur Kernaussage führt
> prüfen, ob der Weg zum Ziel logisch ist; überflüssige Themenkreise streichen
> Rede in drei Teile gliedern, z. B. Einleitung, Hauptteil, Schluss

Feinkonzept

> Themenkreise mit passenden Stichwörtern aus dem Brainstorming ergänzen, Feinkonzept erstellen
> die drei Hauptteile in weitere Dreierschritte unterteilen

Einstieg

Originellen Einstieg wählen:

> (rhetorische) Frage
> spezielle Anrede
> Anekdote
> Zitat
> andere

Rhetorische Stilmittel

Welche rhetorischen Figuren wollen Sie verwenden?

> (rhetorische) Fragen
> Witz, Ironie
> abgesetzte Pointe
> Klammer
> Wiederholung
> Kunstpause
> Märchen, Fabel
> Ceterum censeo

Manuskript

Schreiben Sie nun anhand des Grob- bzw. Feinkonzeptes die Rede.

> gesprochene, nicht geschriebene Sprache verwenden
> einfache, kurze Sätze (10 bis 15 Wörter pro Satz)
> ein Gedanke pro Satz
> keine Fremdwörter, Fachausdrücke und nicht allgemein bekannte Abkürzungen verwenden oder diese erklären
> möglichst wenige Substantive

Beim Manuskript für eine Rede im Dialekt zusätzlich beachten:

> Relativpronomen (der, die, das) durch wo ersetzen
> Substantive, die auf -ung enden, durch Verben ersetzen
> für Vergangenheitsformen immer Perfekt benutzen («ist gewesen»)
> Zukunftsformen ohne «werden», dafür Gegenwartsform und Zeitangabe
> möglichst keine Passivformen
> kein Partizip Präsens («die Sonne, wo untergeht» statt «die untergehende Sonne»)

KURZ VOR DEM AUFTRITT

So geben Sie Ihrer Rede den letzten Schliff:

Am Tag vor Ihrem Auftritt

> Üben Sie Ihre Rede (am besten vor dem Spiegel).
> Reden Sie beim Üben in normaler Redelautstärke (dadurch, dass Sie Ihre Rede hören, verinnerlichen Sie sie).
> Lassen Sie Lampenfieber zu, es macht Sie wach.
> Achten Sie bei der Kleiderwahl darauf, dass Sie sich wohl fühlen:
>> keine ablenkenden Muster und Farben, am besten unifarbene Stücke
>> auf Schmuck, Krawatte etc., die ablenken könnten, verzichten

Eine halbe Stunde vor dem Auftritt

> Überprüfen Sie, ob Sie alle technischen Vorbereitungen getroffen haben (Powerpoint-Präsentation installiert, Mikrofon befestigt und gecheckt etc.).
> Formulieren Sie das Ziel Ihrer Rede in Gedanken noch einmal, gehen Sie den Weg zum Ziel (drei Schritte!) durch.

Unmittelbar vor dem Auftritt

> prüfen, ob das Mikrofon angeschaltet ist
> mehrere Male hintereinander durch die Nase tief durchatmen, Augen geschlossen halten
> innere Leere zulassen
> Der erste Eindruck zählt! Gehen Sie selbstbewusst und mit einem Lächeln auf die Bühne.

Während des Auftritts

> aufrechte und selbstbewusste Körperhaltung
> Rede nicht ablesen, nur kurz aufs Manuskript schauen
> Blickkontakt zum Publikum halten
> Mikrofon immer nah beim Mund

Wenn Sie den Faden verlieren

> Korrigieren Sie sich bei einer falschen oder unpräzisen Formulierung nötigenfalls und fahren Sie unbeirrt weiter.
> Schweigen Sie bei einem Black-out nicht einfach, sondern thematisieren Sie den Ausfall – am besten mit einem Lächeln – und sagen Sie, dass Sie den Anschluss wieder suchen.

POWERPOINT-PRÄSENTATION: DOS AND DON'TS

So gelingt Ihre Powerpoint-Präsentation:

Inhalt

> am Anfang eventuell kurze Inhaltsübersicht (entspricht dem Grobkonzept Ihrer Rede) und Zielformulierung
> Struktur der Rede oder des Referats mit Stichworten oder kurzen Headlines einfach und übersichtlich darstellen
> grosse Titel für Themenkreise, Unterthemen in Form einer Aufzählung
> am Schluss kurze Zusammenfassung der wichtigsten Erkenntnisse

Darstellung

> gut lesbare Schrift und Schriftgrösse wählen, Folien nicht überfüllen
> immer gleichen Schrifttyp und nach Möglichkeit einheitliche Schriftgrösse für Titel bzw. Aufzählungen verwenden
> wichtige Schlagwörter farblich oder fett herausheben
> Zitate (in Anführungszeichen) und Merksätze wörtlich ausschreiben
> Wenn Sie Bilder, Grafiken, Illustrationen etc. verwenden, achten Sie darauf, dass diese einfach «lesbar» und in der Aussage klar sind.

Verzichten Sie auf ...

> technische Spielereien (z.B. Animationen wie drehende Seiten, hereinfliegende Titel etc.)
> unübersichtliche bzw. nicht selbsterklärende Säulendiagramme, Tabellen, Grafiken etc.
> Bilder mit zu vielen Informationen (z.B. Karikaturen, Comic-Ausschnitte mit Sprechblasen etc.), die Sie nicht erklären
> wechselnde Schrifttypen und -grössen
> Headlines, Wörter, Sätze, Bilder, Tabellen, Grafiken und ganze Folien, auf die Sie in Ihrem Referat nicht eingehen

FRAGERUNDE NACH DEM REFERAT

Die Fragerunde in Gang bringen

> Fordern Sie die Zuhörerinnen und Zuhörer ausdrücklich auf, Ihnen Fragen zu stellen.
> Signalisieren Sie, dass es durchaus offene Fragen oder diskussionswürdige Punkte gibt.
> Geben Sie zu verstehen, dass jede Frage gestellt werden darf; sagen Sie, dass es keine dummen Fragen gibt.
> Falls nicht gleich eine Frage kommt, machen Sie noch eine kleine Ausführung, warten Sie dann wieder ab, ob jemand sich meldet.

Die Fragerunde läuft

> Nehmen Sie die Fragen ernst. Hören Sie aktiv zu, fragen Sie nach, wenn Ihnen etwas nicht klar ist («Das heisst also ...»; «Sie meinen, ob ich ...?»).
> Fassen Sie die Frage in Ihren Worten für das ganze Publikum noch einmal zusammen.
> Fragen Sie nach der Beantwortung beim Fragesteller nach, ob er mit Ihrer Antwort zufrieden ist oder ob es noch Unklarheiten gibt.
> Sagen Sie ehrlich, wenn Sie auf eine Frage keine Antwort wissen.
> Weisen Sie einen Fragesteller, der eine in Ihrer Rede bereits beantwortete Frage stellt, nicht zurecht.
> Machen Sie Zeitvorgaben, signalisieren Sie, wenn Sie zum Schluss kommen möchten («Noch zwei Fragen ...»).
> Setzen Sie einen klaren Schlusspunkt.

→ Mögliche Alternative zur spontanen Fragerunde: Verteilen Sie vor Ihrer Rede Kärtchen, auf denen das Publikum Fragen schriftlich formulieren kann. Oft ist die Scheu, vor anderen Leuten eine Frage zu stellen, gross.

AUFTRITT IN DEN MEDIEN

Klären Sie folgende Punkte, wenn Sie für ein Interview angefragt werden:

Bei der Anfrage

> Für welches Medium ist das Interview bestimmt?
> Zu welchem Thema werde ich interviewt?
> Wie lautet die Fragestellung ungefähr?
> Bin ich für dieses Interview die richtige Person?
> Bin ich kompetent? Weiss ich alles zum Thema?
> Muss ich vorgängig noch Informationen einholen? Schaffe ich das innert nützlicher Frist?
> Wenn ich nicht sofort antworten kann oder will: Wann kann ich den Journalisten spätestens zurückrufen/treffen?

Vor dem Gespräch

> Welche Form des Interviews ist gefragt (Statement, Interview, *Off-the-record*-Gespräch)?
> In welchem Kontext werden das Interview bzw. meine Aussagen ausgestrahlt/veröffentlicht?
> Welche anderen Personen werden im Beitrag/Artikel erwähnt?
> Welches ist die Stossrichtung des Beitrags/Artikels?
> Wo soll das Gespräch stattfinden?
> Was ist meine Aussage, meine zentrale Botschaft?
> Habe ich darauf hingewiesen, dass ich das Interview/den Artikel oder zumindest meine Aussagen gegenlesen möchte?

Auftritt im Fernsehen

> Trage ich für eine Fernsehaufnahme die richtige Kleidung (siehe Seite 212)?
> Bin ich sicher, dass Krawatte, Schmuck oder Kopfbekleidung nicht von meinem Inhalt ablenken?
>   → Brillen: Verwenden Sie statt auffälliger Brillen (geschwungene Bügel, markantes Gestell, sich verdunkelnde Gläser etc.) Kontaktlinsen oder legen Sie die Brille nach Möglichkeit für den Auftritt ab.
> Bin ich für eine Filmaufnahme optimal positioniert? Was sieht man hinter mir?
> Wenn ich von oben bzw. von unten gefilmt werde: Weiss ich, warum?

ANLÄSSE UND GESPRÄCHSRUNDEN MODERIEREN

Gehen Sie zur Vorbereitung für Ihre Moderation diese Punkte durch:

Fragen im Vorfeld

> Kenne ich den geplanten Ablauf des Programms?
> Weiss ich, welcher Programmpunkt warum geplant ist?
> Erscheint mir der Ablauf logisch?

→ Falls Sie eine dieser Fragen mit Nein beantworten: Besprechen Sie sich noch einmal mit dem Veranstalter.

Vorbereitung

> Bereiten Sie sich inhaltlich genauso gut vor, wie wenn Sie eine Rede halten würden.
> Sammeln Sie Informationen im Internet, lesen Sie Vereins- und Firmenchroniken und Jahresberichte.
> Besprechen Sie sich mit dem Veranstalter vor, dann sind Sie auf die einzelnen Programmpunkte gut vorbereitet. Beispiele:
>> Mitarbeiterehrung: Erkundigen Sie sich, wie lange der Mitarbeiter, der geehrt werden soll, schon für diesen Betrieb arbeitet.
>> Gastrednerin: Klären Sie ab, welchen Titel die Gastrednerin trägt und was sie zur Expertin auf ihrem Gebiet macht.
>> Darbietung am Turnvereinsabend: Fragen Sie Ihre Kollegen vom Turnverein, wie lange sie an der Nummer gearbeitet haben, die sie zeigen werden.

Die Moderation schreiben

> Eine Moderation ist eine kleine Rede mit einem Anfang, einem Mittelteil, einem Schluss.
> Bauen Sie Ihre Moderationen spannungsvoll und überraschend auf.
> Wählen Sie einen attraktiven Einstieg.
> Gesprochene Sprache: Sprechen Sie in kurzen Sätzen, eine Gedankeneinheit pro Satz; ersetzen Sie Substantive auf -ung durch Verben.
> Gehen Sie bei Dialektmoderationen gleich vor wie beim Verfassen für eine Rede im Dialekt.

→ Eine ausführliche Anleitung finden Sie in der Checkliste «Die Rede schreiben» (Seite 224).

Interviews auf der Bühne

> Welches ist das Ziel des Gesprächs?
> Wechseln Sie ab zwischen offenen (breite Antwort möglich) und geschlossenen Fragen (nur Ja oder Nein als Antwort möglich).
> Wenn eine Antwort zu allgemein ist, bitten Sie um Konkretisierung (*Step down*).
> Wenn sich die Antwort zu sehr auf einen Einzelfall bezieht, fragen Sie nach grösseren Zusammenhängen (*Step up*).

Musterreden

Christine Egerszegi

Für die Nominierten des Prix Courage

Seit 1997 verleiht der Beobachter den Prix Courage. Damit zeichnet der Beobachter mutige Frauen und Männer aus, die persönliche Nachteile in Kauf nehmen, um Ungerechtigkeiten aufzudecken. Die Aargauer Ständerätin und damalige Nationalratspräsidentin sprach 2007 über Zivilcourage und Mut.

Sehr geehrte Damen und Herren

Als ich die Geschichten von Caroline Kramer und Margrit Kessler, von Marianne Tschus, Soraya Wernli, dem Ehepaar Suter und von Paolo Dibartolo las, war ich zuerst einmal tief beeindruckt. Meine Gedanken blieben an ihren Taten hängen. Und ich begann mir zu überlegen, was ich wohl an ihrer Stelle getan hätte:

> Hätte ich mich hinter eine bereits geschlossene Bahnschranke gewagt, um eine verletzte Frau vor einem herannahenden Zug zu retten?
> Hätte ich jemand daran gehindert, nochmals auf einen wehrlosen Menschen einzustechen?
> Oder hätte ich einen Vertrauensbruch meinem Arbeitgeber gegenüber begangen, um eine unsaubere Sache ans Licht zu bringen?

«Ja doch, ich hätte das Gleiche getan», war ich im ersten Moment versucht zu sagen. Mut, Tapferkeit, Selbstvertrauen, Hoffnung und ein starkes Nervenkostüm – also alles, was sich im Begriff Zivilcourage vereinigt – sind Eigenschaften, die wir im Grunde alle bewundern, und über welche die meisten unter uns auch gerne verfügen würden. Ich ebenso.

Doch war ich mir plötzlich gar nicht mehr sicher, ob ich tatsächlich so beherzt und engagiert eingegriffen hätte, wie dies die sieben Nominierten für den Prix Courage taten. Und wenn ich ganz ehrlich bin, so bin ich doch froh darüber, nicht in deren Situation gesteckt haben zu müssen.

«Je mehr Bürger mit Zivilcourage ein Land hat, desto weniger Helden wird es einmal brauchen», schrieb einst die italienische Schriftstellerin Franca Magnani. Wie Recht sie damit doch hat. Mit dem Prix Courage wird zwar jeweils nur eine gute Tat ausgezeichnet, dank seiner Publizität ist er aber ein Mutmacher für uns alle. Denn das Unrecht beginnt meistens im Kleinen, und da lässt es sich mit Zivilcourage und Mut noch bekämpfen.

Sich für andere einsetzen, sich engagieren, jemandem helfen, den man gar nicht kennt, den Mund aufmachen, wenn andere schweigen: Zivilcourage heisst kurzum, sich einmischen im Alleingang. Menschen wie unsere sieben Kandidatinnen und Kandidaten setzen mit ihrem Verhalten gesellschaftliche Standards und mobilisieren – bewusst oder unbewusst – andere. Sie sind sozusagen die Avantgarde für die Zivilcourage als Selbstverständlichkeit.

Caroline Kramer, Margrit Kessler, das Ehepaar Suter, Soraya Wernli, Paolo Dibartolo und Marianne Tschus geben mir die Hoffnung, dass Gleichgültigkeit in unserer Gesellschaft doch nicht Oberhand gewinnt.

Die Nominierten stehen aber auch stellvertretend für alle anderen «Helden des Alltags», denen wir zwischendurch in unserem Umfeld begegnen, die mit ihrem Engagement aber keine breite Öffentlichkeit finden. Auch sie verdienen unsere Anerkennung. Sie sind ebenso Vorbilder. Zivilcourage heisst nicht immer, mit körperlichem Einsatz grosse Heldentaten zu vollbringen. Kleine Taten sind genauso wertvoll. Wenn wir selbst in eine missliche, schwierige, manchmal auch gefährliche Lage geraten, wünschen wir uns doch auch, dass uns jemand hilft. Was wir für uns erwarten, müssen wir auch bereit sein, anderen zu geben.

Wenn ich ganz ehrlich bin, bin ich erleichtert, nicht in der Jury sitzen zu müssen. Mir persönlich wäre die Wahl ausserordentlich schwergefallen. Meines Erachtens haben alle sieben Kandidaten und Kandidatinnen den diesjährigen Prix Courage gleichermassen verdient.

Ich danke Ihnen.

Das zeichnet diese Rede aus: Mit dem Stilmittel der Frage erreicht Christine Egerszegi von Beginn weg, dass sich alle Zuhörerinnen und Zuhörer mit den vorgebrachten Gedanken zum Thema Zivilcourage auseinandersetzen. Gut die einfache und verständliche Sprache, die sie verwendet. Die Rednerin bringt sich selber ein, indem sie ehrlich zweifelt, ob sie zu einer solchen Tat imstande wäre. Sie stellt sich damit nicht selber in den Mittelpunkt, sondern lädt das Publikum zum Mitdenken ein.

Peter Riegger
Laudatio für Rosa Tschudi

Für ihr Lebenswerk erhielt die Schweizer Köchin Rosa Tschudi einen Preis. Überreicht wurde ihr dieses «Pfefferzeichen» vom Branchenverband GastroSuisse. Der Weinhändler Peter Riegger würdigte Rosa Tschudi als Botschafterin der Schweizer Gastronomie mit dieser Rede.

Lange bevor Frau Calmy-Rey und Frau Leuthard quer über den Globus gejettet sind, war eine andere Schweizerin für uns unterwegs. Im Gepäck hatte sie damals keine Verträge, keine diplomatischen Papiere, sondern ein Set Messer – und vielleicht ein paar Flaschen Dézaley, ihren Lieblingswein. Und damit hat sie der Welt beigebracht, wie man kocht – also mit den Messern, notfalls auch mit dem Wein, obwohl sie den lieber selber getrunken hat. Von Moskau bis Buenos Aires, von Hongkong bis Vancouver: Rosa Tschudi war unterwegs als Botschafterin der Schweizer Gastronomie. Und wenn Rosa etwas macht, dann macht sie es richtig. Dann macht sie richtig guten Schwartenmagen, Schmorbraten, perfekt gebackene Eglifilets und unerreichte Saucen.

Allerdings war nicht von Anfang an sonnenklar, dass aus ihr mal eine so grosse Köchin werden würde. Von ihren wenig verheissungsvollen ersten Gehversuchen am Herd sind auch nach sieben Jahrzehnten noch die lustigsten Geschichten im Umlauf. Aber Rosa hat nicht aufgegeben. Mit fünfzehn Jahren verschlug es sie ins Gastgewerbe, wo sie gelernt hat zu *chrampfen*, für etwas mehr als Gottes Lohn und Teufels Dank. Bald darauf hat sie sich an den Herd durchgekämpft, wo sie eine Lehre als Köchin machte. Den Herd hat Rosa in den vergangenen Jahrzehnten oft gewechselt. Aber sie hat ihn nie verlassen. Und wir reden hier von einer Frau, die eigentlich seit 20 Jahren pensioniert ist. Doch Rosa ist Köchin, und eine Köchin kocht nun einmal. Und wenn Rosa etwas macht, macht sie es – wie gesagt – richtig.

Rosa Tschudi hat vor allem zwei Eigenschaften: Sie ist ein Arbeitstier und absolut kompromisslos. Ersteres merkt man, wenn man sie heute noch beim Kochen beobachtet. Da fragt sich Rosa mit ihren 83 Jahren manchmal, warum die «heutigen Jungen» nach 12 Stunden Arbeit bereits zusammenbrechen. Und kompromisslos ist Rosa, weil sie sich ein Leben lang geweigert hat, mit schlechten Zutaten zu kochen. Dieses *Gschpüri* für Qualität ist ihr unbestrittenes Talent. Sie sagte immer: *«Was ine tuesch, chasch nümm usenäh.»* Ihre Lieferanten zitterten dementsprechend vor ihrer feinen Nase und ihren wachen Augen. Als Weinhändler hatte ich weniger zu befürchten. Nur manchmal, wenn ich sah, wie sie eine Flasche Vintage Port in die Pfanne goss, *hetts mi es bitz groue*. Aber auch beim Kochwein galt: Wenn Rosa nach guten Zutaten verlangt hat, dann mussten sie richtig gut sein.

Doch wie das Leben so spielt, hatte Rosa nicht in allem ein so gutes *Gschpüri* wie bei der Auswahl von Zutaten. Genauso legendär wie ihre gebackenen Eglifilets und ihr Schmorbraten ist Rosas nicht ganz so geschicktes Händchen in geschäftlichen Dingen. Sie hat den Menschen meist blind vertraut, was manch einer schamlos ausgenützt hat. Leider Gottes. Man könnte sagen, wenn Rosa ein schlechtes Geschäft abgeschlossen hat, dann war es richtig schlecht.

Aber egal, wie viele Male Rosa – *uf guet Schwiizerdütsch* – *ufs Dach öbercho hät*, sie hat sich immer wieder zu voller Grösse aufgerichtet und neu angefangen. Und war erfolgreicher denn je.

In der Küche hat sich Rosa immer wohl gefühlt wie eine Forelle im Bergsee. Hat man Rosa weg vom Herd gelockt, hat sie sich bald mal gelangweilt. So sehr, dass sie während der Zimmerstunde in Zürich immer wieder die Bahnhofstrasse rauf und runter getigert ist und den schönen und ergo teuren Sachen in den Auslagen nur selten widerstehen konnte. Denn Rosas Sinn für höchste Qualität beschränkt sich nicht auf Zutaten. So ging ihr der eine oder andere Ring, Nerz oder hie und da ein handgenähtes Kleidungsstück ins Netz. Dabei hat sie häufig Soll und Haben verwechselt.

Aber eben, Rosas Sinn für Perfektion und ihr konsequentes Handeln waren auch dann im Spiel, wenn sie sich selbst etwas gegönnt hat. Mit anderen Worten, wenn Rosa shoppen ging, dann ging sie richtig shoppen.

Ich wünsche mir, dass uns Rosa noch lange Jahre als grosse Gastronomin erhalten bleibt. Und dass, sollte der Herrgott eines Tages ihren Kochkünsten nicht mehr widerstehen können, unsere Rosa dort oben eine anständige Küche erhält. Denn sie hat immer gesagt: Wenn ich einmal den Kochlöffel zur Seite lege, könnt ihr mich gleich dazu legen. Aber das wird hoffentlich noch lange nicht der Fall sein. Solange es Leute gibt, die Würste noch immer im Wasser und nicht in der Bouillon kochen und Coque au Chambertin im Montagner anziehen, hat Rosa auf Erden eine Mission.

Ich habe Rosa Tschudi schon viele Flaschen Wein überreicht, aber noch nie einen Preis. Niemandem gönne ich ihn heute Abend mehr als ihr. Denn wenn Rosa einen Preis verdient, dann hat sie ihn richtig verdient.

Das zeichnet diese Rede aus: Mit der Erwähnung der Bundesrätinnen Calmy-Rey und Leuthard baut Peter Riegger gleich zu Beginn seiner Rede eine Erwartung und damit auch eine Spannung auf. Er lässt das Publikum eine Weile zappeln, bevor er verrät, um wen es geht. Seine Laudatio lebt von feiner Ironie und einem liebevollen Ton. So sind auch durchaus kritische Anmerkungen möglich, ohne dass sie verletzend wirken. Raffiniert das rhetorische Element der Wiederholung («Wenn ..., dann richtig»), welches der Rede Struktur gibt.

Manuel Eisner

Gewalt zwischen Faszination und Wirklichkeit

Der Schweizer Manuel Eisner ist Professor am kriminologischen Institut der englischen Universität Cambridge. Dieses Referat hielt er im Januar 2008 zum Auftakt der Ausstellung «kriminell – Verbrechen in Zürich als Spiegel ihrer Zeit» im Zürcher Stadthaus.

Sehr geehrter Herr Stadtpräsident,
sehr geehrte Organisatoren der Ausstellung,
sehr geehrte Damen und Herren

Es gibt auch in der Schweiz gutes Radio. Aber zu den verschiedenen Dingen, die mir an meinem gegenwärtigen Lebensort besonders gut gefallen, gehört, dass es in England hervorragendes Radio gibt. Wie üblich hab ich daher auch auf dem Weg von Cambridge zum Flughafen BBC Radio 4 gehört. Radio 4 ist eine Art Radio DRS 2, aber viel besser.

Die Sendung war ein Gartenquiz: Wer weiss am meisten über Mehltau, Geranienkreuzungen und Kaktusspitzen. Wussten Sie beispielsweise, aus welchem Land *Pelargonium inquinans*, die Mutter aller Geranien, kommt? Ich hab mit Gärtnern nicht viel am Hut. Aber ich kann Ihnen sagen: Es war enorm faszinierend und die Sendung wird von Millionen von begeisterten Gartenfans gehört. Es spricht vielleicht für die Menschheit, dass es so viele Leute gibt, die Gartenblumen und Regenwürmer spannend finden.

Aber natürlich ist das Thema nicht «Regenwürmer zwischen Faszination und Wirklichkeit», sondern «Gewalt zwischen Faszination und Wirklichkeit». Die Frage, der ich dabei ein wenig nachgehen möchte, lautet: Weshalb übt denn Gewalt eine eigenartige Faszination aus, so dass wir ihr im Fernsehen, an Schulen, in der politischen Debatte – und jetzt vermutlich in der Ausstellung – so häufig begegnen?

Um die Frage ins richtige Licht zu rücken, möchte ich mit der Feststellung beginnen, dass Gewalt in Wirklichkeit etwas ganz schrecklich Langweiliges ist. Kriminologen, welche sich lange damit beschäftigt haben, kommen immer wieder zum selben Schluss: Die meisten Körperverletzungen und Tätlichkeiten ergeben sich aus irrwitzig dummen Streitereien, die oft von betrunkenen jungen Männern und meistens aus völlig trivialen Gründen vom Stapel gelassen werden. Raubüberfälle sind eine bedrückende Realität. Aber wenn man die Polizeiakten liest, dann sind es einfache, oft in der Gruppe gegenüber einem hoffnungslos unterlegenen Einzelnen begangene Akte gemeiner Brutalität. Und Vergewaltigungen sind elende triste Akte der Machtausübung. Hannah Arendt hat im Zusammenhang mit dem Prozess gegen den Nazi Adolf Eichmann von der «Banalität des Bösen» gesprochen und meinte damit, dass selbst der grausamste Massenmörder ein biederer, feiger, langweiliger Spiessbürger war.

Wenn das so ist, warum gibt es eine Faszination an der Gewalt? Ich will drei Thesen skizzieren und Sie, so hoffe ich, zum Nachdenken anregen.

These 1: Gewalt fasziniert, weil sie erregt

Lassen Sie mich mit gewalttätigen Computerspielen beginnen. Es gibt keine Zweifel: Ein sehr grosser Teil von Kindern und Jugendlichen spielt täglich stundenlang gewalttätige Computerspiele, in denen geschossen, gestochen und gemordet wird. *Soldier of Fortune* ist ein Ego-Shooter-Spiel, in dem man auf 26 verschiedene Tötungszonen am Körper schiessen kann. Wenn man einem Gegner in den Arm schiesst, werden der Armstumpf und Knochensplitter sichtbar.

Allerdings möchte ich nicht darüber sprechen, ob solche Spiele Gewalt begünstigen oder nicht. Der Forschungsstand in dieser Hinsicht ist klar: Gewalttätige Spiele erhöhen das Gewaltrisiko. Ich will aber etwas mehr dazu sagen, warum so viele, fast ausschliesslich männliche Kinder und Jugendliche von diesen Spielen fasziniert sind.

Es besteht inzwischen kein Zweifel mehr daran, dass gewalttätige Spiele eine Reihe von körperlichen Reaktionen hervorrufen. Hierzu gehören ein schnellerer Puls, ein erhöhter Blutdruck und das Ausschütten von Dopamin und Noradrenalin, beides Botenstoffe im Hirn, die mit erhöhter Erregung verbunden sind. Mit anderen Worten: Gewalt erregt. Das Spielen von gewalttätigen Spielen führt zu einem euphorisierenden Kick, dem die jungen Männer immer wieder anheim fallen.

These 2: Gewalt fasziniert, weil sie tabuisiert ist
Auf der Suche nach den Ursprüngen von Gewalt hat die psychologische Entwicklungsforschung der letzten Jahre eine wichtige Frage gestellt: Wann in der Entwicklung eines Menschen fängt Gewalt an: mit 20, mit 18, mit 16 oder gar mit 14 Jahren? Richard Tremblay, ein Psychologe in Montreal, ist hierbei auf eine überraschende Erkenntnis gestossen. Sie lautet: Eigentlich gibt es keinen Beginn von Gewalt und Aggression. Am verbreitetsten sind Wutausbrüche und körperliche Gewalt bei Kleinkindern im Alter von zwei und drei Jahren, und wir können nur froh sein, dass die Heftigkeit ihrer Emotionen keine Entsprechung in ihrer Körperkraft hat. In einer normalen Entwicklung lernen Heranwachsende, ihre Aggressionen zu kontrollieren und durch soziales Verhalten zu ersetzen.

Zu einem ganz ähnlichen Schluss kam Norbert Elias – einer der grossen deutschen Soziologen des 20. Jahrhunderts. Allerdings ging es ihm nicht um die Entwicklung des Kindes, sondern um die Entwicklung der europäischen Gesellschaft über viele Jahrhunderte hinweg. Er hat dabei einen Zivilisierungsprozess und eine zunehmende Sensibilisierung gegenüber der Gewalt ausgemacht. Immer mehr offene Formen der Gewaltausübung wurden aus unserem Alltag verbannt und mit Tabus belegt.

Die Boxkämpfe des 18. Jahrhunderts wurden in der Regel mit blossen Fäusten auf offenen Plätzen ausgefochten. In England versammelten sich

Zehntausende, um dem Schauspiel beizuwohnen, auf den Gewinner zu wetten und möglicherweise den Tod eines der Kontrahenten zu erleben. Die Autoritäten des 18. und 19. Jahrhunderts haben viel daran gesetzt, dieses Vergnügen am Spektakel der Gewalt und des Leidens einzudämmen. Die öffentliche peinliche Strafe, das Auspeitschen, Köpfen, Verbrennen auf dem Pranger – das Zehntausende von Zuschauern begeisterte – wurde ersetzt durch das unsichtbare Gefängnis.

Der Psychologe Richard Tremblay und der Soziologe Norbert Elias kommen daher in gewissem Sinne zum selben Schluss. Es ist nicht so, dass die Gewalt uns anderen, die wir selbst nicht prügeln, vergewaltigen oder morden, völlig fremd wäre. Sie ist nur gut verkorkt, durch Sozialisation, soziale Ordnung und Polizei unter Verschluss gehalten – und im Irak sah man in den letzten Jahren, was passiert, wenn die zivilisierte Ordnung zerbricht.

These 3: Gewalt fasziniert, weil sie die Moral der Gesellschaft spiegelt

Emile Durkheim war ein grosser französischer Soziologe am Ende des 19. Jahrhunderts. Er hat zu Gewalt und Kriminalität etwas Wichtiges, aber gleichzeitig ausserordentlich Irritierendes gesagt, nämlich: Wir, die Gesellschaft, brauchen die Kriminalität. Kriminalität ist nicht etwas Pathologisches, sondern etwas Normales. Er hat das etwa so begründet: Jede Gesellschaft benötigt für ihren Zusammenhalt Werte und Moralvorstellungen. Diese können aber nur vermittelt werden, wenn es Beispiele gibt, an denen man das Schlechte und Böse ablesen kann. Am Beispiel des Schlechten versuchen wir abzulesen, was mit unserer Gesellschaft falsch ist und was wir tun sollen.

Der Gebrauch der Gewalt für das eigene moralische Argument ist in der Politik gut sichtbar: Für Sozialdemokraten beispielsweise war für viele Jahre «häusliche Gewalt» gute Gewalt. Sie passte in das weltanschauliche Schema von Linken und Feministinnen. Dafür gelang es der Sozialdemokratie, während über 20 Jahren fast völlig zu ignorieren, dass die Ausschreitungen am 1. Mai politisch sinnlose und potenziell enorm gefährliche Ereignisse sind, die man mit Nachdruck unterbinden muss. Der SVP hingegen ist die Gewalt von Ausländern ein beliebtes Themenfeld. Sie ignoriert hingegen völlig, dass es inzwischen in der Schweiz eine erhebliche rechtsextreme Gewalt gibt, geschürt, nicht zuletzt, durch die Hetzkampagnen der Partei selbst.

Ich bin sicher, es liessen sich noch viele weitere Gründe dafür anführen, warum Gewalt fasziniert, obwohl sie im Kern bloss traurig ist. Aber bereits die hier geschilderten Gründe zeigen, dass Gewalt und Kriminalität in der heutigen Gesellschaft eine Art Hauptverkehrsknotenpunkt sind. Im Phänomen der Gewalt treffen viele Hauptfragen der Gesellschaft zusammen: Wie sollen wir unsere Kinder erziehen? Woher kommt das gewaltsame Potenzial im Menschen, und wie kann es gebändigt werden? Worauf beruht die Ordnung einer Gesellschaft? Und was sollen wir mit jenen tun, die sich nicht daran halten?

Eine Ausstellung, dessen bin ich mir sicher, ist eine sehr zivilisierte Form, Faszination für Gewalt und Kriminalität zu zeigen. Und ich bin sicher, Sie werden beim Besuch mehr darüber herausfinden, was Sie an dem Thema interessiert und fasziniert. Ich wünsche Ihnen hierbei viel Vergnügen.

Ach ja, für jene, die sich doch eher für Gärten interessieren: *Pelargonium inquinans* kommt aus Südafrika.

Das zeichnet diese Rede aus: Witzig die Idee von Manuel Eisner, zu Beginn seiner Rede zum Thema Kriminalität über Gärten zu reden. Damit lässt er das Publikum irritiert aufhorchen. Hervorragend, wie er es schafft, in einem wissenschaftlichen Referat ohne Fremdwörter auszukommen, und wie er mit konkreten Beispielen arbeitet. Die Gliederung der Rede in Dreierschritte ist klassisch. Mit seiner Schlussbemerkung spannt er den Bogen zum Anfang und entlässt das Publikum auf einer heiteren Note aus seinem Referat über ein ernstes Thema.

Hanspeter Quadri
Weihnächtlicher Kundenanlass

Eine schweizerdeutsche Rede hielt Hanspeter Quadri von Microsoft Schweiz. Die Firma lud ausgewählte Kunden zu einem weihnachtlichen Märchenabend ein.

Liebi Gescht

Mir händ Sie zumene Märli-Abig iiglade. Ich möcht vorusschicke, dass das nöd öppe d'Gschäftspraxis vo Microsoft widerspieglet. Es würd eus nie in Sinn cho, Ihne under em Jahr irgendwelchi Märli ufztsiche. Obwohl mer wahrschindli alli, Sie und ich, ab und zue Luscht hetted, d'Realität es bitz z'strapaziere und s'eint oder ander Gschichtli z'verzäle.

Und da hetted mer scho mal es Vorurteil: «Öpperem es Märli uftische» isch es Synonym für «öpper belüge». Ich ha drüber naatänkt und bi zum Schluss cho, dass die Bedütig de Märli nöd gerächt wird.

Es sind drü Sache, wo Märli lebändig mached: D'Figure. D'Gschichte. Und d'Erzähler.

Luegemer eus zerscht d'Figure a. Da hämmer vo Häxe und Tüüfel über Kobold, sprächendi Rabe und singendi Güggel bis zu guete Fee es riesigs Sammelsurium. Wäme die Figure es bitz under d'Lupe nimmt, stellt me Parallele fescht. Parallele zu de Gschäftswält.

I eusne Brüef weiss me ä nie so genau, hinder weläm Schribtisch e bösi Häx luuret. Oder i welem Sitzigszimmer en bluetrünschtige Troll uf sis nächschte Opfer wartet. Aber es git au guetmüetigi Wesä. Elfe, wo de Papierstau im Kopierer behebed, gueti Fee, wo de Kafi naafülled, Esel, wo Gold ... ähm ... ja ... Ich hoff, dass Ihne im vergangene Jahr kei bösi Häxe i d'Queri cho sind – und Sie nur mit guete Wesä z'tue gha händ. Und dass Sie sälbverschtändlich eus vo Microsoft au zu dere Kategorie zeläd.

De zweiti Punkt sind d'Gschichte sälber, d'Handlig. Wäme Märli so under d'Lupe nimmt, merkt me, dass immer irgendwo e pädagogischi oder sogar moralischi Botschaft dehinder steckt:

Gang nöd elei dur de dunkli Wald.
Red nöd mit Fremde.
Fang nöd a, s'Huus vo alte Dame aazknabbere.
Mach dich nöd hübscher als dini Stiefmueter.
Laa di nöd mit Lüüt i, wo um es Füür ume tanzed.
Bis nöd gierig.
Halt dini Versprächeaa, au Frösch gegenüber.

Für die einte oder andere under Ihne töned Märli villicht echli aagschtaubt. Aber tänked Sie drüber naa: Während Jahrhunderte händ Märli mitghulfe, Chind – und mängmal au Erwachseni – z'erzie. Indem sie d'Fantasie aagregt händ. Indem sie e Botschaft ine interessanti Gschicht verpackt händ. Märli sind es Paradebiispill für Infotainment. Und us dem Grund sind sie hoch aktuell.

Sie sind au susch aktuell, wie n'ich immer wieder feschtschtelle. Grad chürzlich isch en – sogenannt – «bösé» Wolf im Wallis vor d'Flinte vo me Wildhüeter cho und hätt für die Begägnig mit sim Abläbe zahlt. Debii schriibed d'Ziitige sit Jahre, dass Wölf für eus Mänsche kei Bedrohig sind. Was zeigt eus das Biispill? Negativi PR chan eim über Jahrhunderti verfolge.

Oder wäme en Blick i d'Rägebogepräss wagt, schtellt me fescht, dass d'Nachfrag nach hübsche Prinze nach wie vor gewaltig isch. Und mängmal, wänns e grosses Königriich händ, müends au nüme so hübsch sii.

Nachdem ich Ihne jetzt ha chöne bewiese, wie wichtig Märli inhaltlich sind, chum ich zum letschte Punkt. Zu dem, wos Märli verzellt. En guete Märliverzeller cha sis Publikum fessle. De chan Sie in Bann vo sinere Gschicht zie. Chas Ihne under Umständ chalt de Rugge durablaufe la. Oder Ihri Lachmuskle ufs härtischte strapaziere. Das isch mit en Grund, warum nöd *ich* Ihne die Märli verzäle. Für das hämmer hütt iigfleischti Profis uf dem Gebiet bi eus.

Keis Märli isch übrigens, dass ich mich sehr freue, Sie alli hüt Aabig bi eus z'ha. Und dass ich Ihres Vertraue und Ihri Partnerschaft schetze. Ich hoffe, dass Sie mit und villicht sogar dank eus es guets Jahr gha händ. Und ich wirde alles dra setze, das mer au im 2007 wiiterhin so guet chönd zämeschaffe. Ich wünsch Ihne für de hüttig Aabig vill Vergnüege. Und ...

(Stimme à la Trudi Gerster) Und wänn Sie nöd d'Schtell gwächslet händ, dänn sitze mer au nächscht Jahr no so gmüetlich zäme wie hüt. Danke vill mal.

Das zeichnet diese Rede aus: Die Rede von Hanspeter Quadri ist in klassischer Weise dreigeteilt: Anfang, Hauptteil, Schluss, und im Hauptteil geht es wiederum um Figuren, Geschichten und Erzähler. Die konsequente, kreativ umgesetzte Verwendung des Märchens als Metapher erlaubt es dem Redner, auch ein paar kritische Bemerkungen zum Arbeitsleben einzuflechten. Dank seiner Wortspielereien gibt es viel zu lachen. Die Schlusspointe ist gekonnt platziert und sorgt für einen humorvollen Abgang.

Geburtstagsrede

In der folgenden Rede würdigt eine Enkelin ihren geliebten Grossvater an dessen 85. Geburtstag. Eine solche Ansprache passt in einen kleinen, privaten Kreis von Angehörigen des Jubilars.

«Versprich mir, dass du, auch wenn ich einmal alt und grau bin, immer noch mein Sünneli bist.»

An diesen Satz erinnere ich mich, als wäre es erst gestern gewesen, lieber Grosspapi. Und es ist auch kein Zufall, dass ich heute Abend, an deinem 85. Geburtstag, hier stehe – und Erinnerungen sprechen lasse. Denn deine Worte von damals haben mein ganzes Leben geprägt. Und ich bin überzeugt, dass ich ohne dich nicht die wäre, die ich heute bin.

Du weisst besser als alle anderen, was mich bewegt, was mich beschäftigt, was meine Träume waren und sind. Du findest in jeder Situation die richtigen Worte, weisst, wie du mir neuen Mut schenkst, und bist stets für mich da – egal, ob ich über das ganze Gesicht strahle oder mir eine Träne über die Wange kullert. Ich habe von dir so viel für und über das Leben gelernt.

Noch heute liebe ich es, mit dir im Café zu sitzen und deinen Worten zu lauschen. Du hast mir die Fähigkeit geschenkt, hinter die Fassade des Lebens zu blicken, das Offensichtliche kritisch zu hinterfragen und mehr auf die leisen Zweifel zu hören als auf die grossen Versprechen.

Manch ein Satz von dir ist für mich wertvoller als jeder Schatz. Ich kann dir alles aus meinem Leben anvertrauen und weiss, dass jedes Wort bei dir bestens aufgehoben ist. Dieses wunderschöne Gefühl trägt mich durch

Hochs und Tiefs und gibt mir die Gewissheit, alles richtig zu machen. Dafür möchte ich dir danken, lieber Grosspapi.

Es fiel mir sehr schwer, meine Gefühle und Verbundenheit zu dir in Worte zu fassen. Und dann noch hier vor der ganzen Familie zu schildern. Jetzt, da ich es getan habe, fühle ich mich erleichtert. Denn ich weiss, nicht jede kann sich so glücklich schätzen, einen solchen Grosspapi zu haben. Es war mir wichtig, dir das zu sagen.

«Versprich mir, dass du, auch wenn ich einmal alt und grau bin, immer noch mein Sünneli bist.» Lieber Grosspapi, dieses Versprechen erneuere ich heute, an deinem Jubeltag, noch so gern. Im Wissen, dass unsere Beziehung viel mehr ist, als Worte jemals ausdrücken können.

Deshalb, lieber Grosspapi, sag jetzt nichts. Es reicht, wie immer zwischen uns, ein kurzer Blick.

Das zeichnet diese Rede aus: Die Du-Form ist für kurze Ansprachen in einem kleinen, privaten Kreis hervorragend geeignet. In diesem Rahmen schliesst sie niemanden aus und erlaubt einen sehr persönlichen Zugang zu der gewürdigten Person. Über die Anekdoten gemeinsamen Erlebens erschliesst die Rednerin den Gästen den Charakter des Jubilars. Die gefühlvolle Tonalität passt zum Anlass – es ist ein Jubeltag, kritische oder hinterfragende Anmerkungen wären fehl am Platz.

Moritz Leuenberger

Dank an Cicero

Bundesrat Moritz Leuenberger erhielt den Cicero-Rednerpreis für die beste politische Rede des Jahres. Lesen Sie seine Dankesrede zur Preisverleihung 2003 in voller Länge.

Wie soll ich mich nur bedanken?

Für andere Preise kennen wir die Regeln: Für einen Pokal ballt ein Sportler triumphierend die Faust oder spreizt die Arme und zeigt zwei V-Zeichen. Für einen Oscar gehört sich stammelndes Kreischen und ein Weinkrampf (oder man hüpft, wie Roberto Benigni, über die Stuhllehnen an den Köpfen der Zuschauer vorbei auf die Bühne). Und für den Friedensnobelpreis kauft man sich einen Frack und verbeugt sich vor dem König.

Und für Cicero? Er ist nicht Oscar, nicht Pokal und nicht Nobelpreis. Aber bei genauerem Zusehen erweist sich: Er vereint alle Eigenschaften seiner Konkurrenten, und er ist daher viel mehr.

Zunächst: Cicero weckt – wie alle anderen – Gefühle, und ich scheue mich nicht, Ihnen meine Freude an ihm zu gestehen. So ein Cicero steht wie ein Leuchtturm der Hoffnung in den brandenden Wellen der Tagespolitik, in welcher es von der einen Seite von heftigster Kritik nur so hagelt und von der anderen Seite auch. Wie gerne klammere ich mich da an Cicero und blicke ihm in seine bronzenen Augen. Aber Cicero ist mehr als eine persönliche Trophäe. Er ist Anwalt der politischen Rede überhaupt.

Die politische Rede ist ein Gespräch

Die politische Rede hat heute gewiss nicht dieselbe Bedeutung wie damals, als Cicero mit ihr Massstäbe setzte. Wir wollen das nicht bedauern, wer wollte denn heute noch eine vierstündige Rede anhören?

Die entscheidenden politischen Kommunikationsmittel sind heute Radio und Fernsehen. Unsere Überzeugungsarbeit passt sich den dort üblichen Kürzestformen an. Um politische Botschaften wirksam zu vertreten, üben wir alle kurze, schnittige Sätze, auf dass sie nicht von andern geschnitten werden. In der Kürze liegt die Würze, heisst es. Aber einzig von Würze wird niemand satt, wir brauchen zunächst die Grundnahrung. Die Grundnahrung der Demokratie ist das Gespräch.

Eine Rede ist ein Gespräch. Der Redner bereitet sich auf das Publikum vor, setzt sich mit allfälligen Einwänden gegen seinen Standpunkt auseinander, nimmt sie auf, wägt sie ab, zeigt und diskutiert sie in der Rede.

So wechselt, wer eine Rede vorbereitet, den Blickwinkel, um jene Wahrheit, welche in fast jedem Gegenargument steckt, in seine Formulierungen einzubeziehen. Da geschieht es dann gelegentlich, dass er sein Manuskript wegwerfen und ein neues schreiben muss. Denn eine gute Rede ist kein Machtwort, keine Überredung, sondern ein Dialog. Sie nimmt die Gegenmeinung auf und ermöglicht, dass sich verschiedene Meinungen begegnen.

Eine Rede ist eine Begegnung nicht nur von Meinungen, sondern auch von Menschen. Der Redner geht zum Publikum, zu einer gegnerischen Partei, zu einem ländlichen Anlass, an ein Schwingfest etwa, an ein urbanes Ereignis, den Christopher Street Day zum Beispiel, oder er spricht zu einer bestimmten sozialen Gruppe wie den Kranken. Die Zuhörer und Zuhörerinnen kommen zur Rede, wie sie auch zum Konzert oder in ein Theaterstück gehen. Allein schon dieses Zusammenkommen schafft Gemeinsamkeit und Gemeinschaft.

Die Zuhörer widmen der Rede ihre Zeit und sind bereit, sich mit ihr auseinanderzusetzen. Umgekehrt richtet sich die Rede ausschliesslich an das anwesende Publikum. Nur es bekommt den ganzen Gedankengang vorgetragen. Über eine Rede kann zwar ein Medium berichten, doch kein Ausschnitt, keine Zusammenfassung wird der *ganzen* Rede gerecht, so wenig wie drei gesendete Sekunden einer Theateraufführung dem Werk gerecht werden.

Um einen komplizierten Sachverhalt darzulegen, um einen Gedanken zu entwickeln, ihn zu diskutieren, brauchen wir Zeit, nicht gerade vier Stunden wie im damaligen alten Rom oder im heutigen alten Kuba, aber doch die Zeit, die Menschen brauchen, wenn sie sich einander mitteilen, wenn sie sich begreifen wollen.

Die politische Rede ist eine Inszenierung
Wie ein Theater, wie ein Film ist auch die Rede eine Inszenierung auf begrenztem Raum in begrenzter Zeit, innert welcher ein Sachverhalt, ein Anliegen, eine Kritik zum Ausdruck gebracht wird. Dazu bedient sie sich der Dramatik, der Zuspitzung, der Symbolik und technischer Hilfsmittel. Ein Mikrofon erspart eine laute Stimme und gibt so auch Schmalbrüstigen eine Chance, eine Grossleinwand bringt den Redner weit entfernten Zuhörern näher. Und wer einen komplizierten Sachverhalt mit Worten eben doch nicht zu bewältigen vermag, erhellt das Publikum und sich selbst mit einem Hellraumprojektor, darum heisst er ja so.

Die Rede verbindet
Menschen, die miteinander reden können, verstehen sich trotz gegensätzlicher Interessen. Eine Gemeinschaft ist nur dann eine friedliche Gemeinschaft, wenn ihre verschiedenen Interessengruppierungen miteinander reden können. Das gilt für eine Familie, eine Gemeinde, einen Staat, eine Staatengemeinschaft wie die EU, und es gilt für die Weltgemeinschaft.

Wenn wir heute den Dialog der Kulturen als die einzige Möglichkeit sehen, einen Clash zu vermeiden, so wissen wir: Dialog ist nicht ein Schlagabtausch in einem Boxring. Unabdingbare Grundlage einer Gemeinschaft, auch der Weltgemeinschaft, ist das Wort, das Gespräch, die Rede und die Gegenrede, die politische Rede.

Das ist die Hoffnung, auf der unser Glauben an ein friedliches Miteinander ruht. Trotz aller anderen Kommunikationsformen ist daher die politische Rede als tragendes Element des menschlichen Zusammenlebens nicht wegzudenken.

Verdient sie nun, weil sie einen Wettstreit der Meinungen und Argumente ermöglicht, einen Pokal? Verdient sie, weil sie eine dramatische Inszenierung ist, einen Oscar? Oder verdient sie als kultureller Beitrag zur Verständigung der Menschen einen Nobelpreis? Keiner dieser Preise kann ihr genügen. Die politische Rede verdient viel mehr: einen Cicero. Danke, dass Sie diesen Preis geschaffen haben und dass Sie so jährlich der politischen Rede gedenken!

Das zeichnet diese Rede aus: Moritz Leuenberger steigt niederschwellig in seine Rede ein, indem er eine scheinbar einfache Frage aufwirft. Damit stellt er sich als Redner auf Augenhöhe mit dem Publikum. Seine raffinierten Ausführungen zum Thema politische Reden lockert er mit vielen konkreten Beispielen auf. Die Rede ist gespickt mit ironisch-witzigen Bemerkungen, welche die sachlichen Überlegungen durchbrechen.

Elmar Ledergerber
Abdankungsrede für César Keiser

Der grosse Schweizer Kabarettist César Keiser verstarb im Februar 2007. Der damalige Zürcher Stadtpräsident Elmar Ledergerber blickt in seiner Abdankungsrede auf das Leben und Werk César Keisers zurück.

Liebe Frau Margrit Läubli,
lieber Herr Mathis Keiser,
lieber Herr Lorenz Keiser,
liebe Angehörige,
liebe Freundinnen und Freunde von César Keiser,
meine Damen und Herren

Wir nehmen heute Abschied von einem aussergewöhnlichen Menschen. César Keiser vereinigte ganz verschiedene Begabungen in sich. Auf der Bühne war er ein hinreissender, beschwingter Komödiant mit grosser Ausstrahlung. Und gleichzeitig war er ein virtuoser Verfasser seiner Cabaretnummern, sei es in Dialekt oder Hochdeutsch, gereimt oder in Prosa. Die Figuren seines Theaters waren so beeindruckend, weil er sie meist als hilflos oder überfordert zeichnete, ohne aber ätzendem Hohn preiszugeben. Wir erlebten bei ihm Satire auf höchstem Niveau.

César Keiser kam als ganz junger Mann von Basel nach Zürich, der Metropole des schweizerischen Cabarets, wie man wohl ohne Übertreibung behaupten darf. Diese Metropole nährte sich aber immer von künstlerischen Kräften aus den anderen Landesteilen. Neben César Keiser kamen Ruedi Walter, Lukas Ammann und Werner Wollenberger aus Basel. Aus der Ostschweiz stammen Walter Roderer, Ines Torelli und Joachim Rittmeier, aus dem Bündnerland Zarli Carigiet und Hans Gmür, aus Bern Stephanie Glaser, aus Luzern Emil Steinberger und aus dem Raum Solothurn Franz Hohler: Die Liste liesse sich beliebig verlängern.

Nach ersten Jahren im legendären Cabaret Fédéral ging César Keiser eigene Wege und fand die ihm gemässe Theaterform, der er sich nun zeit seines Lebens widmen sollte: die Opus-Programme. Es waren delikate, unvergessliche Duette: An seiner Seite spielte seine Gattin Margrit Läubli, und sie war eine ideale Bühnenpartnerin. Was leicht und elegant daherkam, war die Frucht minutiös erschaffener Inszenierungen. César Keiser und Margrit Läubli waren Perfektionisten und überliessen nichts dem Zufall oder der Improvisation. César Keiser zog sich wochenlang in die Klausur zurück, um an seinen Texten zu feilen. Auf den Proben wurden diese dann unerbittlich auf ihre Bühnentauglichkeit geprüft.

Sein Publikum verlor César Keiser nie aus den Augen. Es gab für ihn auf der Bühne keine Effekte im Sinne von «l'art pour l'art». Neben den beiden Protagonisten, César Keiser und Margrit Läubli, wirkten im Hintergrund immer wieder die beiden Söhne als kritische Berater. Nicht zu vergessen auch der langjährige musikalische Begleiter René Gerber.

Die Opus-Produktionen haben das kleine Theater am Hechtplatz nicht nur über Jahrzehnte hinweg nachhaltig geprägt, César Keiser stand dem Hechtplatz-Theater auch in schwieriger Zeit stets zur Seite. Als der Stadtrat in den 90er-Jahren eine Arbeitsgruppe beauftragte, die Zürcher Theaterlandschaft unter die Lupe zu nehmen, und die Experten dabei zum Schluss kamen, das Hechtplatztheater sei eigentlich überflüssig und könnte als Probenraum oder kleines Haus ins Schauspielhaus integriert werden, war César Keiser schnell zur Stelle und handelte rasch und entschlossen. Zusammen mit Franz Hohler und Kaspar Fischer mischte er sich bei der öffentlichen Präsentation der Schlussfolgerungen im Musiksaal des Stadthauses unter das Publikum. Mit lammfrommen Mienen hörten sich die drei Verschwörer die Referate an. Kaum waren diese zu Ende, schnellten sie von ihren Sitzen auf und setzten zu einem leidenschaftlichen, saftig kabarettistisch gewürzten Plädoyer für den Erhalt des Hechtplatztheaters an. Von den damaligen Plänen hat man seither nie mehr etwas gehört, und das kleine Theater am Hechtplatz ist lebendig wie eh und je. Trotzdem: Jetzt wo César Keiser fehlt, wird es nie mehr ganz dasselbe sein!

Als ich César Keiser persönlich kennen lernte, war er kein junger Mann mehr. Er war eine Erscheinung von fragilem Charme; gesundheitliche Probleme blieben ihm nicht erspart. Doch wenn er mit Margrit Läubli auf die Bühne trat, um mit seinen Texten sein Publikum zu erfreuen und zu begeistern, war er ganz der grosse Künstler, und sein bubenhaftes Lächeln entzückte die Anwesenden Mal für Mal.

César Keiser engagierte sich auch in der von Dr. Hans Vontobel ins Leben gerufenen Stiftung Kreatives Alter. Diese prämiert Arbeiten älterer Menschen aus den Bereichen Belletristik, Lyrik, Theater, Geschichte, Wissenschaft und Autobiographie. Zudem verfasste er Publikationen zu jenem Thema, das niemand so gut kannte wie er: Die Geschichte des Cabarets. Bereits 1976 hatte er für das Helmhaus eine Ausstellung darüber produziert.

Ich bezeichnete eingangs César Keiser als aussergewöhnliche Persönlichkeit. Er hat Aussergewöhnliches geleistet und den helvetischen Alltag mit genauem Blick und Zuneigung beschrieben. Mir kommt dazu der in Basel geborene Dichter Johann Peter Hebel in den Sinn. In seinem «Schatzkästlein» vereinigt er Dutzende von kurzen Geschichten, in denen einfache oder pfiffige Menschen zu kleinen Helden des Alltags werden. Neben dieser Prosa stehen die wunderbaren «Alemannischen Gedichte» voller feinstem Humor und leiser Traurigkeit. Basel lebt noch heute von einem Gedicht, das Hebel dieser Stadt widmete und das zu einem volkstümlichen Lied geworden ist:

Z'Basel a mym Rhii
Jo, dert mecht i sii

Hebel hat nicht explizit für Zürich geschrieben. Aber mit seinen Limericks mit ihrer formalen Eleganz und ihrer emotionalen Kraft kann sich die ganze Schweiz identifizieren.

Liest man Hebels Texte, muss man unweigerlich immer wieder an César Keiser denken. César Keiser ist seiner Vaterstadt Basel ja zeitlebens anhänglich geblieben. Zugleich war er überzeugter Zürcher. Zürich wurde auch zu seiner zweiten Heimat, und er hat dieser Stadt viel geschenkt. Dafür sind wir ihm unendlich dankbar.

César Keiser liebte ein Adjektiv besonders: heiter. Viele seiner Briefe endeten mit «heiteren Grüssen». Heute ist zwar ein trauriger Tag. Trotzdem wollen wir alle hoffen, dass seiner Familie und uns allen César Keisers unvergleichliche Heiterkeit erhalten bleibt.

Das zeichnet diese Rede aus: Im Zentrum steht einzig und allein der Verstorbene – so muss es in einer Abdankungsrede sein. In vielen Anekdoten und im Rückblick auf persönliche Begegnungen würdigt Elmar Ledergerber das Schaffen und die Persönlichkeit Keisers. Die Tonalität der Rede ist fein und liebevoll; auch heitere Momente fehlen nicht. Der Redner schafft es, auf einer positiven Note abzuschliessen und dadurch Zuversicht zu vermitteln.

NEUES WERK VON PATRICK ROHR

SO MEISTERN SIE JEDES GESPRÄCH

Patrick Rohrs Gesprächs-Ratgeber hilft, den richtigen Ton zu treffen und auch schwierige Gespräche erfolgreich zu führen – im Beruf, in emotionalen Situationen oder an gesellschaftlichen Anlässen. Er verrät in seinem neuen Buch Rezepte, damit sich jeder Gesprächspartner öffnet und man schnell Vertrauen schaffen kann.

Mit «So meistern Sie jedes Gespräch» knüpft Patrick Rohr nahtlos an seinen Erstling «Reden wie ein Profi» an, der innert kürzester Zeit die Bestsellerlisten eroberte und zum Schweizer Rhetorik-Standardwerk avancierte.

240 Seiten, gebunden
ISBN 978 3 85569 437 2

Beobachter Buchverlag

Neu: Die E-Books des Beobachters
Einfach, schnell, online. www.beobachter.ch/ebooks